见证历史

1949-1979

台海秘闻

赵俊涛 编著

战事频传,激起多少惊天骇浪;寰球瞩目,暗藏多少诡计阴谋?陆战、海战、空战、谍战、心战翻江倒海,多少英雄喋血!牵一发而动全球,几多云谲波诡的骇人秘史。回首风雨激荡的台海岁月,找寻那段特殊年代的律动。

拨开台海云霭 览阅骇人狂飙

台海出版社

图书在版编目(CIP)数据

台海秘闻 / 赵俊涛编著. –北京:台海出版社,

2011.5

ISBN 978-7-80141-792-3

Ⅰ.①台... Ⅱ.①赵... Ⅲ.①中国历史–1949~

1979 Ⅳ.①K27

中国版本图书馆 CIP 数据核字(2011)第 060306 号

台海秘闻

编　著:赵俊涛

责任编辑:刘　硕

装帧设计:天下书装　　　　　　　版式设计:通联图文

责任校对:韩　海　　　　　　　　责任印制:蔡　旭

出版发行:台海出版社

地　址:北京市景山东街 20 号,　邮政编码:100009

电　话:010-64041652(发行,邮购)

传　真:010-84045799(总编室)

网　址:www.taimeng.org.cn/thcbs/defauit.htm

E-mail:th-cbs@163.com

经　销:全国各地新华书店

印　刷:北京高岭印刷有限公司

本书如有破损、缺页、装订错误,请与本社联系调换

开　本:760×1040　1/16

字　数:200 千字　　　　　　印　张:18

版　次:2011 年 5 月第 1 版　　印　次:2011 年 5 月第 1 次印刷

书　号:ISBN 978-7-80141-792-3

定　价:36.00 元

前　言

　　作为中华民族多灾多难的孩子，台湾历经几度悲欢离合，至今仍孤悬海外。从国民党败退台湾之日起，台海局势始终是世界瞩目的焦点问题。

　　半个多世纪以来，两岸关系先后经历了兵戎相见、冷战对峙到逐步缓和，这期间海峡两岸发生过许多鲜为人知的秘闻，虽然报刊上有所披露，但都是零星提及，并不能给人以完整的印象。为了弥补这方面的不足，本书以纪实的笔触，讲述了从1949年新中国成立、国民党败退台湾到1979年元旦中共中央发布《告台湾同胞书》、宣布停止炮轰大小金门之间，国共双方在政治、军事等领域的较量。

　　其中，对解放上海、舟山、海南、厦门等战役的描写十分详细、生动，令读者犹如身临其境，血脉贲张；也会为攻击金门岛失利后，解放军表现出的视死如归的革命气节，坚定的革命信念所折服；更会为双方展开的一些列空战和海战深深吸引，为同室操戈而扼腕叹息。

　　如今台海局势渐趋缓和，两岸交流与合作越来越多，和平发展已成为两岸关系的主题。回首往昔，感慨万千，惟愿读者能够在品读两岸曾经干戈相向的历史的同时，珍惜当下的和平，为祖国的统一大业的完成贡献心力，是为笔者作此书的要旨所在。

目 录

目 录

第一章

背弃和谈,《双十协定》成废纸
鏖战三年,窃国未成本钱失

1945年8月,惨烈空前的第二次世界大战已近尾声。诺曼底海岸和莱茵河畔的枪炮声早已沉寂,但东方的硝烟仍在苍穹中弥漫,似乎要为这场战争标上更加醒目的休止符。

8月6日、8月9日,美国空军"超级空中堡垒"B-29轰炸机投掷的原子弹,使日本的广岛、长崎成为一片废墟。8月8日,苏联对日宣战,曾经在欧洲战场纵横驰骋的苏联红军,再踏征程,以迅雷不及掩耳之势,突入中国东北,横扫日本精锐的关东军。中国共产党领导的八路军、新四军,也向负隅顽抗的敌人发起凌厉的攻势。昔日猖狂到极点的战争狂人终于低垂下失败的头颅。8月10日,日本天皇"圣断"停止战斗。

当天下午7时50分,设在重庆的盟军总部收听到日本东京发出的英语国际广播,日本接受《波茨坦公告》,宣布无条件投降。这次广播是日本外相东乡茂德未通过日本军事当局的检查,代表日本政府播发的。8月15日,日本天皇裕仁以广播"停战诏书"的形式,正式宣布无条件投降。

"日本投降了!""我们胜利了!"度过漫长黑夜,在八年抗战中浴血厮杀的中国军民,终于迎来了盼望已久的胜利曙光。

　　8月10日夜间，新华社的译电员带着刚收到的日本投降的消息，欢呼着从石板路上跑过，将胜利的喜讯传遍延安。第二天晚上，延安南门外新市场卖水果的农民，把一筐筐红绿水果抛向空中，喊着要人们吃"胜利果实"。不少学校的学生，高举着熊熊燃烧的火把，在宝塔山下往来游行。8月10日的重庆也同样到处是欢庆胜利的场面，地处重庆闹市中心的国货大厦楼顶，半空悬下巨幅的标语，"庆祝日本无条件投降"一行硕大的字符，豁然跳入过往行人的眼帘。一连几天，山城大街小巷的鞭炮声彻夜不停。

　　庆贺日本投降的热浪尚未平息，在延安和重庆，又一个爆炸性新闻接踵而至：中共领袖毛泽东为消除内战，将前来重庆与蒋介石举行国共两党间最高级和谈会议。对这一消息，很多人半信半疑。

　　抗战胜利了，亿万人民企盼的和平并没有从天而降。国民党在抗战期间即坚持独裁统治，视共产党为心腹之患，急欲剪除。蒋介石的既定方针是：打败日本帝国主义之后，即发动内战，消灭中共及其领导下的武装力量，吞并解放区。1945年5月，蒋介石就在国民党第六次全国代表大会上宣称："今天的中心工作，在于消灭共产党，日本是我们国外的敌人，中共是我们国内的敌人。只有消灭中共，才能达成我们的任务。"

　　国民党的反共方针得到了美国政府的大力支持。第二次世界大战结束后，美国依仗强大的经济和军事实力，急欲称霸世界，控制中国是美国全球战略的重要组成部分。正如后来美国国家安全委员会的一份报告中所说，美国当时在中国所追求的长远目标是推动建立一个稳定、统一的亲美政府，而短期目标是"阻止共产党完全控制中国"。

　　蒋介石所坚持的独裁和内战方针，在日本刚作出投降表示的时候，就暴露无遗。8月11日，蒋介石的最高统帅部一面命令国民党军队"各战区将士加紧作战努力，一切依照既定军事计划与命令积极推进，勿稍松懈"，一面却唯独命令共产党领导下的第十八集团军"所有该集团军所属部队，应就原地驻防待命"，同时，命令沦陷区的伪军"维持治安"，只准接受国民党军队的收编。蒋介石的下一步打算，便是要发动内战，消灭共产党。

面对错综复杂的时局，8月13日，新华社发表评论《蒋介石在挑动内战》，一针见血地揭露蒋介石的命令"从头到尾都在挑拨内战"。同一天，毛泽东在延安干部会议上，作了《抗日战争胜利后的时局和我们的方针》的讲演。毛泽东指出："对于蒋介石发动内战的阴谋，我党所采取的方针是明确的和一贯的，这就是坚决反对内战。"这时的中国共产党已成为有120多万党员的大党，抗日根据地面积近100万平方公里，人口近一亿，军队已发展到120余万人。其规模和力量已不容任何人轻视。

蒋介石虽然急欲发动内战，但也并非毫无顾忌。遭受八年战乱的中国各阶层人民和各民主党派要求民主和平的呼声很高。蒋介石为避免遭到全国人民的强烈反对和国内外舆论的遣责，企图把发动内战的责任推卸到共产党身上，又由于蒋介石的大部分军队远在西南、西北后方，有的嫡系部队更是远在缅甸、印度，要把全部军队运到打内战的前线，尚需要一段时间。于是，蒋介石在加紧准备内战的同时，又摆出一副"和平协商"的姿态，三次致电毛泽东，坚持邀请毛泽东赴重庆谈判。为了国家和民族

毛泽东在重庆谈判期间与蒋介石合影

的利益，毛泽东不顾个人安危，决定亲入"虎穴"，赴重庆谈判。

8月28日，延安东门外飞机场场面热烈。一架绿色的美军C-47运输机停在跑道的尽头。跑道周围聚集着上千人，为领袖送行。毛泽东挥手同群众告别，健步登上飞机，在美国驻华大使赫尔利和国民党代表张治中的陪同下，偕周恩来、王若飞奔赴重庆。

下午3时45分，毛泽东乘坐的飞机徐徐降落在重庆九龙坡机场。毛泽

东戴着周恩来送给他的巴拿马太阳帽，步履稳健，微笑着走下飞机。他说的第一句话就是："和为贵。"待记者照完相之后，毛泽东在机场发表了简短的书面讲话，指出："目前最迫切者为保证国内和平，实施民主政治，巩固国内团结，以期实现全国之统一，建立独立、自由与富强的新中国。"

当天傍晚，蒋介石带着张治中、邵力子一行人来到毛泽东下榻的林森公馆，礼节性地拜访远道而至的共产党领袖。

林森公馆的会客厅里，两位在中国现代史上举足轻重的人物，终于面对面地坐在了一起。面对服装笔挺，挂满勋章的蒋介石，毛泽东首先打破沉默："蒋先生，我们大概有18年未见面了吧？"蒋介石掐着指头算来："是的，是的，18年了……"

初秋的山城，清风送爽、桂花飘香。肩负重任的毛泽东、周恩来、王若飞，立即投入紧张的谈判。8月31日至9月3日，双方就一般性的政治、军事问题进行商谈。从9月4日开始，国共两党代表举行了十次正式谈判。当谈判出现僵局时，中共主动作出重大让步，答应从南方八个解放区撤退，人民军队从原来坚持的48个师缩编为20个师。经过唇枪舌剑的反复谈判，双方最终就70%的问题达成了协议。

10月8日，协定签订前夕，张治中在军委礼堂为毛泽东举行盛大宴会。毛泽东在宴会上词恳意切地说："中国今天只有一条路，就是和，和为贵。其他的一切打算都是错的……和平与合作应该是长期的。各党各派一致努力几十年，在蒋主席的领导下，彻底实现三民主义，建设独立、自由、富强的新中国……"

10月10日是辛亥革命34周年纪念日，就在这一天下午，国共双方在张治中的官邸桂园签订了《双十协定》，即《政府与中共代表会谈纪要》。

下午四时许，双方代表先后到场，互相致意并审阅了事先誊写的《双十协定》全文，双方均表示同意。周恩来、王若飞、王世杰、邵力子、张治中先后签上自己的名字。

签字仪式完成后，邵力子向双方代表建议："这次商谈，所以能够获得初步成功，达成协议，多有赖于毛泽东先生不辞劳苦的奔波，应请他下楼相见。"大家欣然同意。于是毛泽东主席下楼和大家逐一握手，互致祝贺。

《双十协定》签定后二小时，蒋介石全身戎装，腰佩短剑，亲到桂园拜访毛泽东，寒喧祝贺之后，两人即乘车同赴国府路国民政府礼堂，参加国庆招待会。会后，毛泽东又乘车前往山涧林园，向蒋介石辞行，并就未了问题最后交换意见。当夜，毛泽东留宿林园。

第二天凌晨，张治中陪同毛泽东飞返延安。蒋介石特派陈诚到机场送行，到机场送行的还有各阶层、各方面人士数百人，国民党当局虽然同共产党谈和平，但其主要打算仍是通过战争来消灭共产党。在谈判期间，美国运输舰和运输机正源源不断地把大批国民党士兵运往华北和华东等地。国民党保密工厂也在加班加点，赶印1933年蒋介石"围剿"红军时所编的《剿匪手本》。《双十协定》刚刚签定，蒋介石就发布了进攻解放区的密令，要求国军将领"督励所属，努力进剿，迅速完成任务"。蒋介石在积极部署军事的同时，还大力经营台湾。

台湾，是中国最大的岛屿，本岛面积达35000多平方公里。它位于中国东南海上，与福建省最近处仅隔130公里。早在公元203年，吴主孙权就派遣将军卫温、诸葛直率军士万人渡海抵台。当时台湾被称为"东鲲"、"夷洲"。明万历年间，始用"台湾"之称。约1620年前后，中国官书中正式使用"台湾"一词。在此前后，葡萄牙人则称台湾岛为Formosa，意为"美丽之岛"，因此西方人习惯称台湾为"福尔摩沙"或"福摩萨"。16世纪中叶后，台湾成为西方殖民主义者觊觎的对象，荷兰、西班牙先后染指台湾。明末，民族英雄郑成功以舟师25000人之众，一举收复台湾。1683年，清军进驻台湾。第二年，清政府在台湾设台湾

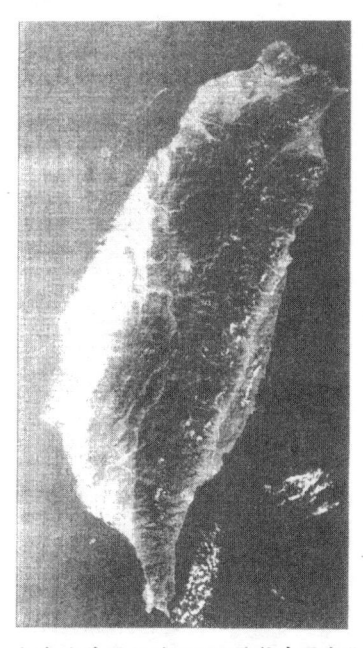

台湾被美国视为"不沉的航空母舰"

府，隶属福建省。1885年，清政府将闽、台分治，台湾改建为行省。甲午之战，清政府遭到惨败，被迫于1895年4月17日订立《马关条约》，将台湾和澎湖列岛割让给日本。1943年12月1日，中、美、英三国共同签署了《开罗宣言》，其中规定："日本所窃取于中国之领土，例如满洲、台湾、澎湖列岛等，归还中国。"1945年7月26日，中、美、英三国，后又有苏联参加签署的《波茨坦公告》中重申："《开罗宣言》之条件，必将实施"。这些国际协定重新肯定了台湾是中国领土不可分割的一部分。

日本宣布投降后，中国方面很快将台湾和澎湖列岛划为第十五受降区，任命陈仪为受降主官。随后，台湾行政长官公署和台湾警备司令部也在重庆成立，陈仪任长官兼警备司令。

国共谈判期间，国民党接收台湾的各项工作全面展开。10月1日，国民党空军第一路军司令张廷孟奉蒋介石之命，携带中华民国国旗飞赴台北，与驻台日军第十方面军司令安藤利吉交涉，要求驻台日军放下武器，并降下台北"日本台湾总督府"上的日本国旗，升起中国国旗。台湾的天空，第一次飘飞起青天白日旗，在场的中国人无不为之动容。

10月3日，国民党陆军第七十军先头部队七十五师在基隆登陆，10月17日，第七十军其余两个师和第六十三军所属三个师在台登陆，国民党海军第二舰队和美国海军第七舰队的舰只进占台湾各重要港口。

10月25日上午9时，台湾地区日军投降仪式在台北市公会堂举行。台湾行政长官公署长官兼台湾警备司令部司令陈仪、警备副司令陈孔达、第七十军军长陈颐鼎、空军第一路军司令张廷孟、美军联络官柏德尔准将出席仪式，日军第十方面军司令兼台湾总督安藤利吉在投降书上签了字。

上午10时，陈仪代表中国政府通过广播电台宣布，从即日起台湾和澎湖列岛重新归入中国版图。该区一切土地、国民、政事皆归于中国主权之下。10月25日遂被定为台湾的"光复节"。

沦陷50年的宝岛回到祖国怀抱，台湾全省同胞欣欣若狂。家家户户张灯结彩，祭告祖先，通宵欢饮。台北市各界民众数万人举行环市大游行，欢庆胜利。

《双十协定》签字后，中国共产党并没有放松警惕。面对国民党军队咄咄逼人的攻势，被迫进行反击，先后打响上党、邯郸等战役。同时，调整了战略部署，撤出南方八个解放区，集中力量争取控制具有重要战略地位的东北地区，加速进行军队建设，以应付国民党更大规模的进攻。

1946年6月，蒋介石凭借各方面的绝对优势，在美国的支持下，公开撕毁《停战协定》，调集30万大军，围攻中原解放区，开始发动全面内战，自认为稳操胜券的蒋介石又一次低估了对手的力量。

面对国民党军队的大举进攻，毛泽东发出"以自卫战争粉碎蒋介石的进攻"的号召。在前八个月的作战中，解放军以歼灭敌人有生力量为主要目标，进行大小战役战斗160余次，歼敌71万人。国民党的全面进攻以失败而告终。

1947年3月，遭到沉重打击的国民党军被迫缩短战线，放弃"全面进攻"，集重兵于陕北和山东，实施"重点进攻"，但这种进攻仅维持了四个月，就被解放军所击破。

经过一年鏖战，1947年7月，解放战争进入第二年。解放军由战略防御，转入全国规模的进攻。各路大军奋勇挺进，创建、收复、扩大了多个解放区，开始进入国统区作战。

从1948年下半年开始，毛泽东审时度势，高屋建瓴，科学分析了战争形势的变化，作出同敌人进行战略大决战的决策，并亲自指挥千军万马进行了气势磅礴的三大战役，歼敌近200万人。国民党统治的根基发生了严重动摇。蒋介石预感到失败将至，开始考虑自身的退路。

1949年1月10日，规模浩大的淮海战役全部结束，蒋介石55万精锐部队全军覆灭。就在这一天，蒋介石派蒋经国去上海，将中央银行现金移存台湾。

蒋经国飞抵上海后，立即安排海军调集舰只，抢运黄金和银元去台湾。很多参与抢运黄金的人员，多年后还记得当时的情景：夜幕笼罩下，一艘军舰停泊在上海黄埔滩国民党中央银行附近的码头上，烟囱冒出浓烟，附近的江面实行严格的航行管制，任何船只不准靠近。中央银行的街道，包括南京路、外滩和外白渡桥，临时戒严。各路口都站着持枪荷弹的国民党士兵，行人车辆均不准通行。一批由国民党海军士兵伪装的"搬运工"将一箱箱黄金运上军舰。天未破晓，这艘满载黄金的军舰开出吴淞口，加大航速，驶向基隆。国民党从大陆抢运黄金分三批进行，共运走黄金277.5万两，同时运往台湾的还有1520万银元，另有1537.4万美元存进美国银行中的国民党政府帐号。

这批黄金后来在台湾发挥了重要的作用。对此，蒋经国曾作过如下评估："政府在搬迁来台的初期，如果没有这批黄金来弥补财政和经济，情况早已不堪设想了。哪里还有今天这样稳定的局面！古语云：无粮不聚兵。如果当时饷粮缺乏，军队给养成了问题，那该是何等严重？"

美国前驻法大使蒲立德在《展望》杂志上发表文章，也基本同意蒋的这番分析，蒲立德在文章中作了如下阐述：

台湾面积仅约为波多黎各的四倍，它怎能维持60万的武装部队呢？这完全靠蒋经国先生将大陆的黄金运台，才安定台湾官兵的生活，维持社会经济的繁荣。没有蒋先生由大陆运台价值十亿美元的黄金，台湾的经济将被通货膨胀的洪流所淹没。

1月12日，刚刚返回南京的蒋经国，又奉蒋介石之命，率领总统府军务局局长俞济时、警卫组主任石祖德等秘密前往家乡溪口，架设电台、布置警卫，为蒋介石退居幕后预作准备。

1月18日，蒋介石重新部署人事，扩大京沪警备部为京沪杭警备总司令部，任命汤恩伯为总司令，并派陈诚任台湾省主席兼警备司令，蒋经国为台湾省党部主任，为将来逃亡台湾作准备。

早在1946年10月21日，即台湾光复的第二年，蒋介石就曾偕同宋美龄及随从人员，浩浩荡荡乘坐专机抵达台湾，以"领袖"身份进行视察。赴台第二天，台湾各界在台北市中山堂前举行盛大欢迎会。当蒋介石和宋美龄夫妇并肩出现在中山堂的时候，欢迎的人群高呼"万岁"，经久不绝，轰动整个台北市区。时过境迁，遥想当年的热烈场面，蒋介石心中总有阵阵痛楚袭来。

1949年1月21日，蒋介石宣布"引退"，并于当天飞离南京。蒋介石在杭州笕桥机场小住一夜后，于次晨乘机在宁波栎社机场降落，然后乘车前往家乡溪口。

蒋介石"引退"不久，国民党海军最大的战舰"重庆"号起义，开奔解放区，令朝野大为震惊。"重庆"号原名"黎明"号，原是第二次世界大战中屡立战功的英国皇家海军地中海舰队的旗舰。英国于1948年将该舰赠送给国民党政府。该舰排水量5270吨，装备有6门6寸火炮、8门4寸炮及21寸鱼雷发射管和深水炸弹发射装置，其吨位和火力在国民党海军中首屈一指。

1949年2月25日夜一点半，停泊在上海吴淞口的"重庆"号沉寂无声，聚集在"二八一"雷达室里的一部分进步水兵正密谋发动武装起义。他们的行动得到舰长邓兆祥上校的支持，邓兆祥当即表示："我开船，咱们一起起义，把军舰开到共产党解放区去！"

清晨5时30分，随着站在驾驶台的邓兆祥舰长"启航""两进一"的命令，"重庆"号前进了。为了掩护起义，军舰主桅上仍挂着国民党的旗帜。

"重庆"号利斧般的舰首劈开江水，破浪向前。军舰顺利驶出长江口，进入东海，随即改变航向，沿海岸向北驶去。

26日早晨7点，"重庆"号到达解放区烟台，在港外抛锚停泊。水兵们把事先准备好的一面白底红五星旗帜升上主桅。

与此同时，"重庆"号"叛变投共"的消息也在国民党政府内部流传开了。2月28日，国民党空军一天两次派出飞机飞临烟台海面上空对"重庆"号进行侦察。3月3日，也就是"重庆"号起义6天后，上海一家报纸才以"'重庆'号舰去向不明"为题，含糊其辞地向外界披露了这一消息。

3月3日凌晨，国民党空军出动4架"黑寡妇"式战斗轰炸机，开始对锚泊的"重庆"号进行轰炸。"重庆"号开炮还击，将飞机逐走。

为了"重庆"号的安全，中共中央决定将其转移到葫芦岛。3月4日，"重庆"号驶进葫芦岛。国民党并未罢休，其空军和美国空军联手，出动大批B-29、B-24轰炸机，飞临葫芦岛上空，轮番轰炸"重庆"号。"重庆"号除6寸主炮外，舰上全部武器都投入对空射击。码头上解放军两个连的高射炮也向空中猛烈射击。密集的炮火，迫使敌机不敢低飞，只能在两万码以上的高空投弹。在连续两天的轰炸中，"重庆"号未中一弹。

3月19日，国民党空军的轰炸更加猛烈。从上午八点，敌机以四架一组编队，每隔20分钟轰炸一次。战斗持续7个小时。黄昏时分，一架敌机从舰尾死角方位俯冲下来，斜穿舰首尾线，投下8枚炸弹，"重庆"号后甲板中弹起火，有4人牺牲，20多人负伤。为了避免更大的损失，"重庆"号于3月20日放水自沉。

"重庆"号沉没后，邓兆祥和其他起义官兵，从葫芦岛来到安东，参加组建了人民海军的第一所海军学校——安东海军学校，邓兆祥被任命为该校校长。其后，邓兆祥先后出任解放军青岛基地副参谋长，副司令员、北海舰队副司令员、海军副司令员。

就在蒋介石寻求退路的同时，中共也加快了进军全国的步伐。1949年3月，在春意盎然、生机勃勃的西柏坡，中共举行了七届二中全会。毛泽东在会上的讲话，被称作新中国的建国大纲。七届二中全会闭幕的第二天，即3月14日，中共中央召集了一个事先已作充分准备的座谈会，对全国各大区的人事安排提出方案并作出决定。

在会上第一个发言的是邓小平。中央将委他以重任，由他挂帅，率军渡江占领京沪杭，接管中国最富饶的东南半壁河山。他展开名单，提出有

1949年3月，毛泽东在北平检阅部队

关管辖范围和人事安排。

"华东区管辖范围，上海除外，还有南京、杭州、芜湖……均二十万以上人口的省市，省份有山东、浙江、福建……"

邓小平讲到这里，高瞻远瞩的毛泽东立即插话："还要加上台湾，这地方很应注意。"在毛泽东心目中，台湾也即将成为新中国的一个省。

邓小平随即重复道："省份有山东、浙江、福建、台湾四省。"

中共七届二中全会以后，解放军渡江准备工作加速进行。3月31日，邓小平亲自执笔，拟定了《京沪杭战役实施纲要》。百万大军云集长江北岸，国民党划江而治的梦想即将破灭。

4月20日黄昏，担任中路突击的三野第七、第九兵团7个军挥戈待发。炮火准备半个小时后，喝了齐心酒甚至写了血书的指战员和船工，高喊着"打过长江去，解放全中国"的口号，登上木帆船，在弥漫的硝烟和冲天的水柱中，向江南奋勇挺进。紧接着，担任西路突击的二野第三、第四、第五兵团9个军，担任东路突击的三野第八、第十兵团8个军，相继突过长江，以摧枯拉朽之势，横扫江南残敌。4月23日，人民解放军第三十五军占领南京，毛泽东欣闻捷报，挥毫写下"钟山风雨起苍黄，百万雄师过大江。虎踞龙盘今胜昔，天翻地覆慨而慷。宜将剩勇追穷寇，不可沽名学霸王。天若有情天亦老，人间正道是沧桑"的恢宏诗篇。

就在人民解放军占领南京的当天，即4月23日，中国人民解放军华东海军在靠近长江的白马庙乡成立。同一天，国民党海军第二舰队司令林遵率25艘舰艇，在南京笆斗山江面起义，加入在炮火中诞生的人民海军行列。华东海军即是后来驰骋台湾海峡、战绩辉煌的中国人民解放军海军东海舰队的前身。

4月25日，解放军三野第七兵团第二十二军已逼近宁波机场。在溪口的蒋介石带领蒋经国等人，乘车前往象山港，登上早已停泊在那里的"太康"号护卫舰。"太康"号经宁波驶往上海，蒋介石要去亲自指挥战役，在上海顽抗到底。

蒋介石抵达上海后，在龙华机场召开军事会议，对淞沪防务作出周密部署。参加会议的有京沪杭警备总司令汤恩伯、上海警备司令陈大庆、上海防守司令石觉、上海战区空军司令毛瀛初等人。蒋介石在会上说，坚守住上海，等待第三次世界大战爆发，届时即将得到美国全力保护，我们就去重新光复全国，这是至关党国存亡之战役。

5月1日上午，蒋介石在汤恩伯的司令部，召集在淞沪的各中央军事学校毕业生举行座谈会，与会者大多是黄埔军校出身，会上成立了由各军事学校同学会组成的"非常委员会"。当天下午，蒋介石又向守卫上海的团长以上军官训话，声言要留住上海不走，亲自指挥战事，要和官兵共艰苦，要和上海共存亡。蒋还命令装甲兵部队调到上海加强防御。

虽然上海遍布现代化的防御工事，并陈有重兵，但蒋介石仍心有余悸，不敢住在市内，经常在"太康"号护卫舰上居住，并将该舰停泊在吴淞口外的海面上，以便在危急情况下，快速撤离。如要召集较多的人开军事会议，他才住进复兴岛。

5月7日，东方晨曦微露。蒋介石乘招商局"江静"号轮船离开上海，在"太康"舰护卫下驶向舟山群岛。"江静"轮是上海沦陷时期由江南造船厂建造的4600吨位的客货轮，建成后曾进行过改装，设施豪华，其舒适程度远远超过"太康"舰。蒋介石此次离沪出海，是为了兼而指挥华东、华南沿海地区两个战场。

经过一段时间的航行，"江静"轮进入舟山海域。掌灯时分，"江静"轮靠上舟山码头。国民党浙江省省长周岩，疾步登上甲板，迎接这位"下野"的总统。蒋介石没有下船，派人通知船长徐品富，要继续乘船视察舟山各岛。

一连几天，蒋介石在舟山属岛往来巡视，不时登上各岛了解战备情况。有的小岛轮船

解放军进驻上海

难以停靠，就用小船把驻岛的军政要员接至船上，听取汇报，面授机宜。

就在蒋介石往来于群岛之间东奔西走的时候，上海战役于5月12日打响。宋时轮、叶飞指挥的三野第九、第十兵团向大上海发起猛烈进攻。经过一番血战，于5月27日解放上海。

5月17日，闻报上海局势吃紧的蒋介石，乘"美龄"号专机离开舟山，飞往澎湖马公岛。5月26日，蒋飞抵台湾冈山，然后转至高雄。

当上海战役还未结束的时候，毛泽东已在考虑如何扫清台湾外围屏障，占领渡海出发阵地，为下一步解放台湾准备条件的问题了。5月23日，毛泽东为中央军委起草了《向全国进军的部署》，指示三野："你们应当迅速准备提早入闽，争取于六七月内占领福州、泉州、漳州及其他要点，并准备相机夺取厦门。"5月25日，三野司令员粟裕命进军浙江的第七兵团乘胜占领舟山。5月27日，三野指示第十兵团进行入闽准备。

1949年6月，中央军委多次电告三野领导和华东局，要求在上海市委和三野前委等处设立专门研究解放台湾问题的机构，由华东局统一领导，立即进行广泛的争取台湾守军的工作，以配合人民解放军渡海作战，力争尽快做好各方面准备，早日解放台湾。

在此期间，中共中央、中央军委对全国军事形势进行了分析，认为今后的战局，对两广只有歼灭桂系军队较为费力，对西北正在布置歼灭马步芳的战役，除此，大陆已无更多大仗可打，但在海上尚有解放台湾、海南岛两役需费大力，而且国民党亦正企图以台湾为其进行军事抵抗和经济封锁的指挥基地，故欲达全胜，必须渡海解放台湾，而渡海作战的关键必须有空军、海军和内应。但现有的空军和海军力量太弱，难以担当渡海作战的重任。因此，中共中央、中央军委决定加快建立空军和海军的步伐。

早在抗战胜利后，中共中央就决定在东北创办一所航空学校，为建立人民空军培养人才。1945年9月至10月期间，王弼、常乾坤等30余名航空技术干部赶赴东北，组织搜集航空器材，进行创建航校的筹备工作。1946年3月1日，东北民主联军航空学校在通化正式宣告成立。后因内战爆发，校址多次迁移。在极端困难的条件，东北航校利用破旧的"英格曼"、

"九九"式等型号教练机，进行飞行训练。到1949年7月，共培养出各种航空技术干部560名，其中飞行员126名。这时，解放军已拥有美、英、日式飞机上百架。但真正能够用于作战的战斗机和轰炸机，只有二三十架，主要是美制P-51野马式战斗机。这些还难以和国民党空军相匹敌。

1949年7月10日，毛泽东写信给周恩来，提出空军建设的具体意见。毛泽东在信中说："我们必须准备进攻台湾的条件。除陆军外，主要靠内应及空军。二者有一，即可成功，二者俱全，则把握更大。我空军要压倒敌人空军，短期内（例如一年）是不可能的，但似可考虑选派三四百人去远方学习六个月至八个月，同时购买飞机一百架左右，连同现有的空军，组成一个攻击部队，掩护渡海，准备明年夏季夺取台湾。同时须考虑一个条件，即在闽浙两省建立飞机隐蔽库，即掘大山洞藏飞机。如无此条件，则飞机不能隐蔽，亦不济事。"毛泽东在信中所说的"远方"，指的是苏联。"现有的空军"即东北航校。

根据毛泽东的意见，中央军委决定设立中国人民解放军空军司令部，确定由四野第十四兵团司令员刘亚楼担任司令员。并加紧同苏联商洽培训飞行员和购买飞机等事宜。

刚刚组建的海军部队也服从战争的需要，利用接收的装备和技术力量，以组成一支有一定护航能力和运输能力的海上力量为建设目标，加紧培训人员，提高作战能力，力求尽早协同陆军执行渡海作战任务。

1949年8月28日，毛泽东、朱德、周恩来等接见华东军区海军司令员张爱萍和林遵等原国民党海军将领时，向海军提出解放台湾的任务。毛泽东说："台湾不解放，国家就不安宁。我们一定要解放台湾，我们也一定可以解放台湾。海军也要做好准备，准备配合陆、空军，在人民解放战争最后一战中立一功。"

上海失守后，在台湾的蒋介石确定新的战略计划是"建设台湾、闽粤，控制两广，开辟川滇"，以舟山、马祖、金门、澎湖一线为前哨，也为"反攻复国"之桥梁，确定以台湾防务为第一。

6月21日，蒋介石以国民党"总裁"的身份飞赴福州。在福州市南郊飞机场办公大楼召开临时军事会议。从上海逃出的汤恩伯、福建省主席朱绍、第六兵团司令李延年等高级党政军官员及驻福建的各军军长、师长等80余人参加了会议。

蒋介石在会上讲话说："我是一个下野的总统，论理不应再问国事，一切由李代总统来处理，但想起总理生前的嘱托，勉以'安危他日终须仗，甘苦来时要共尝'的遗言，现在是我党危难关头，所以我以党的总裁地位来领导大家同共产党作殊死战。"接着，蒋介石着重强调了保卫福建的重要性："比方台湾是头颅，福建就是手足。没有福建即无以确保台湾。"又说，"福建若陷落，其政治影响甚大，因为台湾人半数以上原籍福建，对故乡十分关怀。南洋一带的侨胞，也是福建籍占多数。如果福建失了，就更误解我们国民党彻底失败了。这种心理上的变化，就会使我们失去海外侨胞的同情与支持，所以福建必须死守。"

训话之后，蒋介石站在大幅军用地图前，对浙、闽、粤边境和各海岛的防御作了防守部署，接着又招见了九位主要将领进行单独谈话。从这些将领的谈话中，蒋介石了解到，各部队士气颓唐、装备缺乏、兵员不足，许多官兵已失去坚守福建的信心。他不禁仰首叹息，最后说出："处绝地也可以生，有我领导你们，有台湾在，即使大陆尽失，也可复兴。"

当天下午三时半，蒋介石乘"美龄"号专机飞返台湾。汤恩伯率领与会将校在机场列队相送。"美龄"号缓缓滑过跑道，升上天空，逐渐消失在海天相连处。目送蒋介石离去的众将校，心中都被一层失败的阴云所笼罩。

6月24日，返回台湾的蒋介石在距台北13公里处的草山，为自己选了一所名叫"士林"的别墅作官邸。那里温泉环布，青山林茂，环境非常幽雅。蒋介石非常欣赏这里的景致，并把草山改名为"阳明山"。从此，阳明山成为国民党新的统治中心，国民党党政要员经常来此报告和请示。

除了布置福建防御之外，蒋介石还试图在外交上有所突破。7月6日，蒋介石以国民党总裁身份出访菲律宾。除了商淡建立反共联盟之事外，还存有两个目的，一是请菲总统季里诺替他向华盛顿求情，将台湾划入美国西太平洋防线之内；二是台湾一旦失守，蒋介石不愿到美国寻求政治庇护，而想选择菲律宾作为避难所。此行有投石问路之意。但蒋的这次出访，并没有获得预期效果。

8月5日，美国国务院提前发表《中美关系白皮书》，指责国民党政府无能，表示今后不再援助蒋介石。闻听这一消息，蒋介石心情极为沉重。于8月6日飞往南朝鲜，在镇海与李承晚会晤，但同样未有所获，无功而返。

外交的困局毫无突破，蒋介石仍以守土防御为要务。8月17日，解放军攻占福州，给蒋介石以沉重打击。8月22日，蒋介石再行赴粤，部署广州防务。两天后，又急匆匆离开广州，带着蒋经国飞抵重庆，去稳定大厦将倾的蒋家王朝。一下飞机，蒋介石就发表声明说："今日重庆或再成为反侵略，反共产主义之中心，重新负起支持作战艰苦无比之使命。所望我全川同胞，振起抗战精神，为保持抗战成果，完成民族革命而努力。"

负责保卫西南的国民党主要将领联名上书，请求蒋介石长期住在重庆，利用西南的优越条件，"使之成为反共复兴的基地"。蒋介石答复说："我现在台湾创办了一所革命实践学院，调训负责要员，要由我亲自主持。因此，我要经常住在台湾，而不能长期留在四川。"

8月29日上午9时许，蒋介石在西南军政长官公署召开军事会议。出席会议的有张群、胡宗南、宋希濂、钱大钧、刘文辉、王陵基、邓锡侯等人。蒋经国、俞济时也参加了会议。

山城重庆，地势险要，是大西南的门户。依托有利地形，凭借胡宗南、宋希濂几十万人马，似乎还可以和来势

解放军进驻广州

凶猛的共军较量一番。在蒋介石的心中，还残存着"柳暗花明又一村"的幻念。他振作精神，向与会将领作了一番动员："我们现在还有100多万陆军，有相当强大的海、空军，绝没有任何悲观失望的理由。望大家同心同德，坚定信念，坚持奋斗，以争取胜利……"

会后，蒋介石开始找各位将领进行单独谈话。首先找的是川黔鄂湘绥靖公署主任宋希濂，听完宋希濂的有关介绍后，蒋介石脸上露出满意的表情，继续说道："我们和共产党是势不两立的，共产党得势，我们这些人是会死无葬身之地的。你要告诉各级军官，尤其是高级将领，要人人抱定为我们总理的三民主义而奋斗，就是牺牲也无上光荣的决心！"

宋希濂毕恭毕敬地听着，脑海里却是对战局的另一种分析。这种分析他曾在不久前和胡宗南的一次密谈中流露过——"共军正规部队约有400万左右，再加上地方兵团及民兵等，可能达到1000万人。他们有这样大的力量，完全有条件统一中国。而我军仅有100多万人，散布在新疆、甘肃、陕南、四川、贵州、云南、鄂西、广东、广西以至台湾等广大区域内，无论就军队数量和战斗力来说，都无法在任何地区进行决战。因而在整个大陆，不论是华南还是西南，恐怕都将不保。但台湾、海南、舟山或可暂保一个时期。因为共军要进攻这些岛屿，必须要有相当的海军力量，而这种力量的成长，最快也要三五年。"这时的宋希濂早已丧失了固守西南的信心，认为西南的丢失只是时间问题。

"你继续讲吧！"蒋介石见宋沉默不语，便开口敦促道。

"委座！"宋希濂紧皱眉头，忧心忡忡地说："如果共军来一个大包围，直取西昌滇西，把我们的退路截断，那我们几十万人马的后果将不堪设想。"宋的意见是为了保存实力，静待时机，必须设法避免被共军包围歼灭。在共军未向西南进攻之前，先控制西康和川南。然后，再逐步向滇缅边境转移。

对此打算，蒋介石予以否决。他说："展望未来，两广势难保持，在华南丢掉之后，在大陆上必须保有西南地区，将来才能够与台湾及沿海岛屿相配合，进行反攻。如果把大陆完全放弃，则国民政府在国际上将完全丧失其地位……"固执己见的蒋介石拒不采纳宋希濂的意见，终使宋的担忧变成了现实。宋希濂本人也于12月19日在大渡河河谷中被解放军活捉。

1949年10月1日，中华人民共和国开国大典在北京天安门广场隆重举行，30万军民聚集广场。在国歌乐曲声中，毛泽东庄严宣布："中华人民共和国中央人民政府成立了！中国人民从此站起来了！"朱德总司令宣读《中国人民解放军总部命令》，命令全军指战员迅速肃清国民党反动军队残余，解放一切尚未解放的国土。随后举行的盛大阅兵，充分显示了中国人民解放军的强大实力。站在城楼上的毛泽东目睹铁流滚滚、战鹰掠空，更加坚定了渡海攻台、解放全中国的决心。

1995年，林玉华在《共和国的华诞》一文中，生动再现了当年阅兵的盛况：

"一面火红的军旗在护旗兵的掌护下，伴着《人民解放军进行曲》的雄壮节奏，引导受阅方队由东向西而来。

"走在最前面的是年轻的人民海军方队。水兵们头戴白色无檐帽，脑后飘动着黑色缎带，身着蓝白相间的海军服，显得格外英俊潇洒。紧跟着的是强大的步兵师，8000余名指战员携带缴获的各种武器，组成12个方阵，英姿勃勃，锐不可挡。接着开过来的是炮兵师，野炮、榴弹炮、战防炮、高射炮，排成'一'字形的横列前进。随着隆隆的马达声，各种坦克车、装甲车以排山倒海之势通过检阅台。战士们挺胸昂首站立在车上，注目城楼，庄严敬礼。

"当人民解放军战车方队似铁流汹涌通过天安门前时，突然从东面天上落下一串霹雳，只见9架P-51战斗机，两架蚊式战斗机及6架运输机和教练机，呼啸着飞临天安门上空。几分钟后天空又有9架P-51战斗机从空中掠过，天上地下浑然一体，形成立体的武装阵容。"

新中国诞生后不久，二野及一野、四野的部分部队，即开始向西南进军。在各路大军的进逼下，国民党西南形势步步吃紧。11月14日，蒋介石自台北飞抵重庆，力图扭转危局。他到达重庆的当天，各种败讯纷至沓来。桂林开始撤退、贵阳失守、解放军前锋已接近彭水。几十万"国军"

南逃的道路已被截断。在其后的十余天内，解放军进攻速度极快，国民党各路守军一触即溃，重庆外围已难以防守。

11月28日，解放军先头部队进抵重庆市郊的南温泉，整个重庆已被解放军第四十七军、第十二军和第十一军所包围。蒋介石带着蒋经国等人巡视重庆市区，见情况已开始大乱，"交通阻梗，宪警皆表现无法维持现状之神态。一般人民更焦急彷徨、愁容满面。部队亦怪象百出，无奇不有"。

第二天，重庆市内已能听到隆隆的炮声。当天中午，蒋介石在山洞林园召集部分国民党军政头目开会，决定30日晚撤离重庆，并布置对重庆进行大规模破坏。晚上10时，林园右面已枪声大作。蒋经国催促蒋介石赶紧离此危险地区。当蒋氏父子乘车开出林园时，公路上汽车拥挤，难以通行，混乱嘈杂的局面前所未有。蒋介石的座车，在通往白市驿机场的途中，被阻塞三次，无法前进。蒋介石不得已下车步行，通过后改乘吉普车前进，午夜始达机场，当夜就睡在"中美"号专机的机舱里。

11月30日凌晨，"中美"号专机飞离重庆，蒋介石在新津换机后转飞成都，住进中央陆军学校。

重庆既失，成都已无险可守。国民党军败退的情形犹如山倒屋塌，很多军官拒不听命。12月7日，国民党宣布将其政府迁往台湾，在成都的蒋介石已无力回天。

12月10日，解放军逼近成都，市内秩序空前混乱。宣布起义的国民党云南省主席卢汉，给在成都的西康省主席刘文辉发来电报，要刘文辉会同四川将领，将蒋介石扣留，可成为"人民政府第一功臣"。此时，蒋的侍卫人员发现，在中央军校附近有可疑人物，侍卫副官党春明紧急向蒋报告。蒋介石见势不好，在蒋经国和党春明等人护卫

蒋介石退往台湾登机时的情形

下，乘车直奔成都凤凰山机场，"美龄"号专机紧急起飞，载着蒋介石向台湾飞去。

此时，坐在机舱中的蒋介石沉默无语，"俯视眼底大好河山，心中怆然"。四个小时之后，蒋介石透过舷窗往下望去，眼底已是茫茫东海。江山别离，蒋介石在大陆的时代就此宣告结束，国共交战的主战场也将从大陆转向沿海。随着大西南反共基地的崩溃，台湾海峡的烽烟正悄然升起。

第二章

穷追猛打，摧枯拉朽不可当
金门失利，九千英魂留海天

　　1949年7月，按照中央军委的部署，人民解放军第十兵团三个军由苏州、常熟一带出发，进军福建，为下一步进攻台湾占领出发阵地。8月17日，十兵团解放福州，国民党军主力退守平潭、漳州、厦门和金门。9月初，征尘未洗的十兵团向闽南进军。第二十九军和第三十一军沿公路前进，第二十八军主力两个师搭乘在福州缴获的木船，从海上南下。至9月底，闽南沿海大陆全部解放，十兵团已形成对厦门、金门两岛的三面包围之势，并着手准备进攻两岛。

　　金厦两岛在历史上就是著名的军事要塞，明清两代都有重兵驻守。当年民族英雄郑成功收复台湾时，数百艘战船即由金门、厦门和漳州部分沿海地区出发进行东征。鸦片战争中，英军曾两

金门岛

次进犯厦门岛。在抗战后期，日军也曾进占厦门。

厦门岛面积为128平方公里，离大陆最近处1.3公里。岛东南多山，沿岸多沙滩和断崖。北半岛为丘陵，地势开阔，沿岸多淤泥滩和峭壁。厦门岛的西南是鼓浪屿，面积只有1.87平方公里，距厦门岛约600米，距大陆最近处约1100米，四周多为礁石陡壁，有利于登陆作战。

金门岛位于厦门岛以东10公里，北距大陆约9公里。大金门形似哑铃，面积为150平方公里，其北部岸滩部分地段比较适于登陆。小金门面积为15平方公里，是金门港的屏障。大、小金门之间，火力可以互相支援。

金门海滩上的障碍物

国民党十分清楚金厦两岛的重要性，认为两岛相邻并列，唇齿相依，扼台湾与大陆交通要道，具有十分重要的战略位置。国民党《中央日报》宣称："金厦的得失，对台湾国军进守之势，均有莫大的影响。"台湾"应该尽一切的力量，来支援金厦战事，以保全这一个重要的反攻基地"。十月七日，蒋介石亲率国民党军政要员乘舰到厦门视察，要求新任福建省主席汤恩伯一定要固守厦门。

虽然福州战役与泉漳战役打得比较顺利，但解放军第十兵团对攻打金厦两岛却不敢掉以轻心。当时正值台风侵袭福建沿海的季节，不利于攻岛作战，厦门守军已接近3万人，包括第五十五军、第五军第一六六师及第六十八军残部。厦门要塞用原由日本军队构筑的工事进行了巧妙伪装，与海滩、岩石的颜色差不多，非常隐蔽。国民党军除拥有大炮、坦克、雷达外，还随时可得到台湾海空军的支援。考虑到攻击厦门、金门的艰巨性，十兵团大力进行战前准备工作，所属各军立即进行船只征集和临战练兵。

9月26日，第十兵团在泉州召开作战会议。会议提出三种作战方案，并讨论了各自的利弊。

金厦并取——可以造成国民党指挥及兵力火力的分散，使其顾此失彼，可求全歼；但征集船只问题一时难以解决。

先金后厦——可以形成对厦门的完全包围，暴露厦门的侧背防御弱点，便于乘隙攻击。问题是厦门国民党军已有逃跑迹象，先攻金门，厦门的国民党军就有可能逃跑，不能全歼。

先厦后金——对面敌情清楚，距离近，便于准备，攻击易于奏效，但一旦厦门攻下，金门的国民党军也可能逃跑，同样不能全歼敌军。

在讨论这三种作战方案时，第十兵团认为，国民党军虽然加紧进行顽抗固守的准备，但也显露其恐慌动摇的心理。根据兵团情报部门的侦察，汤恩伯总部后勤单位和厦门补给司令部已移到小金门，巡防处也从厦门移到金门，军级以上指挥机关都撤至军舰上办公。种种迹象表明，汤恩伯并没有坚守厦门的决心，应该趁敌军士气瓦解之际，一鼓作气，同时攻下金厦。会议最后决定：由二十八军一个加强师并指挥二十九军两个团共两个师攻取金门，二十九军和三十一军五个师攻占厦门。

同时攻取金门和厦门，需要大量船只。当时福建沿海的轮船、机帆船和大一些的帆船，都被国民党军掠走或破坏，第二十八军从福州南下时的帆船因遭台风袭击，也大部分被破坏。各军征集船只非常困难，而且征集到的也多为江船，不适于海上使用。鉴于船只数量不足，十兵团不得不推迟进攻时间。

10月上旬，第十兵团对各军的船只进行了检查，发现船只数量仍不能满足同时攻击金厦两岛的需要，二十九军有运载三个团的船只，三十一军有运载三个多团的船只，而二十八军筹集到的船只仅能运载一个多团。时不我待，兵团司令员叶飞决定改变原定方案，先攻取厦门，而后再攻金门。10月7日，叶飞将这一决定电报三野。

10月11日，三野来电复示："七日电于十日收悉，同意你们来电部署。依战役及战术要求，最好是按来电同时攻歼金厦两地之敌。如以五个师攻厦门（有把握），同时以两个师攻金门是否完全有把握？如考虑条件比较成熟则可同时发起攻击。否则以一部兵力（主要加强炮火封锁敌舰阻援与载逃）钳制金门之敌，首求攻歼厦门之敌。此案比较稳当，但有使金门之敌逃跑之最大坏处。究如何请你们依实情自行决定之，总以充分准备有把握地发起战斗为宜。"

根据三野的指示，第十兵团决定先攻取厦门，攻岛任务由三十一军和二十九军担任。二十八军作好准备，待攻占厦门后，再打金门。

10月15日，厦门战役首先从鼓浪屿拉开序幕。叶飞为给敌人造成错觉，调动敌人纵深机动部队南援，将鼓浪屿确定为佯攻方向。据叶飞后来回忆，这种声东击西的打法具有相当的冒险性，在其一生戎马生涯中只采用过两次。

下午4时30分，天气由晴转阴，乌云蔽空，东北风渐起。解放军炮兵提前开始破坏射击，几十门火炮向厦门岛和鼓浪屿喷吐出一发发炮弹。晚6时，三十一军九十一师，九十三师的两个主攻团四个一梯队营，分别由海沧、海澄出发，扬帆鼓桨，逆风行舟，向鼓浪屿进发，船队出江口入海湾后，东北风越刮越猛，波浪汹涌。有的船缆绳拉断，有的船桅杆打折，战士和船工齐心协力，搏风击浪，继续前进。当船只距鼓浪屿岸边200米左右时，国民党守军开始用机枪，火炮进行猛烈的拦阻射击。各船人员伤亡不断增加，但船队仍在弹雨中挺进。

21时30分，解放军突击船队开始单船抵滩登陆。这时因风狂浪大，大部分船只未能在预定的突破口抵滩，有的船只还被吹漂回原岸。国民党守军前沿火力更加猛烈，登陆部队遭受严重损失，仅少数部队突入国民党军前沿阵地。曾在济南战役中荣获"济南第二团"称号的二七一团，在这次战斗中经历了更严峻的考验。团长王兴芳抵滩后，冒着弹雨指挥战斗，最后中弹牺牲。副团长田军带领一个排漂到鼓浪屿西南岩石下单独登陆。连续炸开鹿砦、铁丝网等障碍，夺占了滩头地堡。该团的另一个"青年战斗模范班"抢先登陆，在滩头损失过半，班长丛华滋高喊口号，带领其他战士勇猛突击登陆。九十一师炮兵二连的船只中弹后，两门大炮坠入海中。该连指导员赵世堂率领10名战士强行登陆，涉水上岸，突入前沿阵地，直插日光岩西侧制高点。

23时后，九十一师又组织三个二梯队营起渡，因风浪太大而未能成功。随后三十一军命令九十一师暂停攻击。已经登陆鼓浪屿的部队在没有后援的情况下，同国民党守军展开浴血战斗，最后全部壮烈牺牲。38年后，一位作家用文学的笔调描绘了当年鼓浪屿战斗的惨烈场面：

"厦门和鼓浪屿之间的那条狭窄的海湾竟使抖擞雄风的英雄们止步不前。他们第一次懂得陆军不是万能的军种。国民党人虽然气数将尽，却在那天夜里表现出不可思议的自信和勇猛。万千的炮弹和枪弹犹如暴风雨咆哮而来。高大的船帆纷纷坠落，船儿像折翅的鸟儿躺在海面上呻吟。指挥员高声叫骂命令摇橹向前，进一米退十米，旋落的潮水违拗英雄的意志秘密地把船儿送回原地。于是悲惨的事发生了。数十条木船大部沉没海底，海面上的鲜血如浮油，从北方一路攻击到闽南的几百条好汉几乎全部丧生。"

鼓浪屿的激烈战斗，果然造成了汤恩伯的判断错误，认为解放军将从这一方向发动大规模进攻。急忙将手中掌握的预备队投入鼓浪屿战斗，并将位于厦门的机动部队南调，为解放军从厦门北部登陆提供了有利时机。

鼓浪屿战斗打响后，解放军二十九军两个师和三十一军一个师的五个团分别起航。几百艘战船在夜幕掩护下直扑厦门北

蒋介石不惜代价守金门

部，驶向各自的预定登陆突破口。当国民党军发现解放军船队时，三十一军的船队已经在多处抢滩登陆。解放军炮兵也猛烈开火，炸毁了敌军的部分滩头工事。

20时许，九十二师两个营率先在石湖山、寨上登陆。这时正赶上落潮，登陆部队在淤泥中上岸，遭到国民党守军密集的火力封锁，人员不断伤亡。二七四团三营八连三排排长和两位班长相继伤亡，在该排指挥战斗的副连长也中弹倒下，危急关头，八班长崔金安挺身而出，指挥全排剩下的12名战士，攻下山腰地堡，苦战4小时，打退敌军5次反扑，并在兄弟连队策应下，夺取了山头。至16日晨，九十二师有4个营登陆成功，占领了石湖山、寨上一线的前沿阵地。

21时，二十九军八十五师在高崎东侧的白莲尾，湖莲一线抵滩登陆。高崎是扼守厦门北部的重要据点，国民党军在这里设有重兵，自誉是"海上堡垒"。经过一夜激战，"海上堡垒"土崩瓦解。天明后，二十九军又一举攻占高崎机场。国民党军丢下一架运输机和数辆坦克，夺路南逃。这时高崎西侧的神山也被攻克。晨风中，厦门岛上空飘扬起五星红旗。

担负东段攻击任务的八十六师也在神宅、下马一线登陆。国民党军随即出动坦克、装甲车，掩护步兵进行反扑，双方展开激烈的攻防战。二五六团二营战至最后，只剩下5个班，但仍坚守海滩阵地，直至后续部队到达。

到16日中午，解放军后续部队在十多公里的进攻正面陆续登陆，建立了稳固的登陆场，并迅速向四周扩展。返航的船只冒着敌机轰炸，接运第二梯队上岛。这时汤恩伯才判明解放军的主攻方向不在鼓浪屿，而在厦门本岛北部，忙把已向南调动的机动部队北调，反击高崎。解放军将汤恩伯的机动部队击溃后，即向岛内攻击。

16日下午，解放军推进到岛腰部的仙洞山、松柏山、园山和薛岭山一线。汤恩伯急调手头仅有的一个团，在飞机掩扩下进行反扑，但很快就被击溃。国民党厦门警备司令部出动10辆十轮大卡车，载运特务营火速增援松柏山，在山口遭到解放军截击，一个营的国民党兵未能跳下卡车就全部毙命。

16日黄昏，国民党军失去有组织的抵抗，分散向南逃逸。解放军攻入厦门岛中央。汤恩伯见大势已去，慌忙向厦门港逃跑，同时用报话机直接呼叫海边的军舰放小艇接应。适逢退潮，艇只难以靠岸，逃到海边的汤恩伯急得直跺脚，不断向军舰呼叫，解放军从监听的报话机中了解到这一情况，叶飞司令员亲自在报话机上，命令追击部队迅速向厦门港追击，活捉汤恩伯。但是追击部队在途中没有开机同后方联络，报话机数次呼叫不能。汤恩伯在海滩上滞留了一个小时，才等来小艇，夺路而逃。海边沙滩上未及上船的3000名国民党官兵全部被解放军俘获。

17日晨，解放军进入厦门市区、国民党守军闻知汤恩伯已逃之夭夭，无心防守、纷纷逃跑或投降，国民党军七十四师师长李益智也成了解放军的俘虏。三十一军乘胜占领鼓浪屿，俘敌1400人。

整个厦门战役，解放军全歼国民党军第八兵团司令部、第五十五军和第五军第一六六师，共计2.7万人，俘虏2.5万人。

解放军攻占厦门后，第十兵团按照原定计划要求第二十八军迅速攻占金门，以完成漳厦金战役。

厦门解放后，市内燃料、存粮均所剩无几，海路运输又被国民党军封锁，城市供应十分困难。考虑到厦门的接管和供应成当务之急，第十兵团指挥所即由同安移至厦门。攻击金门的准备工作及作战指挥均交给第二十八军负责。

第二十八军于9月下旬接受攻击金门任务后，部署于莲河、大小嶝岛、石井一带，进行战前准备工作。该军自福州南下时，军长朱绍清因病去上海治疗，政委陈美藻留在福州参加城市接管，由副军长肖锋和政治部主任李曼村主持军内工作。

叶飞司令员在进入厦门前，专门找肖锋、李曼村交待攻取金门任务，向他们详细介绍了厦门之战的经验教训，交待了登陆作战的战术及注意事项。

第二十八军南下时留下一个师在福州担任守备，在进行攻金准备时为了加强该军的力量，第十兵团决定将第二十九军刚刚参加过攻厦战斗锻炼的主力师——八十五师调归其指挥，力争在一个星期内做好一切准备工作，以免时间拖久了，情况发生变化。第十兵团下达的攻金命令是："为扫清沿海残敌，解放全福建，并建立尔后攻台之基地，决乘厦门胜利余威及金门敌防御部署紊乱之际，以二十八军一个加强师为主附二十九军八二五师全部，发起对金门之攻击。"

厦门被解放军攻占后，国民党金门守军虽然受到很大震撼，但是其防御部署并未紊乱。金门在东南沿海具有重要的战略位置，控制了金门，就可以封锁厦门的出海口。国民党方面认为解放军如渡海攻台，厦门港将是重要的船只集结地，控制了金门对于屏护台湾能起到重要作用。因此，国民党对防守金门的重视程度远远超过厦门。

最初守卫金门的国民党军主要是李良荣的第二十二兵团和青年军第二〇一师的部队，总兵力不足1.7万人。厦门战斗结束前，蒋介石为了封锁厦门港的出海口，将其在东南仅剩的一个主力兵团——第十二兵团从广东潮汕地区撤出，用于增援金门。第十二兵团原在淮海战役中被解放军歼灭，后于1949年春天重新组建，胡琏任兵团司令。下辖第十八军、第十九军、第六十七军三个军，共4万余人。按照蒋介石的命令，10月9日起，该兵团第十八军相继从潮汕抵达金门，并集结到金门东部。对于这一敌情变化，解放军第十兵团未能准确掌握。

在实施攻金准备过程中，船只短缺始终困扰着第二十八军。该军原有的上百艘船只，大都在平潭岛遇台风损失。第三十一军和第二十九军攻击厦门的船只大部被敌机炸毁或损坏，数量也极为有限。鉴于船只不足，第十兵团连续3次推迟了攻击金门的时间。最后第十兵团决定取消第三十一军原定攻击小金门的计划，将船只集中供二十八军使用。

根据当时的船只情况，第二十八军攻金的预想是，第一梯队登陆3个团，扣除部分损失，船只返回时第二梯队、第三梯队还可以再航渡3个团，这样总共可有6个团7000人以上在大金门登陆。

在积极进行攻金准备时，第二十八军和配属该军的第八十五师的一些干部根据对敌情的判断和船只的现状，已预感到以现有条件向金门发起攻击前景难测。二十八军副军长肖锋和政治部主任李曼村共同研究，提出攻击金门应具备三个条件：一是我军现有实力只能对付敌军12000人，敌军若再增一个团则不能打；二是必须备足一次运载6个团的船只，否则不能打；三是海船应配备3名船工，因当地船工驾船没有把握，希望三野前委速从苏北、山东老解放区选派3000名船工。

上述三条意见得到三野前委的重视，陈毅、粟裕都表示同意。10月18日，粟裕特别指示：以原敌二十五军一○八师的12000人计算，只要增敌一个团也不打；没有一次载运6个团的船只不打；同时要求苏北或山东沿海挑选6000名久经考验的船工，船工不到不打。但粟裕的这些指示事后并未落实。

10月24日，第十兵团下令当晚攻击金门。同日午前，第二十八军领导开会研究攻击计划，一致拥护兵团于当晚总攻的决定。第二十八军下达的作战命令是："集中一点在十里宽正面突破，先歼西举部、然后攻歼北太武山之敌。二十四日二十三时发起攻击。登陆以后，二四四团切断峰腰掩护主力首歼金门城之敌，尔后会攻太武山解决战斗。"肖锋当时设想了三种情况，最好的设想是26日可占领金门全岛。最坏的设想是我登陆部队与胡琏兵团遭遇，则战斗将会激烈，要准备付出4000人左右的伤亡。

10月24日中午，二十八军电告兵团部当晚按计划向金门发起攻击，叶飞司令员立即召集兵团作战处长、情报处长和有关人员开会，分析情况，研究二十八军所报的作战方案。

早在10月17日，十兵团就已经侦悉国民党军第十二兵团已乘船撤出潮汕，但对其去向一直未能掌握。在会上叶飞很重视这一敌情变化，查问胡琏兵团是否已到金门。参谋人员回答说，胡琏兵团在海上徘徊，尚未到达金门。就在这时，机要人员送来一份截获胡琏向蒋介石请求撤回台湾的军用电报。叶飞司令员一看是10月23日发的报，立即问台湾复电没有？机要人员回答说，还没有截获。叶飞分析胡琏兵团的行动有两个可能，一是增援金门，一是撤回台湾。可以是蒋介石命令胡琏增援金门，而胡琏不同意，所以打电报给蒋介石要求撤回台湾，因而在海上徘徊。叶飞考虑胡琏兵团如果到达金门，攻金的有利时机就失去了。只有趁胡琏兵团尚未到达金门之际，发起登陆，攻取金门，这是最后的一个战机。如再延误，金门情况就可能发生变化。经过研究，兵团批准了二十八军的作战计划。

实际上，当时金门情况已发生变化。蒋介石接到胡琏电报后，严令十二兵团增援金门。胡琏兵团除第十八军已登岛外，第十九军一万多人也已乘船抵近金门，只是因风浪太大而未上岸。

1949年10月24日夜幕降临后，解放军第二十八军指挥下的7个团在大、小嶝岛及其以北地区进入海边登船位置。当时海面上刮着三四级东北风，潮水徐徐上涨。

19时，担任第一梯队的二十八军八十二师二四四团、八十四师二五一团，二十九军八十五师二五三团指战员开始登船。许多首长与登船的指战员握手相送，谁也没有想到这是一场悲壮的出征。由于船只相当紧张，二五三团的少量部队未能上船，有幸成为后来重建该团的种子。

部队登船时，已随第一梯队上船的副军长肖锋又接到兵团领导电话，告知金门守敌已增加两个团，并要肖锋本人留下指挥。肖锋当即对仍按原计划行动提出疑问，得到的回答是决心不变，叶飞坚持说，只要上去两个营，掌握好第二梯队，战斗胜利是有希望的。金门之战结束后，国民党方面始终认为肖锋是登岛的最高指挥官。1981年台湾国民党装甲兵战史还吹嘘说："匪特遣指挥官肖锋下落不明，谅必于二十五日上午被我战车击毙海中"。

24日21时，第一梯队3个团登船完毕，隐蔽向金门开进。船只启航后，正遇东北风，航行比较顺利。由于夜幕的掩护，国民党海军和海岸监视哨在一个多小时内都未发现船队。但由于载运部队的船只大小不一，性能各异，船队启航后不久就难以保持队形，联络也大多失灵，各船只好单独向预定的方向前进。

虽然已是深夜，但金门岛上的国民党军仍未放松戒备。25日1时30分，正在海滩巡逻的一名国民党青年军二〇一师士兵，误触了自己埋设的地雷，引起爆炸。爆炸声响过，海边阵地上的守军急忙打开探照灯向海面照射。这时，解放军二四四团的先头船只已接近金门北岸，正好暴露在探照灯的光柱中，国民党守军的各种枪炮一齐开火。解放军立即按计划由偷袭改为强攻，设在大、小嶝岛等地的解放军炮兵也向金门北岸国民党军阵地进行火力压制，航船在炮火掩护下向岸滩冲去。

金门北岸是国民党军重点设防的地段，布置多层火力点。解放军炮兵虽然有80门美制105毫米榴弹炮和75毫米山炮，但是夜间隔海射击，难以准确摧毁对方的防御工事和火力点。第二四四团登陆时付出很大伤亡。二五一团先头营和二五三团的船只接近海岸时，国民党军尚未发现。解放军先头部队上岸后，敌军才开始猛烈射击后续部队的船只，二五一团后续营伤亡近三分之一。解放军指战员不顾伤亡奋力抢滩登陆，许多人在海中下水，利用简便漂浮器材登岸，随即冒着弹雨，向滩头阵地进攻。

第一梯队登陆后，发生了一件出乎预料的严重问题。部队登陆时，正是涨潮的最高峰，国民党军原先设在海滩的铁丝网和许多水下障碍物都被潮水覆盖，许多抵滩船只船底被挂住，难以动弹，另有少数船只因靠岸前人员就已下水，并未抢滩，仍可返航。但第一梯队没有统一指挥船只的临时机构，押船的干部和战士见前面船只未返回，不知如何处置，在海边犹豫等待，船上的部分船工见炮火猛烈，弃船跳海而逃。凌晨2时以后开始退潮，已经抢滩的船只和海边的其他船只全部搁浅在沙滩上，无一艘返航。

25日1时40分，解放军二四四团于金门峰腰部北岸的龙口登陆成功，迅即夺取了海边的多座碉堡，并俘虏了100余名国民党士兵。与此同时，二五三团于古宁头、林厝间登岸，二五一团于安歧以北的湖尾乡取得突破。至此，在金门北岸西部和中部担负防御任务的敌二〇一师的阵地完全突破，该师部队在混乱中向后溃逃。登陆部队除二五三团留下一个营巩固登陆场外，都全力向纵深穿插。登岛部队中无一名师级干部，3个团分路攻击，很快前进至西山、观音亭山、湖尾、湖南高地、安歧、埔头一带，向国民党军二线阵地发起猛攻。拂晓前，二四四团占领了金门西部的制高点双乳山。二五三团也攻占了古宁头。20多年后台湾方面的战史也承认解放军最初的进攻几乎势不可挡。

解放军第一梯队三个团登陆时，二十八军前指和受命指挥第一梯队的八十二师师部密切注视着对岸的情况。当时，从报话机里不断出现金门守军和台湾之间的呼叫通话。金门方面喊："共军进攻了，炮火非常猛烈！""工事打垮了，伤亡很大！""已经突破了！赶快增援！"台湾方面则回答说："沉住气，坚决顶住！""天一亮，空军立即出动！"看到登陆成功，二十八军前指和各师指挥员都松了一口气，只盼望船只早点返航，以便接运第二批登陆部队。但几个小时过去了，却不见有一艘船返回。

天过拂晓，二十八军前指和各师首长在望远镜中看到出乎预料的情景，金门岛沙滩上，上百艘船只在敌军轰炸和炮击中不断起火燃烧。情况紧急！二十八军前指迅速向兵团报告，要求立即派船。兵团领导得知后，下令三十一军将现有船只调给二十八军。然而这时三十一军却几乎无船可调。眼看着对岸激战，第二梯队虽有4个团兵力却无法支援。

天亮后，集结在金门岛东部的国民党第十八军主力和第十九军的一个师，在坦克和炮兵配合下，分三路向解放军登岛部队实施全线反击。原先守岛的四十五师和溃逃的二〇一师部队也稳住阵脚，回头向解放军杀来。

在岛上守军开始反击的同时，驻守金门的国民党海军也大体形成了对全岛的海上封锁。"中荣"舰从金门南面的料罗湾绕到北岸的古宁头后面，用舰炮轰击解放军登陆部队。"南安"舰和202号扫雷舰驶入古宁头西北岛沙水道，为岛上守军提供火力支援。"楚观"、"联铮"、"淮安"等舰艇则开至大、小金门之间，保护大金门的西侧后方。

为加强金门的海军力量，凌晨4时，国民党海军海防第二舰队司令黎玉玺少将率舰队旗舰"太平"号，驶离澎湖基地，前往增援。海面上风大浪急，舰身倾斜严重，侧风急航的"太平"号不顾天气恶劣，全速向金门疾驶。第二舰队参谋长兼"太平"号舰长冯启聪上校回电台湾，坚持逆风北行赶往金门参战。黎玉玺、冯启聪二人后来都升任台湾国民党海军总司令。

战斗打至天明，台湾国民党空军的P-51野马式战斗机、FB-26蚊式战斗轰炸机和B-25米切尔轰炸机将战斗范围扩大到厦门至围头沿岸的解放军炮兵阵地和第二梯队集结点。八十五师师部所在的海边房屋，也受到两架P-51野马式战斗机的攻击。一枚炸弹落在近旁，弹片飞入门窗，烟土弥漫。战斗中，国民党空军总司令周至柔亲飞金门上空，指挥机群配合地面部队作战。

天亮前，解放军二四四团进展迅速。但当其第二营前进至琼林附近时，却与国民党军坦克遭遇，进攻受挫。夜色退去后，国民党军战车第三团第一营在琼林投入反击。该营拥有美制M5A1轻型坦克21辆，每辆坦克有37毫米炮一门，重机枪三挺，其火力与解放军相比占有绝对优势。

当时二四四团二营所处地形极为不利，海边开阔地上缺少隐蔽物，很多战士暴露在坦克密集的火力下，伤亡很大，部分战士分散躲入防风草丛中，用轻武器向敌坦克射击，但由于缺乏反坦克武器，未能遏止敌坦克的进攻。在此情况下，二营立即组织爆破手携带集束手榴弹前往爆破，但在途中即被敌坦克火炮和机枪所射杀。一名国民党军坦克手忘乎所以，从炮塔中探出头来喊话，要解放军投降。话未说完，就被解放军回击的子弹打死。国民党军坦克在突破解放军阵地后，冲至海边，用烧夷弹向搁浅在岸边尚未被飞机炸毁的木船射击，木船一艘艘燃起大火，被看押在海边的国民党军俘虏也乘机跑散。

战至中午，国民党军坦克因弹药耗尽而后撤，但步兵仍在持续进攻。此时二四四团已伤亡过半，团长邢永生也身负重伤，剩余人员在双乳山一带构成环形防御固守。

解放军二五一团和二五三团在天亮后也遭到国民党军反扑，伤亡增大。但其进攻势头未减，仍按预定计划向纵深猛插。第二五三团主力逼向金六城，予国民党军以重大威胁。

当天上午，国民党军第十九军已全部在金门登陆。金门守军增至4万人以上，由汤恩伯和他的日本顾问根本博统一指挥。汤恩伯见解放军只在金门北部上岸突破，于是决定所有兵力向突破口反击。第十八军、第十九军全部投入战斗。尽管遭受重大杀伤，但国民党军依仗数量优势，仍持续进攻。第十八军军长高魁元、第十九军军长刘云翰及各师军官均到第一线督战。

在国民党连续进攻下，岛上的局面开始逆转。国民党军于下午前重新占领了观音亭山和湖尾乡高地。解放军二五三团在与敌人强力反击中伤亡近千人，被迫后撤。二五一团一部也于下午冲出包围，撤回古宁头。该团副团长冯绍堂率领两个班固守林厝，占据天亮前夺取的10个碉堡，苦战9个小时，连续打退国民党军7次冲锋。国民党军在进攻中死伤惨重，其十四师四十二团团长李光前也被打死。攻击古宁头的国民党军第十八师将全部兵力投入战斗，该师师长尹俊亲督警卫营冲锋，在解放军密集火力下，警卫营营长以下官兵非死即伤，最后仅剩57人。

25日中午，解放军第十兵团副政委兼政治部主任刘培善赶到第二十八军莲河指挥所，与肖锋副军长等领导一起研究应急对策。根据登岛部队的报告，大家已知道胡琏兵团主力在金门登陆，而兵团又缺乏船只运送第二梯队，心情都非常沉重。在别无良策的情况下，刘培善最后指示，命令已在金门登陆的三个团由二四四团团长邢永生统一指挥，收拢部队固守几个点，天黑后派部队渡海增援。

由于国民党军掌握着制海权和制空权，解放军在白天无法进行航渡，只能以炮兵支援对岸的登陆部队。二十八军下属的三个炮兵群竭尽全力轰击向海边进攻的国民党军，却因射程有限而无法打到纵深。看到解放军炮兵为登陆部队提供火力支援，25日下午，国民党空军又出动飞机，对二十八军炮兵阵地实施猛烈轰炸，二十八军在海边仅有的几艘船和正在修理的船只也被炸毁。

失去地面炮兵支援的登岛部队仍在浴血奋战，经过一天的苦战，人员已伤亡半数以上。所剩部队大都退守到金门西北海岸一带，固守待援。国民党军在黄昏前又投入大批兵力向古宁头发起进攻，但被打退，疲惫不堪的国民党军被迫后撤到湖南高地西北一线，转攻为守，休整部队。

入夜后，解放军的增援行动开始进行，有一艘小轮船和几条木船开到澳头、大嶝岛一带，但只能运载4个连的部队。二十八军领导认为以如此少的兵力增援，于事无补，建议派船去尽量多撤运一些人回来。兵团领导这时认为还有挽回局面的一线希望，仍指示派兵增援。根据兵团的意图，二十八军前指作出决定：提任八十二师副师长的二四六团团长孙玉秀，率该团的两个连及八十五师的两个连增援金门、并统一指挥全部登岛部队。

25日夜间，金门的国民党军已经以优势兵力将解放军登岛部队包围。其指挥官在感到稳操胜券的同时，也害怕解放军渡海增援，不断要求海空军加强巡逻。国民党海军第二舰队司令黎玉玺下令各舰"全夜巡击，不得放共军逃走。""太平"号旗舰率两艘炮艇巡行于古宁头以北的海面上，拦截解放军增援船只，并不断向大陆和古宁头方向开炮。国民党空军也派出飞机，投掷照明弹，搜索海面可疑目标。

在夜暗掩护下，孙玉秀率4个连的增援部队冒着危险毅然起渡。夜色深沉，国民党海空军竟然没有发现这支由为数不多船只组成的船队。

26日凌晨3时，解放军二四六团的两个连在湖尾乡一带成功登陆。但其所乘的小轮船在岸边被国民党军炮火击中。孙玉秀率两个连上岸后，即指挥部队歼灭国民党军一个营。随后向双乳山一带推进，并积极同第一梯队联系。八十五师二五九团派出的两个连乘木船航渡，因风浪太大，仅有4个排上岸，攻占了古宁头的数座碉堡。随后依托碉堡，打退了国民党军多次进攻。

当天夜间，金门岛上的解放军第一梯队不顾经过一整天苦战的疲劳，抓住国民党军坦克、飞机在夜间不能发挥威力的有利时机，向敌军展开猛烈反击，在派出小股部队袭击金门县城的同时，主力在岛西北突入国民党军防御阵地，至天亮前又推进到林厝、埔头一线。凌晨时，第一梯队看到后续部队上岛增援，受到很大鼓舞。但是登陆的第二批部队因兵力太少，难以扭转战局。天亮后，国民党军重新封锁了突破口，解放军二四六团的两个连在团长孙玉秀率领下突出重围，与坚守古宁头的部队会合。

26日天亮后，经过休整的国民党军集中主力，在海空军和装甲兵掩护下向古宁头、林厝、埔头一线猛烈反扑。金门岛上的房屋为了防御台风，多用石块垒成，比较坚固。解放军得用这些坚固的石屋，同国民党军展开逐屋争夺的巷战。在埔头、林厝东南的高地上，解放军依托原国民党青年军构筑的永久性工事，打退国民党军的多次进攻。在激烈的战斗中，双方都付出了很大伤亡。

26日上午，国民党军第十二兵团司令胡琏赶到金门，和汤恩伯等人一起赴前线督战，看到步兵对古宁头久攻不克，胡琏等人不断向台湾呼叫，请求空军支援。国民党空军的飞机随后飞临金门上空，向古宁头投掷炸弹，不少建筑在爆炸声中倒塌。国民党军战车营的坦克也冲进街巷，和携带火箭筒的步兵一道对解放军固守的房屋抵近射击，整个古宁头都是飞扬的硝烟和尘土。临近中午，弃守林厝的解放军也撤至古宁头。国民党军3个师的兵力都投向古宁头，战至天黑，只有几百名解放军据守的这个小村落仍没有被攻下来。国民党军只夺取了外围的部分阵地和房屋，古宁头的枪炮声仍不绝于耳。

虽然国民党军没有在白天攻下古宁头，但却占领了金门西北的大部分海岸。据守古宁头的解放军伤亡很大，已处于弹尽粮绝的境地，渐渐难以支持。入夜后，负责统一指挥的孙玉秀和第一梯队各团领导邢永生、刘天祥、田志春、徐博、陈立华等人在一个山沟里会合，举行临时作战会议。大家经研究认为，登陆部队10个营已伤亡5000多人，已没有完整的连、营建制，再与敌军拼下去，必将全军覆没。与会的各团领导都同意将部队分成几股，同敌人展开游击战。

与此同时，解放军十兵团仍在想尽办法援救岛上部队。26日傍晚，十兵团一位领导给二十八军打来电话，命令八十五师师长朱云谦去金门统一指挥岛上的部队。朱云谦接到命令后，即准备率二五三团剩下的一个连渡海。因无船只，这一行动随后被兵团取消。

入夜后，解放军二十九军二五九团奉兵团命令，派出一个排乘汽艇前往古宁头侦察联络。汽艇穿越国民党军封锁线，抵达古宁头以北滩头。当发现岛上失利已成定局时，这艘汽艇准备运载一些伤员撤回，由于上艇的伤员较多，汽艇因超载而搁浅在海滩上，艇上的机器也发生故障，最终未能返回。

在增援金门的各种努力宣告失败之后，26日22时，二十八军领导以十分悲痛的心情致电岛上的各团领导并转全体指挥员、战斗员和船工，赞扬登陆部队同志们的英勇善战和流血牺牲，写下了极壮烈的史篇，同时检讨了领导上错判了敌情。电文最后号召，为保存最后一份力量，希望前线各级指战员机动灵活，从岛上各个角落，利用敌人或群众的竹木筏及船只，成批或单个越海撤回大陆归建。在沿海各地将派出船只、兵力、火器进行接应和抢救。登岛部队各团领导在报话机前听到这一指示后，都回话表示，只要可能，还活着的1200名指战员一定尽最大的努力，完成自己的职责。

10月26日深夜以后，解放军第二十八军前指挥同金门岛上各团的联系陆续中断。二五一团团长刘天祥最后一次同二十八军前指通话说：我们的生命不长了，为了革命没有二话。祝首长好！新中国万岁！共产党万岁！毛主席万岁！话未说完即听到爆炸声，刘天祥光荣牺牲。

26日午夜，金门岛上的解放军剩余部队开始向北突围。数百名解放军冲出包围，在海边没有船只的情况下，又向东南突围进入山区。古宁头村内，仍有少部分解放军战士在进行抵抗。古宁头以北的海边岩壁下，不少解放军伤员也在继续坚持战斗。

27日天亮后，金门岛西北的战斗还在继续。国民党军在火力掩护下，经过一番苦战，才完全占领了古宁头。随后，国民党军向古宁头北山海边发起猛攻。解放军逐渐被猛烈的炮火压制于崖下和滩头水际之中。国民党海军军舰也绕到古宁头西北的海上，配合步兵进攻。国民党海军舰队司令黎玉玺命令"南安"等舰艇驶进水深近6尺的古宁头近海，用40毫米机关炮和大口径机枪扫射解放军，战后该舰队向台湾当局邀功称："攻击藏匿崖下，水际之残敌，杀敌二到三千人，胜利结束古宁头之役。"在国民党军的海陆夹攻下，在海边背水血战的解放军战士全部牺牲，大部分伤员被俘。至27日上午10时，金门战斗基本结束。

古宁头战斗结束后，国民党军在岛上开始大规模搜寻解放军剩余部

金门"古宁头大战纪念馆"

队，27日下午，解放军剩余的少数指战员在双乳山附近隐蔽时，被国民党军发觉，随后继续转移，28日下午，又在沙头附近陷入国民党军的包围。已经负伤的二四六团团长孙玉秀决心不当俘虏而自杀牺牲，其余解放军全部被俘。

金门战斗，人民解放军共损失两批登岛部队3个团另4个连，总计9086人 (其中军人8736人，船工民夫350人)。登岛指挥作战的团干部也大都牺牲，其中包括二四六团团长孙玉秀、二四四团团长邢永生、二五一团团长孙天祥、二五三团政委陈立华。这是由于在海岛作战的特殊条件下，因无船而无法增援和撤退，最终遭受覆没性损失。

在金门战斗中，国民党军也付出了惨重的伤亡。战后胡琏向蒋介石报告，伤亡9000余人。专程前往金门劳军的蒋经国乘飞机"俯瞰全岛，触目凄凉"，在前往汤恩伯总部的途中，更是"尸横遍野，血肉模糊"，当时战斗的惨烈场面可想而知。

攻金失利，在军内外引起极大震惊。二十八军副军长肖锋和政治部主任李曼村在厦门见到叶飞后，失声痛哭。十兵团在10月28日向三野报告说："我们检讨造成此次金门作战之惨痛损失原因，主要是我们被胜利冲昏头脑，盲目乐观轻敌所造的。"

10月31日，十兵团在厦门老虎山洞举行党委扩大会，福建省委第一书记张鼎丞，兵团司令员叶飞，兵团政委韦国清、第二十九军军长胡炳云、第二十九军政委黄火星、第二十八军副军长肖锋和政治部主任李曼村参加了会议。肖锋在会上首先作了检讨，他说："金门战斗的失利，是领导判断错误，指挥失误，是骄傲轻敌的结果，违背了毛主席不打无准备之战的指示，也违背了粟裕首长批示的三个条件"，"这次失利是我对福建人民犯了个极大的罪。请求十兵团党委、三野前委给我应得的处分。"

叶飞接着发言说："金门战斗的失利，主要责任是我，我是兵团司令员、兵团党委第一书记，不能推给肖锋。他有不同意见，我因轻敌，听不进。临开船时，在电话上我还坚持只要上去两个营，肖锋掌握好第二梯队，战斗胜利是有希望的。是我造成的损失，请前委、党中央给予严厉处分。"

会后，叶飞起草电报，报告华东军区陈毅并报中央军委，请求给予处分。陈毅说："现在的问题不是处分什么人的问题，而是接受经验教训。"中央军委没有处分叶飞，命令十兵团准备再攻金门。

朝鲜战争爆发后，中国人民志愿军准备入朝参战，中央电令解除福建前线再攻金门的任务，集中全力剿匪。叶飞再次打电报给党中央，请求处分。但毛泽东也说；"金门失利，不是处分的问题，而是接受教训的问题。"1953年10月，陈毅向中央军委提出：准备用五个军的兵力解放金门，并突击修建福建几个机场和鹰厦、福州铁路与厦门海堤。中央军委当即予以批准，但毛泽东考虑到当时的国内外形势，很快又改变了这一决定，要求暂缓进攻金门。从此，金门成为国共对峙的前哨阵地，激烈的炮战曾持续多年。

五十多年过去了，大陆和台湾的关系已经有所缓和，但金门仍然是一座戒备森然的兵营和堡垒。从当年国外的一些报道中，我们可以感受到笼罩在金门上空的紧张气氛。以下是法国和西德报纸中的两篇报道。

金门，冷战之岛

　　国民党和共产党除了在这里进行冷战之外，几乎已经休战。台北政权的这个筑有防御工事的前哨距大陆只有几里，岛上尽是地下军事设施。

　　为了消除访问者到达后产生的无精打彩的印象，军方领导人说，金门的军队时刻处于戒备状态。金门指挥部"政治战争"处的一位上校说："如果发生进攻，我们依靠地道内的军需品，能够坚持3个月、4个月、6个月……"（法国《世界报》报道）

　　台湾从金门岛那里向大陆兄弟送东西，两个兄弟之间无休止的宣传战——岛屿要塞的许多东西都是"保密的"

　　金门岛时刻作好准备，可以说战争随时可能爆发，将近40年一直是这样。1949年在毛的胜利之师面前逃跑的蒋介石的追随者在这个台湾的前哨阵地上修筑了工事。一条不到两公里宽的水道将大陆和中国台湾彼此分开。

　　这座岛屿可以为一部詹姆斯·邦德电影提供理想的背景。大炮、坦克和其他武器保卫着每个交叉路口以防来自大陆的进攻，人们显然估计随时都可能面临这种进攻。在街道旁的树丛之间，可发现钢盔和伪装网。在许多灌木丛的后面伸出了大炮的炮管。（西德《斯图加特日报》报道）

　　经历过战火洗礼的金门，对峙犹在。虽然金门岛已于1992年11月7日起解除了戒严令，但岛上的紧张状态仍未改变。日本记者新藤在解除戒严前10天发回的报道，足以证明这一点：

　　"我乘坐军用C130运输机，从位于台北市的军用机场出发，向西飞行大约50分钟就到达金门岛南侧的机场。飞机一降落，用红字书写的'建设金门、光复大陆'的大幅标语立即映入眼帘。军方有关人士叮嘱说：'机场、军用设施和海岸线禁止拍照。'

　　"在车上，我看到高粱地里等距离地立着呈四角形、高3米的桩子，桩子的上部钉有尖钉。给我们作向导的陆军大尉解释说：'这是防止空降部队和直升机入侵时用的，在十字路口等要塞还设有碉堡。'

　　"在金门防卫司令部一位少将的带领下，我乘车经过地下通道。隧道纵横交错，慢速行驶了两公里，途中随处可见通往兵营和炮台的侧道，简直就像'蚂蚁洞'。医院，旅馆和集会场所也设在地下。

"金门岛的'马山观测所'距大陆仅有1.8公里。在碉堡中就可以看到对面的角屿岛。台湾和大陆的观测员每天都在用望远镜观察对方的动向。岛屿海岸线上，大炮和机关枪依然对着大陆。"

如今，两岸关系进一步缓和。金门已经不再像以前那样戒备森严，风声鹤唳。曾经的军事设施成为观光景点，逐步对外开放。金门岛上著名的"三民主义统一中国"的标语，与厦门的"一国两制统一中国"的标语遥遥相望。

第三章

狂轰滥炸，封锁海岸如扼喉
血战舟山，廿万神兵齐登陆

淞沪杭战役结束后，解放军三野七兵团除了执行警戒和剿匪任务外，还抽调兵力，继续实施战略追击，将进攻矛头直指舟山群岛。

舟山群岛位于浙江省东北部、杭州湾外的东海中，由舟山、岱山、登步、桃花、金塘、大榭等400多个岛屿组成。舟山群岛不仅盛产鱼类，景色宜人，而且其军事战略位置十分显要。舟山群岛紧扼上海、杭州、宁波三市和长江、甬江、钱塘江三江门户，素有上海、南京、杭州海上屏障之称。回眸近代帝国主义列强侵略中国的历史，英、法、日入侵者的铁蹄都曾践踏过舟山群岛。

在解放军势如破竹的攻势面前，驻守上海和浙江象山半岛的国民党军自觅退路，一部分逃往台湾，其余则相继撤抵舟山群岛。到1949年7月中旬，逃到舟山群岛的国民党军官兵达6万人，其中包括上海防卫司令石觉。

蒋介石在大陆逃跑前夕，对舟山群岛就予以很高的重视。据蒋经国后来回忆，蒋介石引退之后，交给他办理的第一件事情，是希望空军总部，迅速把定海机场建设起来。蒋介石对这一工程催得很紧，几乎两天一催，直到机场全部竣工为止。后来，从舟山定海机场起飞的飞机不仅掩护了汤恩伯的残兵败将逃向台湾，而且还不时空袭上海、杭州等城市。

随着舟山群岛国民党军数量和番号的增加，蒋介石认为有必要建立统一的指挥机构，以便更好地对大陆实施封锁和对抗解放军随时可能发动的进攻。7月下旬，国民党军"舟山防卫司令部"挂牌成立，石觉出任司令。在整编部队，调整防务的同时，国民党军大动土木、修建工事、机场，增调作战飞机，为固守舟山作准备。国民党海军第一舰队的五六十艘舰艇也驻泊于舟山，对上海及其以北的港口进行封锁，禁止外国轮船和国内船只进出。国民党军在舟山群岛的存在，极大地威胁着东南沿海地区的安全，攻占舟山已成解放军的当务之急。

早在1949年5月25日，正在指挥部队进攻上海的粟裕，即提出要七兵团乘胜解放舟山，以阻止上海守敌撤退。由于上海战事发展很快，一部分国民党军已逃向舟山，粟裕的这一意图未能实现。5月28日，三野命令七兵团陆续准备，妥为布置，于绝对有把握时发起渡海登陆作战，解放舟山群岛。

七兵团接到命令后，开始积极筹划舟山战役的有关事宜。7月24日，七兵团司令员王建安和副政治委员吉洛（即姬鹏飞）在宁波召开作战会议，传达中央军委和三野关于解放舟山群岛的意图。七兵团虽辖有3个军9个师的兵力，但能够用于舟山群岛作战的只有4个师，即二十二军和二十一军六十一师。根据双方兵力对比和舟山的地理条件，会议确定了先攻占外围岛屿、后攻占舟山本岛的作战方案。会后不久，参战部队相继进抵浙江镇海至穿山半岛和象山港两侧沿海地区，开始进行渡海作战的准备工作。

准备进攻舟山的解放军虽然在数量上少于国民党守岛部队，但都是三野的主力部队，战斗力较强。担任主攻任务的二十二军，原为华野第三纵队，以擅长攻坚而著名，其军长孙继先更是解放军中的一员猛将。长征途中，曾率17勇士强渡大渡河，抗日战争和解放战争期间，率部参加过多次战役和战斗。配属二十二军的二十一军六十一师，也是一支战功卓著的劲旅。

解放军准备进攻舟山的部队虽然兵强马壮，但面对茫茫大海，却不敢掉以轻心。各路人马驻扎停当，即开始征集船只，练习海战。

在当时，解放军手中没有专门的登陆舰艇，而浙江沿海的船只又大部被国民党军队抢走，解放军只能想方设法征集民船。不少干部赶赴江苏、山东等地，征集船只和水手。各师、团后勤部门成立了小型修船厂，对残破不全的船只抓紧抢修。参战部队还抽调优秀官兵组建水上集训队，练习操纵船只和海上航渡技术。

解放军大规模征集船只的目的不言而喻，国民党军同样清楚这些船只的用途，经常出动侦察机低空搜索，发现目标后，再由轰炸机水平投弹炸毁。在没有防空掩护的情况下，解放军只好对船只进行伪装，尽量避免被敌机发现。对在海面上进行训练的解放军，国民党军飞机、军舰更不放过。未及攻岛，解放军就付出了很大代价。

国民党军在破坏解放军进攻准备的同时，还大力加强各岛防御设施的建设。在滩头和水

解放大榭岛的解放军二十二军某师前沿指挥所

中架设、埋置了鹿砦、铁丝网、竹签、壕沟、油桶爆炸物、梅花桩等阻碍登陆的设施。各岛还普遍修有4~8道防御工事，妄图以"堡垒"来阻止解放军的进攻。

面对国民党军如此坚固设防的"堡垒化"岛屿，解放军为减少伤亡并能够顺利实施登陆作战，调动参战官兵的智慧，创造出数以百计可以有效地对付国民党军的各种防御设施的渡海作战器材。其中既有通过壕沟、铁丝网的竹梯桥、还有船用炸药发射筒、水上漂雷、长杆炸药投放器、螺旋桨炸药推进器等进攻武器。国民党东南军政长官陈诚获悉情报后，忧心忡忡，急电舟山防卫司令部：共军近来使用"飞雷"和"加重手榴弹"两种武器，爆炸威力大，要当心对付。这一期间，解放军还使用新式器材进行

了模拟的战术演习，成功地摧毁了假设的工事。

经过一个多月的筹备，解放军开始展开攻岛战，大榭岛最先为二十二军所夺。

8月17日20时，二十二军六十四师的部队在夜幕下，把隐蔽在河湾港叉内的200多条船只运至起渡场，用芦苇和杂草伪装起来，军属山炮团的炮兵们手拉肩扛，把大炮秘密运进发射阵地。靠着夜幕的掩护，解放军几千人的军事活动未被国民党军发现。18日白天，国民党军飞机照旧前来侦察，未见一点异常，毫无目标地扫射袭扰一番后扬长而去。

18日18时30分，解放军按预定计划发起攻击大榭岛的战斗。指挥员一声令下，两颗信号弹飞上天空，所有大炮一齐向守岛的国民党军七十五军十六师四十八团阵地轰击。岛上的不少地堡、工事被炽烈的炮火吞没，岛外海面上的两艘敌舰也在炮声中逃遁。

19时，穿山镇西面的海岸升起3颗白色信号弹。解放军六十四师一九〇团和六十六师一九六团二营共4个突击营，分乘130条民船，乘风破浪驶向大榭岛，解放军炮兵随即向岛纵深进行延伸射击。

解放军船队冲破守军火力的拦阻，只用15分钟即驶抵大榭岛南部岸滩。登陆部队跳水上岸，迅速破除各种障碍物，抢占滩头阵地。登陆成功后，解放军兵分三路，向守军发起猛烈进攻。国民党军难以招架，纷纷缴枪投降。经过一番厮杀，解放军抢占了岛东北的渡口，并将残余国民党军包围在七项山。

七顶山是大榭岛的主峰，国民党军四十八团的指挥所就设在这里。全岛溃散的国民党军都集中到这里，居高临下，阻击解放军的进攻。解放军一九〇团团长周志诚十分清楚，如果不在拂晓前攻占七顶山，一旦国民党援兵突至，战局就会逆转。于是，他急令各营南北夹击，向七顶山发起猛攻。

扼守七顶山的国民党军困兽犹斗，依托有利地形同解放军展开阵地战。解放军采取小股多路的战术，突向山顶。据守山间地堡的国民党军军士训练队特别顽固，接连击退解放军一个排的3次进攻。该排最后只剩王传根、张银华、庞恒庆3名战士，3人互相配合，炸掉地堡，全歼军士训练队，杀开一条血路。经过彻夜激战，解放军于19日拂晓攻占七顶山。国民党军四十八团团长也在战斗中被击毙。

19日中午，国民党军派出1个团的兵力，分乘5艘军舰，在飞机和舰炮掩护下，企图夺回大榭岛。这些国民党军在大榭岛北部登陆后，很快占领了姜师山下的部分滩头阵地。

见国民党军援兵上岸，解放军营长张修良立即命令部队进行火力反击，他还向刚被俘虏的国民党军炮兵交待任务，要他们立即调转炮口轰击岸滩的国民党军船只和人员。在猛烈的炮火下，国民党军靠岸的木船大部分被击沉。解放军随即发起反击，国民党军四散溃逃。

入夜，大榭岛的枪炮声仍未停息，解放军还在搜剿被击溃的国民党军。二营副教导员巩文明率领4个排搜索至海边，他从俘虏口中得知，上岸的国民党军都退缩到海边礁石后侧。他立即指挥各排逼近礁石，并虚张声势地高喊："四连向左、六连向右，三连跟我冲！"解放军的追击炮也向礁石丛开火，掩护战士们冲锋。躲在礁石后面的国民党军见难以藏身，只好举手投降。包括副团长李绍信在内的330名国民党军官兵全部成了解放军的俘虏。此战，解放军共歼敌1448人。

大榭岛为解放军所轻取，使驻守梅山岛的国民党军1个团闻风丧胆，兵无斗志，急忙撤向六横岛，二十二军即令六十一师进占梅山岛。大榭岛一战，解放军初试锋芒，创出了解放舟山的良好开端。

解放军旗开得胜，国民党军大为震惊，舟山防卫部严令部队加强戒备，同时派出军舰，对解放军的渡海船只进行轰击。

国民党军舰不时前来袭扰，解放军炮兵决心予以痛击。炮兵观测员用炮队镜观察敌舰航行的速度，找出敌舰在不同潮流和不同航线上行驶的规律，然后计算出敌舰在海面上前进的不同速度，把敌舰可能来的航线，都标出射击的目标，并把距离等数据列出表格，做好预先射击的准备工作。

9月7日午后，一艘国民党海军的炮舰，从象山港方向驶至梅山岛和六横岛之间海面，向驻有解放军的眠牛山、贝塔山、炮台山一线开炮轰击。

发现敌舰来袭，解放军观测所里的炮队镜转动镜头，将目标紧紧盯住。这艘炮舰刚从扑蛇山岛东侧海上露头，解放军一个山炮连立即开火，在相隔13里的距离上，准确命中敌舰。敌舰顿时冒出浓烟烈火，解放军炮兵阵地上欢声一片。直到深夜，这艘美制炮舰还在海面上燃烧。

解放军初战得手，七兵团决心再接再厉，将攻打金塘岛作为舟山战役的第二仗。拿下金塘岛，连同大榭岛一起，就可以从西、南两面构成进逼舟山本岛的态势。金塘岛是舟山群岛的第三大岛，与浙江大陆相隔2.6海里。据守该岛的是国民党七十五军一○二师和军属炮兵营，共3500人。

9月初，二十二军军长孙继先，政治委员丁秋生，召开作战会议，部署进攻金塘岛。经过研究，二十二军决定由六十六师和六十四师4个团组成登陆突击梯队，在炮兵掩护下，于夜间渡海强行登陆。随后，参战部队加强了对金塘岛的侦察，并根据作战方案进行了临战训练。

9月底，解放军的各项准备工作基本就绪，恰逢浙东连降特大暴雨，山洪狂啸，海潮倒灌，到处一片汪洋。由于道路、桥梁、海堤、码头损坏严重，解放军炮兵难以机动，作战物资也无法运输。当地政府立即紧急动员民工，抢险救灾，配合解放军运送部队和物资，使进攻金塘岛的计划未受大的影响。

10月2日，解放军准备发起攻击金塘岛的战斗，可是当天浙东地区大雨滂沱，海雾弥漫，海上更是白浪滔天，炮兵看不到射击目标，船只更无法航行，解放军虽已登上战船，但战斗只得推迟。

3日上午，天气仍未好转。解放军指挥员甚为焦急，如果过了10月4日的平潮期，船只将无法靠岸，战斗就要推迟半月，舟山战役进程势必受到影响。为了不错过可能出现的好天气，指挥员命令炮兵做好射击准备，突击梯队登船待命，同时请来当地有经验的老渔民，观察和分析气象变化。

到了17时30分，天气情况终于出现了转机，海面上刮起东南风，雨停雾散。指挥攻岛的军师首长见状大喜过望，都步出指挥所，只见敌岸的景象逐渐变得清晰起来。炮兵立即进行试射，观察所报告"效果很好"，老渔民也估计好天气可以保持几个小时。二十二军副军长张秀龙当即下令：

"开炮！"配置在穿山半岛北岸、齿蟒和大榭岛的49门火炮将上千发炮弹砸向金塘岛。

18时30分，解放军登陆船只开始起航，300多条战船直扑金塘岛。六十六师指挥所和张副军长亦乘船跟进。解放军船至中途，天气突变，大雨倾盆，但船队冒雨疾进，仅用75分钟就进抵金塘岛岸滩。

解放军的一个突击营最先驶近金塘岛横兰附近的海岸。战士们头戴墨绿色的钢盔，身披带有USA字样的美国海军救生袋，手持各种轻重武器，紧盯着前方。在距岸400米处，突击营发出3发绿色信号弹，看到这一信号，掩护登陆的炮火立即向后延伸。船队的数十挺轻重机枪也一齐向岸上扫射。守军的炮火也愈加猛烈，曳光弹在海面上飞舞，一股股水柱在船队中间腾起。

在震耳的枪炮声中，解放军一连四班的战船首先冲到岸边。副排长高继茂抓住岸边的乱草，登岸向敌人扫射。敌人扔过来的手榴弹在船边爆炸，舵手谢裕新接过负伤的战士手中的冲锋枪，冲上岸去。高继茂用手榴弹和冲锋枪，将地堡内的守军打得落荒而逃。三连五班的船靠岸时，遭到守军三面火力的封锁，曳光弹打得小船一片通红，两枚手榴弹也在船上爆炸，船上有7人伤亡。其他战士端着汤姆式冲锋枪，冒死进攻，夺占了滩头阵地。

解放军夺占滩头阵地后，后续船只源源靠岸，登陆部队兵分多路，向纵深进攻。国民党在5公里的正面布置了2个营，顶不住解放军9个营的进攻，很快全线溃逃。在败退时，又遭到解放军延伸炮火的轰击，死伤惨重。解放军冒雨冲杀、很快占领了金塘岛南半部。国民党军一〇二师主力损失过半，其师长朱式勤无可奈何地向舟山防卫司令石觉报告："伤亡惨重"，并向副司令请求"速派海陆空军增援"。由于天气恶劣，国民党军岱山、定海机场的飞机根本无法起飞，见援兵无望，残余守军纷纷向金塘岛北的沥港撤退，在那里停着几艘军舰，朱式勤此时已跑到舰上指挥。

为了全歼守军，解放军冒雨追击。一九六团于5日拂晓攻占沥港，断敌退路。国民党军一〇二师主力大部被歼，少量残敌急忙乘小船逃向与金塘岛一水之隔的大鹏岛，想从那儿划船撤往军舰。解放军在沥港找到几条船只，在机枪火力掩护下，飞渡海汊，直扑大鹏岛，将残敌消灭。金塘岛战斗，解放军共毙、伤俘国民党军少将副师长李湘萍以下2409人。

解放军相继攻占大榭、梅山、金塘等岛屿，将舟山本岛的外围防线撕开一个大缺口。驻守六横岛和虾峙岛的国民党军二二一师，自知难以抵御解放军的进攻，为避免被各个击破，匆忙撤往舟山本岛。解放军六十一师随即进占两岛，并开始准备进攻桃花岛。

桃花岛位于六横岛和登步岛之间，也是舟山群岛的一个大岛，是舟山本岛东南的屏障。该岛守军为交警第九总队和青年军二二一师的一个营。

解放军六十一师经过短期准备，于10月18日发起对桃花岛的进攻。16时40分，解放军炮兵开始进行火力袭击。一小时后，担任登陆突击的4个营从虾峙岛一线起渡，冲向桃花岛。解放军登陆后，经一夜战斗，于19日晨占领桃花岛北部的两个渡口。国民党军走投无路，被围于282高地。11时，解放军集中兵力，发起猛攻，将守军全部消灭。解放军仅用不到20小时就攻克了桃花岛，国民党军损失1800余人。

舟山群岛的外围屏障由金塘、六横、桃花、登步等岛屿构成，随着桃花岛的易手，国民党军阻挡解放军进攻舟山本岛的屏障只

解放舟山群岛的运输工具主要是渔船

剩下了登步岛。为了挽救岌岌可危的局面，陈诚、桂永清等台湾国民党的军界要员，于10月中旬专程赶往舟山本岛，策划加强防务，决定成立"东南军政长官公署舟山指挥部"。委任郭忏为主任，丁治盘为副主任，石觉为副主任兼舟山防卫司令，统一指挥驻守舟山的陆海空三军。与此同时，国民党军不断调兵遣将，其海军第一、第二舰队调驻舟山本岛和长涂岛，为了保障重型轰炸机起降，岱山机场也在加紧扩建。国民党八十七军二二一师师长吴渊明亲率1个团又1个营的兵力，增防登步岛。岛上守军不断加

万船竞发解放舟山群岛

强防御，抢修工事，增设各种障碍物、爆炸物，企图死守登步岛。

解放军连续攻克敌岛，七兵团和二十二军决定乘胜拿下登步岛，进攻时间定于11月3日。担任进攻的六十一师决定以5个营兵力组成登陆突击梯队，其中3个营为第一梯队，1个营为第二梯队，另以1个营为预备队。发起进攻时，驻桃花岛的炮兵将提供火力掩护。

11月3日22时，解放军第一梯队3个营冒雨起渡，桃花岛的炮兵向登步岛猛烈开炮。在极其恶劣的天气中，解放军有7个半连在登步岛登陆。国民党守军难以抵敌，被歼8个连，其余的残兵败将扔下枪支、电台、报话机，逃离阵地。战至4日拂晓，解放军俘敌500余人，控制了全岛四分之三的地区，国民党军退守岛北鸡冠礁一带，固守待援。

由于风向、潮汐等条件的限制，解放军第二梯队船只无法起渡，第一梯队全力进攻，终因兵力不足而无法在短时间内全歼守军，岛上战斗呈胶着状态。4日上午7时，国民党军刚由汕头调来的六十七军4个团乘舰增援登步，空军也频繁出动，对解放军的阵地和桃花岛的炮位进行轰炸，并阻断了两岛之间的海上交通。国民党军援兵迅速上岛，战场形势急转直下。

在飞机和舰炮火力掩护下，国民党军向解放军发起集体冲击。解放军只有7个半连的兵力，但却要抵挡国民党军4个团的进攻，双方在炮台山、流水岩一线展开激战，国民党军连续5次进攻都被打退。国民党空军轰炸机将炸弹成堆投向流水岩，舰炮和地炮也全力向解放军发射，掩护成连、成营、成团的步兵发起新的攻势。解放军一八三团的3个连浴血奋战，弹药耗尽后，就使用刺刀、铁锹、石头，同敌人展开肉搏。战士袁秀和用六〇炮炮身砸死4个国民党兵。战至最后，这3个连只剩下40多人，在二连指导员魏国民率领下，守住了阵地。坚守炮台山的1个连，打退国民党军4次冲锋后，只剩下几个人。国民党军伤亡惨重，却始终未能攻克解放军的阵地。

夜幕降临后，解放军第二梯队和预备队各1个营，以及第一梯队登陆未成的1个半连和师直3个连，渡海增援登步岛。这些部队上岸后，消灭了部分国民党军，但敌人仍在数量上占有优势。

5日天亮后，国民党空军继续出动，先后起飞55架次，轰炸登步岛的解放军阵地，同时压制桃花岛上的解放军炮兵火力。其海军舰船又运来新的援兵。解放军虽已歼敌3200余人，但自己也伤亡了1400多人，在短期内难以调兵增援登步岛的情况下，六十一师为避免全军覆没，决定将登步岛部队撤回桃花岛。5日夜晚，解放军派出两个班，吹响冲锋号，向敌人发起佯攻。国民党军误以为解放军要发起反攻，马上转入防御。这时，岛上的1000多名解放军带着伤员和俘虏，登船撤离，返回桃花岛。直到第二天上午，国民党军飞机还向登步岛投下大批重磅炸弹，但是解放军阵地始终悄无声息，这时国民党军才发觉上当，解放军早已撤回桃花岛。

解放军对登步岛攻而不克，国民党当局借机大肆宣传，吹嘘所谓的"登步岛大捷"，其第六十七军一个师也改名为"登步师"。实际上，国民党军的损失远远超过解放军。

登步岛战斗后，双方海上零星交火仍有发生。11月21日，解放军一九五团"安保全排"（英雄安保全生前所在的排）排长邢继友，率领一个水手班，由大榭岛乘船驶往金塘岛。船至黄牛礁，突然与国民党军两艘炮艇遭遇。解放军船上仅有步枪7支、汤姆式冲锋枪2支、以及30余枚手榴弹，在火力上处于劣势。国民党军炮艇依仗艇大炮多，直向解放军帆船驶来，命令落篷缴枪。邢继友临危不惧，命令全船作好战斗准备。待敌炮艇驶至帆船7米处时，邢继友大声喊"打"，冲锋枪、步枪、手榴弹一齐向炮艇开火。炮艇因距离近，火力无法发挥，只好带伤撤出战斗。解放军无一伤亡，胜利驾船返航。

国民党军为了进一步加强舟山的防御，从11月起，又先后从台湾、金门抽调第十九军等部队增援舟山，舟山守军增至5个军16个师，加上海、空军和特种兵部队，总兵力增加到12万人。12月31日，蒋介石召开秘密会议，提出"攻势防御"战略。会后，驻守舟山的国民党军多次举行陆海空三军联合演习。其海军以舟山为基地，加紧袭击解放军海上运输队，并在长江口以南航道布雷，其空军利用定海机场，不断轰炸上海和江浙沿海重要目标，阻止解放军向华东沿海集结船只。国民党特工头子毛森也到舟山组织、派遣特务和小股武装，潜入大陆进行暗杀、爆破活动，袭扰江浙沿海地区。

中共中央对舟山战役极为关注，多次作出重要指示。11月4日，中央军委指示参战部队，要力戒骄傲轻敌情绪，采取慎重态度，集中优势兵力，充分做好再战准备。11月14日，毛泽东根据金门、登步岛作战失利的教训，致电三野，指示说：舟山作战必须集中足够兵力，充分准备，如果准备不周，宁可推迟发起攻击的时间。三野于是决定将对舟山的攻击推迟到1950年的1月或2月，以做好更充分的准备。

11月22日，粟裕回电中央军委，分析蒋介石有可能因金门、登步两战斗受到鼓励，以台湾兵力增强舟山、金门诸岛。这样，虽然增加了我们攻占舟山金门诸岛的困难，但如能在这些岛上尽歼蒋军，则对将来攻台行动在政治上军事上均属有利。基于这一考虑，粟裕要求延长攻击舟山的准备时间。

中央军委和毛泽东同意粟裕的意见，并根据他的建议，决定从成立不久的海空军中抽调部分部队配合陆军作战。三野先后把二十一军1个师和二十三、二十四军调往浙东，原准备渡海攻台的九兵团也奉调参加舟山战役。这样，解放军的总兵力超过舟山守军。12月上旬，粟裕遵照毛泽东的指示，亲赴浙东，召集七、九

解放军士兵登岛作战

兵团高级干部研究三军联合渡海作战方案。

从12月开始，三野在华东局支持下，会同苏、浙、皖、鲁、沪有关地区党政机关，开始进行解放舟山的总体战役准备。华东党政机关从山东和苏皖征调了大量帆船，由铁路运至浙东、苏南沿海，部分船只还加装了汽车发动机，成为机帆船。解放军用于进攻舟山的船只总数达2000余艘，可以一次运载10万人以上部队实施登陆。

4月25日，华东军区遵照中央军委的意图，召开陆海空三军联合作战会议，确定了进攻舟山的方案。决定七、九兵团以6个军约20万人组成南北两个登陆突击集团，分由七兵团司令员王建安、九兵团司令员宋时轮指挥，在海空军配合下，全歼国民党守岛部队，完成解放舟山群岛的战役任务。

台湾国民党当局5月1日获悉海南岛失守，不久又得知三野将对舟山发起全面进攻，并且预料到解放军对舟山是志在必得。而当时国民党仅剩的陆军部队的三分之一在舟山，如再遭歼灭，守卫台湾就会更加困难。权衡再三，国民党当局决定将舟山守军撤往台湾。

5月7日，国民党军舟山防卫司令石觉秘密赴台，听取弃守舟山的最高指示，随后，国民党军一些重要将领亲临舟山策划密商，决定从十三日开始撤退。为了隐蔽撤逃企图，国民党军佯称"反攻"，大造夺回金塘岛的声势，并频繁轰炸、炮击浙东沿海地区和舟山外围岛屿，严密封锁航道。撤退前，国民党军采取"拂晓包围，黎明攻击"的办法，在各个村庄大肆抓丁，岛上共有两万多名青年男女被劫往台湾，不愿上船者惨遭杀害。国民党军还对舟山的重要设施进行了破坏，花费4000万银元修建的定海机场在爆炸声中变得面目全非。12万守军分批登船，混乱不堪。国民党军七十五军十八团团长的座骑被挤掉落海，这位团长自顾不暇，夺船而去。在沈家门码头上，一艘轮船在开航时触雷爆炸沉没，船上的国民党军纷纷跳船逃命。从定海城到干揽码头，一路上尽是子弹、炮弹、军锅、汽油桶、军服等物品，不少美造大炮卡车也被扔在一边，无人过问。

5月16日，三野获悉舟山守军撤逃，即令二十一、二十二、二十三军

提前渡海，进占舟山本岛和外围岛屿。17日，解放军占领舟山本岛。18日，二十一军占领普陀山、朱家尖，二十二军占领岱山。19日，二十二军占领长涂岛。至此，舟山群岛全部解放。整个舟山战役，从战前准备到战役结束，共历时10个月，歼灭国民党军8000余人。这一战役，虽未能实现全歼国民党守军的目的，但打破了国民党军对长江口的封锁和对上海及江浙部分地区的空中威胁，使部队受到了渡海作战的锻炼。

舟山解放后，中央军委在给三野的贺电中指出，舟山群岛的解放，粉碎了国民党军对长江口的封锁，为保卫海防安全创造了有利条件。三野部队勇克舟山，渡海作战的信心和勇气倍增，征尘未洗即投入进攻台湾的战役准备。

第四章

海南岛上，国民党列兵十万
大战琼崖，木舟横渡创奇迹

1949年底，解放军四野挟胜利之威，横扫残敌，中南地区全部获得解放。四十、四十三军10万重兵云集雷州半岛，准备渡海解放海南岛。

海南岛亦称琼崖，是中国仅次于台湾的第二大岛，位于南海北部，与雷州半岛隔海相望，全岛面积3.3万余平方公里。作为华南的海上屏障，海南岛的战略地位十分重要。

在解放军的打击下，不少国民党军望风而逃，海南岛成了这些败军的立足之地。国民党琼崖保安司令薛岳出面整顿、聚集残兵，组建了海南防卫总司令部，下辖陆军5个军19个师和少量特种兵部队。岛上还驻有海军第三舰队和海军陆战队1个团，拥有护卫舰、巡逻艇等舰船约

渡海作战对解放军来说是一项全新考验

50艘，驻岛空军有第一、三、五、二十大队的42架飞机，其中可攻击海上目标的战斗机、轰炸机占半数。溃逃到海南的国民党军虽然番号众多，但在大陆损兵折将，已难找到齐装满员的部队，岛上各路人马加在一起，约有10万人。薛岳还依仗海空优势，在海南组建了环岛立体防御体系，命名为"伯陵防线"（薛岳别名薛伯陵），并吹嘘这条防线"固若金汤"，是"东方的马奇诺防线"。

为了能够更好地防御解放军的进攻，薛岳在整编部队的同时，还对全岛兵力作了重新部署。第一路军：以三十二军为主，担任琼东的守备任务；第二路军：由六十二军、暂编十三师、教导师和琼北要塞纵队组成，担任琼北的守备任务；第三路军：由四军、六十四军组成，担负琼西的守备任务；第四路军：由六十三军、琼南要塞纵队和海军陆战团组成，担负琼南的守备任务。海空军的舰艇和飞机大部配置在琼北，用以封锁琼州海峡。薛岳虽然竭尽全力部署防御，但内心却对能否守住海南岛持怀疑态度。他曾专程赴台，向蒋介石提出撤回台湾的请求，但遭蒋的拒绝。

1949年12月16日，毛泽东的专列驶出北京开往莫斯科。18日，毛泽东在访苏途中亲自起草了对四野司令员林彪的指示电报，要求"以四十三军和四十军准备攻琼崖"。毛泽东强调指出："渡海作战完全与过去我军所有作战的经验不相同，即必须注意潮水与风向，必须集中能一次运载至少一个军（四五万人）的全部兵力与三天以上粮食，于敌前登陆建立稳固滩头阵地，随即独立攻进，而不要依靠后援。"电报还举出三野第十兵团攻金失利的教训是"占领厦门后不明上述情况，以三个半团九千人进攻金门岛上之敌三万人，无援、无粮被敌围攻，全军覆没"。要求林彪研究这一教训，同时还要其向三野副司令员粟裕了解渡海作战的经验，以免重蹈金门覆辙。

遵照中央军委和毛泽东的指示，四野命令四十、四十三军和加农炮兵二十八团、高射炮兵一、九团及工兵一部，组成渡海作战兵团，由中共华南分局统一领导。十五兵团司令员邓华、政治委员赖传珠、第一副司令员兼参谋长洪学智、十二兵团副司令员韩先楚负责具体组织指挥。12月下旬，四野准备进攻海南岛的10万兵马进抵雷州半岛的三塘港、乌石港、江洪港、北海市、海安港、外罗港、湛江港、阳江一带，安营扎寨，在加农炮和高射炮部队的掩护下，开始筹集船只，演练海上进攻。

1950年1月10日，毛泽东在莫斯科郊外斯大林的战时住所，再次致电四野，要求"争取于春夏两季解决海南岛问题"。同时分析了解放海南岛的有利条件："海南岛与金门情况不同的地方，一是有冯白驹的配合，二是敌军战斗力较差，只要一次运两万人登陆，又有军级指挥机构随后登陆……就能建立立足点，以待后续部队的续进。"

毛泽东在电报中提到的冯白驹，是解放军琼崖纵队司令员，更是一位扬名海南的风云人物。冯于1927年在海南投身武装斗争，后成为海南革命的主要领导者，他统率的琼崖纵队亦逐渐壮大。1945年10月，国民党派遣全副美式装备的四十六军抵琼，意欲消灭琼崖纵队。四十六军军长韩练成，同中共一直保持着秘密联系。在奉调海南之前，周恩来密写书信，要他尽量减少琼纵的损失。渡海抵琼后，韩练成多次与冯白驹联系，以便共同商议对付国民党的办法，当时琼纵没有电台，不知道韩练成的真实身份，对其建议未予理会。1946年1月的一天，韩练成带着副官、警卫外出视察，路过昌江时，遭到琼纵的伏击，火车颠覆，韩练成死里逃生。此后不久，双方联系即告中断。韩练成后来在人民解放军中担任重要职务，1955年和冯白驹同受中将军衔。1950年，周恩来曾特地召见两人，为他们解开了历史上的误会。

1950年时，琼纵已拥有3个总队共10个团约2万人的兵力，解放了海南三分之二的地区。接到中共中央关于"接应大军登陆"的电报后，冯白驹派参谋长符振中渡海向叶剑英、邓华报告军情，并转达了两条建议：一是乘敌人防线不严，军心混乱之际，先潜渡一批部队来琼，加强琼纵的接应力量；二是如果这样行不通，就派一批干部和技术人员，把枪支弹药物资偷运过海，充实琼纵实力。此后，琼纵连续派出20多名军队和地方干部，偷渡到雷州半岛，向解放军介绍敌情，为渡海部队提供有关登陆地点和渡海时机的资料。琼崖纵队兵力也重新部署，一总队活动于昌江、白沙地区，三总队活动于琼东、安定地区，五总队活动于乐东地区，独立团活动于文昌地区，随时准备接应登陆部队。

虽然解放军渡海时可以得到琼纵的接应，但攻占海南却非易事。解放军的四十、四十三军都是四野的主力之师，但却缺乏海上作战的经验。琼州海峡宽11~27海里，如此距离，解放军的炮兵难以提供火力支援。国民党海空军更占有绝对优势。对于如何解放海南岛，部队中存在着不同的意见，主要是早打或晚打，用木帆船打或购买登陆艇打之争。

在这场争论当中，解放军十二兵团副司令员兼四十军军长韩先楚态度明确。在兵团作战会议上，他力陈要早打、用木船打的主张，分析了晚打和买登陆艇的种种弊端。在海康召开的军党委扩大会议上，韩先楚说："毛主席提出及早解放海南岛是英明的战略决策。早日发起海南战役，可以乘敌人立足未稳，打乱敌人妄图'反攻大陆'的海上部署，确保我们南方的安全，巩固国防，保卫新中国。相反，如不早解放海南岛，就给敌人喘息的机会。敌人必然加强岛上的防御，还会加紧对我琼崖纵队的'清剿'，甚至勾结美帝国主义插手海南，那样，招来的后患将是无穷无尽的。"

1950年2月1日，中共华南分局第一书记叶剑英和邓华、赖传珠在广州主持召开作战会议。四十军军长韩先楚、政治委员袁升平、四十三军军长李作鹏、政治委员张池明和琼纵副司令员马白山、参谋长符振中等人参加会议，会议在分析研究敌我双方的情况后，确定解放海南岛采取分批偷渡与主力强渡相结合的作战方针，使用木帆船横渡琼州海峡，争取尽早拿下海南岛。

2月17日，结束访苏的毛泽东仍对海南战事放心不下，又一次致电四野，"以运输准备确有把握而后动作为原则，避免仓促莽撞，造成过失"。遵照这一指示，渡海部队继续加强各方面的准备工作。

渡海攻占海南岛需要大量船只，广东军区支前委员会统一领导征集船只和雇请船工的工作。广东各级人民政府和参战部队各军、师共同组织了"船工船只收管委员会"，广泛发动群众，征集到大批船只。海南岛的党政机关和琼纵，也突破国民党军封锁，将400多名船工和170多只木帆船分批偷渡到雷州半岛，协助解放军进行海上作战练习和担负渡海领航任务。在征集船只过程中，从敌占涠洲岛逃回来的一个渔民，向四十军提供了极有价值的情报：岛上的500多守军劫去400多条双篷桅的大船，都控制在岛上。韩先楚即派副军长解方前往北海市组织一个加强团，突袭涠洲岛，夺取了300多只大船。经过多方努力，解放军征集到近4000名船工和2130艘船只，可以保证一次运载10万人以上的登陆部队。

根据金门失利的教训，解放军已认识到登陆作战必须研究和掌握潮汐，风向及海洋气候。许多长年在海上生活的老渔民、老船工被请到指挥所，成了解放军的"顾问"和"老师"。解放军还千方百计四处搜集有关海洋知识和海战的资料，当时城镇旧书摊上一向无人问津的清朝海军提督的《航海手册》和《潮汐表》都被解放军买了回来。

在征集船只和研究海洋的同时，解放军还提出，要把善打硬仗的陆军变成海军陆战队，把"东北虎"变成"水上蛟龙"。为此，解放军参战部队开展了大规模海上练兵活动，重点练习游泳、海上射击、摇橹掌舵。经过速成培训，解放军数以千计的战士掌握了驾驭船只的本领，为渡海作战的成功奠定了基础。

海上练兵之初，解放军较为注意海上救生工作，而对如何对付敌舰的拦截考虑不够。一天，四十军军长韩先楚登上木帆船，检查海上练兵情况，发现战士们用竹子制造了各种各样的救生圈，唯独缺少攻击敌舰的有效武器。下船后，韩先楚指示师团干部："战士练兵热情要保护，但也要引导，不要总在救生上打主意，还要引导战士们想出办法用木船打敌人的兵舰"。根据这一指示，解放军发动指战员集思广益，献计献策，共同研究对付国民党军舰艇、飞机的办法。最后确定将部分木帆船改装成火力船。四十军炮兵主任黄宇带领军中的一些能工巧匠，把缴获的美国汽车发动机拆下来装到木帆船上，并在船上安装了步兵小炮和高射机枪及火箭筒等武器，最后造出了"土炮艇"。这一方法推广后，解放军很快拥有了一支"土舰队"。在突袭涠洲岛的战斗中，"土炮艇"初显威力，将国民党

"海硕"号军舰击伤，另一艘"海狗"号军舰也被打跑。

此外，解放军还研究了使用木帆船对付军舰的办法，并在不久的实战中得到检验。2月的一天，解放军的一名副排长鲁湘云，率领几名战士在海上演练时掉队。第二天清晨，海上能见度很低，透过浓雾，鲁湘云发现一艘国民党军舰迎面驶来，由于双方相距很近，木帆船已难以躲避。鲁湘云当机立断，命令全船做好战斗准备，并对帆船进行了伪装。国民党军舰驶到距木帆船五六十米处，鲁湘云大声喊"打"，全船的步枪、冲锋枪、轻机枪和掷弹筒同时开火，国民党水兵没有防备，眼见木帆船向军舰逼过来。在距敌舰三四十米时，解放军开始投掷手榴弹。军舰上腾起浓烟，舱面人员都钻入船舱躲避。操舵兵见势不妙，急忙转舵，退到千米以外，舰上火炮齐射，却没有击中木帆船。鲁湘云和战士们驾着木船乘风破浪，安全返航。为表彰这一英勇战例，渡海作战兵团授予该船"英雄船"称号，授予鲁湘云"木船打兵舰战斗英雄"称号。

1950年3月初，海南岛国民党军加紧围攻琼崖纵队，不少守备部队也暂时调离，两翼守备兵力比较薄弱。正当此时，四野指示渡海作战兵团："先出少数兵力（例如一个营）携电台偷渡一次，取得渡海经验。"渡海作战兵团决定抓住时机，趁虚而入，由四十军和四十三军各组织1个加强营实施偷渡。

里应外合解放海南岛

3月5日19时，解放军第一个渡海先遣营分乘13只木帆船，从雷州半岛西南端的灯楼角起渡，驶向琼西北白马井地区。该营由四十军一一八师三五二团一营配属2门迫击炮组成，共800人。指挥官为师参谋长苟在松。船队开航前，兵团副司令员兼军长韩先楚亲临灯楼角，为部队授旗送行。

船队出航伊始，一帆风顺，但不久就碰到困难。由于海风骤停，失去风力的战船只好落下篷帆，靠划桨、摇橹航行。指挥员苟在松见船速减慢，知道已难以按原计划于拂晓前登陆。他当即命令各船注意观察，做好对付国民党海、空军袭击的准备。6日拂晓，解放军发现前方海面上有几十艘国民党军帆船，也在向海南岛航行，苟在松灵机一动，命令船队伪装成民船，尾随国民党军船队行进。这一办法果然奏效，国民党军飞机临空侦察，也以为解放军的船队是自己人的，未作任何攻击。

6日13时，解放军船队历经艰险，驶近预定登陆地点。这时，国民党军才判明这一船队的来历，两艘军舰和4架飞机紧急出动，对解放军船队实施火力拦截。岸上国民党军见解放军船队冲破军舰、飞机的封锁，直奔海岸而来，也急忙开枪开炮。解放军奋力还击，同时划船疾进。14时许，解放军开始登岸，琼纵两个团也赶来接应，帮助登陆部队突破国民党军阻击。第一支偷渡部队成功登陆，意义非凡。3月8日，海南区党委和琼纵分别向渡海先锋营及琼纵第一总队发来贺电，称"这是我们长期奋战的结果，是值得热烈庆祝的伟大胜利！"华南分局、十五兵团兼广东军区司令部、政治部也对琼纵致电嘉奖。

3月10日13时，由四十三军一二八师三八三团一营配属九二步兵炮连，共1000多指战员组成的第二个渡海先遣营，在团长徐芳春率领下，分乘21只木帆船，从硇洲岛出发，驶向琼东北的赤水港。

解放军的这支船队行至琼州海峡东口主航道时，天气突变，风雨大作，不少船只在风浪中严重受损。经过20个小时的拼搏，渡海先遣营于11日上午在赤水港至铜鼓岭一带分散登陆。在琼纵独立团的接应下，于12日晨进抵文昌地区。

13日，薛岳获悉又有解放军登陆上岛，急忙调兵遣将，派出6个团的兵力进攻偷渡部队。渡海先遣营在潭门遭到国民党军暂编十三师1个多团兵力的包围，双方展开激战。战斗中，解放军侦测到国民党军三十七团指挥所的位置，立即挥兵进攻，将该团团长打死。失去指挥的国民党军纷纷溃逃，暂编十三师三十七团1个营被全歼，该师三十九团被击溃。渡海先遣营击退国民党军进攻之后，转移到琼东根据地养精蓄锐。战后，四十三军授予该营"渡海先锋营"的称号，突袭国民党军团指挥所的该营二连获"渡海英雄连"称号。

解放军两次偷渡得手，但岛上接应力量仍嫌不足，渡海作战兵团决定，四十军和四十三军再各派1个加强团，向琼北正面偷渡登陆。

3月26日19时，解放军四十军一一八师政治部主任刘振华和琼纵副司令员马白山率第一个先遣偷渡团3000官兵，分乘81只木船，由灯楼角驶向琼西北的临高角，该团由一一八师三五二团主力和三五三团二营及炮兵大队组成，阵容强大。

先遣偷渡团出发不久，东北风骤停，各船只能划桨前进，随之而来的各种困难也给此次行动带来很大影响。由于大雾遮目，潮水转向，船队只好依据指南针行驶。团指挥所命令各营，在失去统一指挥的情况下，各自为战，只进不退，即使单船也要登陆。

由于风向，海雾及潮汐的影响，解放军船队未能按计划驶抵临高角，各营船队先后于27日5时至8时，在临高角以东20公里宽的地段分散登陆。

第一支在海南登陆的解放军连队

这一地段，国民党军设有重兵，加之琼纵一时难以接应，形势对解放军十分不利。解放军有20多只战船抵近玉抱港附近海岸，国民党军舰飞机向其猛烈射击，船队中的两只战船立即转舵，迎战军舰、飞机，掩护其他船只抢滩登陆。解放军三五二团三营上岸后，营长冷利华率领"四平战斗模范排"，攀上林诗港附近两丈高的峭壁，向国民党守军碉堡群发起进攻。该排迫击炮手朱歧芳开炮将1座碉堡炸毁，但守军其他碉堡机枪火力未减。朱歧芳带伤战斗，又连续发射24发迫击炮弹，将守军碉堡群摧毁。在临高角准备接应的琼崖纵队一总队和四十军先遣偷渡营，也同国民党军展开激战，吸引了守军两个师的兵力。解放军偷渡先遣团经过3天鏖战，冲破国民党军的封锁，与琼纵部队胜利会师。

3月31日22时30分，四十三军的先遣偷渡团也开始出航。该团以一二七师三七九团和三八一团一营组成，共3733名指战员。师长王东保亲自带领该团，分乘88只木帆船，由博赊港驶向海口以东的铺前港。

4月1日凌晨3时许，解放军船队穿越海流后，被国民党海军发现，随即遭到1艘大型军舰和两艘小型军舰的炮击。炮声突响，担任护航任务的3只火力船，出列迎击，

人民解放军第四十军党委批准渡海先锋三连六班为"登陆英雄班"

直奔国民党军大舰而去。在相距50米时，火力船上的战防炮、六○迫击炮和机枪、冲锋枪一齐开火，手榴弹也接连在大舰甲板和炮位上爆炸。国民党军全力回击，虽然打伤了不少解放军，但始终未能阻止火力船的进攻。被打得浓烟滚滚的大舰招架不住，急忙向另两艘小舰发出求援信号。两艘小舰只是远远地向解放军火力船开炮，孤立无援的大舰带伤逃走。逐退敌舰后，先遣偷渡团的船队继续前进。

为了接应加强团登陆，琼崖纵队独立团和二总队一团也在紧急调动。4月1日凌晨，琼纵部队杀向北创港与铺前港之间的塔市，全歼守卫该地段的国民党军两个步兵连和1个迫击炮连，随后又击溃国民党军两个团的阻击，接应解放军顺利上岸。此次偷渡，解放军三七五团三营八连和九连，因偏离航向，误在海口市白沙门岛登陆。遭到国民党军的重兵包围，血战一天一夜后，大部分指战员英勇牺牲。

各支偷渡部队顺利登上海南岛，使渡海战役的准备工作全部就绪。4月10日，渡海作战兵团指挥部决定，兵团主力分成第一、第二梯队向琼北实施强渡登陆。以四十军主力和四十三军一部为第一梯队，13日前集结完毕，待风向、潮汐有利时起渡。登陆点以海南岛北部的马袅港为界，以西属四十军，以东属四十三军。登陆后，迅速夺占并巩固滩头阵地，抗反击打增援，保证后续部队尽快登陆。以四十三军主力为第二梯队，在第一梯队登陆成功后迅速起渡登陆，协同第一梯队歼灭岛上的国民党军。琼崖纵队和先遣偷渡部队，以积极手段牵制国民党军，接应主力部队强渡登陆。

4月16日，解放军进攻海南岛的行动全面展开。当天下午，第一梯队5万余人，隐蔽开进到各个起渡场。雷州半岛南端港湾樯桅林立，一艘艘战船整装待发。19时30分，350只战船起锚解缆，分成东路、西路编队，开始向海南岛进发。

数百只战船浩浩荡荡横渡海峡，虽然有夜幕的掩护，但如此规模的行

在解放军的猛烈进攻下，国民党守军难以抵挡

动，想完全隐蔽作战企图是不可能的。船队刚刚驶离海岸8海里，天空中就出现国民党飞机的轰鸣声。国民党军飞行员发现海上情况异常，立即投下一串照明弹，庞大的船队暴露在海面上。借着照明弹的闪光，国民党军飞机不断地进行轰炸和扫射。解放军船队使用各种武器对空射击，并对受损船只堵漏，排水，不畏敌机的袭扰，继续破浪前进。

到了下半夜，国民党海军舰艇也向解放军船队发起攻击。韩先楚、解方等人站在指挥船的舱面上，亲自指挥火力船进行还击。在编队两侧航行的"土炮艇"迅速展开，加速迂回到国民党军舰艇侧后，使用战防炮，火箭筒和各种轻武器，猛击敌舰指挥塔、轮机舱、炮塔等要害部位。双方缠斗在一起，致使国民党军舰的炮火优势难以发挥，不仅没能截住解放军的船队，反而遭受不少损失。

获悉解放军船队渡海，国民党海军第三舰队司令王恩华亲临"太康"号旗舰，到海上巡逻。17日早晨，"太康"号远远发现前方有一船只在航行，立即加速追踪。

被"太康"发现的船只是解放军"土舰队"的"旗舰"——四十军护航火力船队的指挥船。该船因发动机故障而脱离编队，落在了后面。见海面上出现敌舰，火力船指挥员、四十军炮兵主任黄宇和其他干部急作研究，决定以智取胜。战士们用篷布把火炮遮盖起来，只留少数人在舱面活动，"土炮艇"变成了堆满货物的"运输船"。船长铁军亲自掌舵，驾船朝"太康"号驶去。

"太康"号不识庐山真面目，大模大样地朝着"运输船"开过来。黄宇待战船进入"太康"号主炮射击死角时，方发出"打"的命令。炮手们动作敏捷，掀开篷布开炮齐射，30多发炮弹直向"太康"号飞去。国民党水兵目瞪口呆，眼见军舰被打得冒起浓烟，只好掉头撤出战斗。国民党舰队司令王恩华也被打成重伤，后不治身亡。战后，四十军授予该指挥船"战斗英雄船"的称号，并给全船指战员和船工各记大功一次。

为了配合陆军解放海南岛，刚刚成立不久的华南海军也派出7艘战舰，于4月初驶离虎门，前往琼州海峡。在航行途中，由于强风暴雨的袭击，加之海区生疏，航海仪器简陋，"先锋"号炮艇搁浅，其他4艘炮艇也受到不同程度的损伤。艇队到达湛江时，解放军陆军部队已向海南发起总攻。该艇队决定把舰艇开进琼州海峡，拦截敌舰队，支援输送船队登陆。4艘炮艇高速驶过雷州湾海面，到达琼州海峡东口。这时，海南岛战斗已经结束，敌舰队无影无踪，华南海军痛失与国民党海军交手的机会。

琼州海峡的枪炮声响彻云霄，渡海后第一梯队冲破国民党军舰艇、飞机的拦截，于拂晓接近海南岛。登陆船队冒着枪林弹雨，向海岸发起冲击。当船队距岸五六十米时，先头船的战士纷纷跳入海中，涉水抢滩。滩头战斗尚在激烈进行，军长韩先楚已跳下船，同战士们一样趟着齐胸的海水冲向滩头，一步兵团长见状，急调一个连保护军长的安全，随后率部冲锋，攻下滩头阵地，向纵深发展。琼纵和先遣偷渡部队也向守军腹背展开攻击，接应大军登陆。17日6时，第一梯队全部登上临高角至花港的预定登陆地段，薛岳吹嘘的所谓"立体防线"不到一个小时就崩溃了。

解放军第一梯队上岸后，迅速突破国民党守军的滩头阵地，占领和巩固了各个登陆场。然后兵分多路，开始夺占国民党军琼北沿岸的各个防守要点。四十军登陆部队击溃守军六十四军一三一师两个团的阻击，抢占了守军的防御核心阵地临高山，并将临高县城包围。19日拂晓，四十军一一八师在美台地区包围国民党军六十四军一五六师师部及1个团，经半天激战，将其大部歼灭。同一天，四十军一一九团攻占芳岭、桥头等防守要点，并包围花场港。解放军一二七师先遣偷渡团协同一二八师主力将福山守军击溃。至此，琼北地区沿岸各要点都被解放军所控制。

解放军业已大举登陆，国民党方面还蒙在鼓中，薛岳仍以为是"小部

海南岛战役中解放军用木帆船打击敌人

队偷渡"未予以充分重视，只派出部分兵力企图消灭威胁海口的解放军四十三军一二八师登陆部队。20日晨，准备增援澄迈的国民党军二五二师师部和2个团，从海口行至黄竹、美亭，遭到解放军一二八师的包围和进攻。薛岳急令六十二军的暂编十三师、教导师及二五二师的另一团，火速增援，将解放军一二八师团团围住。以如此众多的兵力对付"偷渡部队"，薛岳自认为稳操胜券，吹嘘说："登陆共军即将被全歼。"并派人到海口市布置召开"祝捷大会"的会场。

解放军发现敌情出现变化，决心将计就计，在澄迈及其以北地区展开大规模的围歼战，消灭薛岳的主力部队。十五兵团司令员邓华命令四十三军登陆部队坚守阵地，顶住国民党军的进攻，同时命令四十军主力急速东进，将进攻一二八师的国民党军包围起来。

4月21日拂晓，国民党军增援部队在飞机、火炮的掩护下，向解放军一二八师阵地发起猛攻。解放军以少量兵力抗击国民党援兵，集中主力消灭二五二师主力，战斗异常激烈。解放军一二八师副师长孙干卿亲自到前线指挥，营长刘连科使用机枪掩护，三八二团一个连仅剩的排长刘万成和6名战士，向国民党军核心阵地进攻，连续炸掉多座地堡，开辟了通路。战后，四十三军授予刘连科和刘万成"战斗英雄"称号。

19日夜间，解放军四十军7个团从加来、多文地区出发，于21日17时抵达美亭东西两侧地区，将围攻一二八师的国民党军包围。战场上双方交织在一起展开混战，炮兵失去了作用，短兵相接的肉搏成为战斗的主要方式。22日，解放军发起总攻。如梦初醒的薛岳这才知道解放军大部队已经上岛，急忙下令撤退。解放军全歼国民党三十二军二五二师，重创六十二军、暂编十三师和教导师等部，挥师向海口市进击。

在解放军的猛烈进攻下，国民党守军难以抵挡，薛岳固守海南的信心丧失殆尽，于22日下令全线撤退，并要求台湾当局火速派遣舰船到榆林港和八所港，接运部队撤离海南。当日傍晚，薛岳、陈济棠等国民党军政要员扔下守军，率先乘飞机逃往台湾。

23日晨，解放军在琼山地区歼灭国民党六十二军两个师大部，击毙该军少将参谋长温轰，占领琼山县城。同一天，海口市获得解放。

23日19时，解放军渡海作战兵团第二梯队由三塘港、新地港起渡，次日凌晨1时至4时在海口以西的天尾港沿岸顺利登陆，海南战局更加不可逆转。

24日下午，渡海作战兵团指挥部获悉薛岳残部已分路后撤，即令部队分3路追击。

四十军主力和四十三军一二八师担负东路追击任务；四十军一一八师1个加强营，乘坐缴获的汽车沿东线环岛公路追击，抓获2000多名国民党军官兵。27日晨，一一八师截住国民党三十二军大部和六十二军残部，并在万宁城东乌场港内，向正往军舰上撤逃的敌军发起攻击，击伤军舰3艘，俘敌3000余人。四十军一一九师一路追杀，俘六十二军中将副军长兼一五一师师长韩潮以下官兵800余人，并于30日上午进至榆林、三亚地区，占领了国民党琼南空军基地三亚机场。四十三军一二八师在新村港截歼等船逃跑的国民党军2000余人。

西路追击部队由四十军一一八师一部组成，其任务是配合解放军四十三军军部率一二九师和一二七师1个团组成的中路追击部队，追歼国民党军第三路军，部队克服困难，日夜兼程，于30日抵达小岭、八所、北黎地区，向未及逃走的一股国民党军发起进攻。战至5月1日上午，国民党军被全歼。俘敌二八六师少将副师长邱国梁以下官兵3500余人，占领了北黎、

第四十三军部分渡海作战英模合影

八所两个重要港口。至此，海南岛宣告解放。

海南岛之战，历时57天，共歼灭国民党军5个师9个团，计33148人，其中俘虏26469人，缴获火炮418门、飞机4架，坦克和装甲车7辆，汽车140辆，击落飞机两架，击沉军舰1艘、击伤5艘。整个战役期间，解放军付出的代价是伤亡、失踪4500人。

解放军以木船横渡琼州海峡，攻克重兵把守的海南岛，创造了中外战争史上的奇迹。海南的解放，给当时的台湾当局带来了巨大的冲击。为了安定人心，国民党宣传机构把这一失败说成是："从海南岛向台湾转移兵力顺利完成。"

第五章

万山群岛，战舰云集抗解放
湖艇海战，小船儿斗巨无霸

1950年初，解放军四野除了筹划横渡琼州海峡、解放海南岛之外，还积极准备夺取华南沿海的万山群岛，以解除国民党军对珠江口的威胁。万山群岛由垃圾尾、外伶仃、东澳、三门、大小万山等48个岛屿组成，是华南的海防要地。当时，在几个主要岛屿上驻有国民党地方武装"广东突击军"1200余人。

本着知己知彼的原则，解放军非常重视对万山群岛敌情的侦察。1950年3月20日，一三一师派出侦察兵出身的王子华，化装成商人，乘坐广州至香港的"德兴"号客船，顺路侦察垃圾尾、三角港一带，途中未发现有国民党军舰。4月上旬，解放军还派人到香港获取情报，后又派一个加强排赴牛头岛武装侦察，因与国民党军遭遇，伤亡很大。由于种种原因，解放军一时难以掌握万山群岛的全部敌情。

1950年4月底，在海南岛战局已定的形势下，中央军委、中南军区要求尽快解放万山群岛。解放军参战部队包括：一三一师三九二、三九三团、广东军区江防部队、珠江军分区炮兵团、一三二师炮兵营、中南军区炮兵100毫米加农炮连、五十军无坐力炮连和一三〇师步炮连，总兵力达1

万余人。

预定参战的广东军区江防部队，是现今解放军海军南海舰队的前身。广州解放后，叶剑英领导的军事管制委员会派出人员成立了海军接管组，负责接管国民党残留在广州的海军机构、流散人员和起义舰艇。1949年12月15日，以海军接管组和两广纵队二师部分人员为基础，组成江防部队，广东军区副司令员洪学智兼任江防部队司令员。

江防部队组建时，只有起义的原国民党军登陆舰"联荣"号和巡逻艇"高明"号、"舞凤"号等4艘舰艇。准备攻打万山群岛时，江防部队所拥有的舰艇数量较初建时增加不少，但大多是小型炮艇和登陆艇。全部舰艇中像样一点的只有两艘，一艘是从广西接收过来的美国制造的登陆舰"桂山"号，排水量358吨，装有两座40毫米机关炮，另一艘是第一次世界大战时期英国制造的登陆舰"国楚"号。解放军这些舰艇的装备都十分简陋，不少炮艇连航海仪器、海图和通信工具都没有，只好用指南针、普通地图和陆军用的报话机来代替。技术人员更为缺乏，来自陆军的舰艇人员对航海和海战都不熟悉。虽然面临不少困难，但江防部队士气高涨，决心配合陆军拿下万山群岛。

进攻万山群岛由海、陆军协同作战，这在解放军历史上还是首次。为了统一指挥部队，专门建立了联合指挥所，由陆军一三一师师长刘永源、副师长邵震、参谋长张怀礼、政治部主任李长如和江防部队副政委黄若萍、参谋长李怀章、政治部主任邓楚白组成。

万山战斗尚未打响，敌情已发生很大变化。4月26日，国民党海军总司令桂永清奉蒋介石之命，乘"中"字号登陆舰到万山群岛部署防御。5月1日，桂永清召开会议，决定增加万山群岛的兵力，调海军第三舰队、第四巡防处和海南岛秀英巡防处的舰艇和一个海军陆战团驻守万山。新增部队和李崇诗的"广东突击军"一道，统一归"万山防卫司令部"指挥，司令由第三舰队代司令齐鸿章中将兼任，司令部设在垃圾尾岛。至此，万山群岛国民党军实力大增，派驻该海域的护卫舰、扫雷舰、登陆舰和炮艇达30余艘，总吨位约1万吨。大部分舰艇和兵力集中驻守在垃圾尾岛，

"广东突击军"则分驻在担杆列岛、外伶仃、大小万山和东澳岛。国民党军企图依恃海上优势，"控制万山、封锁海口、策应大陆、准备反攻"。

为了执行中央"力求早打快打"的决策，解放军参战部队于5月8日在沿海集结，随后开始投入临战训练。将在渡海作战中担任火力支援和输送任务的江防部队，夜以继日地修理改装舰船，并想方设法征集技术人员，以保证船能航行，炮能打响。这支初建的海军当时尚无自己的服装，穿着陆军服的海军官兵风趣地说："外国有海军陆战队，我们是陆军海战队。"

在制定作战方案时，解放军联合指挥所认为，万山群岛各岛之间相距不远，互相能构成火力联系。如果越岛攻击，不仅易受各敌占岛屿交叉火力压制，且遭受敌舰攻击的可能性也大。如果逐岛攻击，依岛攻岛，进可攻、退可守，可保证登陆作战次第展开。因此，确定了逐岛攻击的方案。

经研究，解放军将垃圾尾海湾附近的青洲、三角岛作为首取目标。为防止垃圾尾海湾内国民党海军舰艇阻挠登陆行动，指挥所决定首先派江防部队在夜间突袭垃圾尾岛锚地。当时解放军根据香港报纸关于第三舰队已撤回台湾的消息，判断垃圾尾的舰艇不会太多，而且垃圾尾还是万山防卫司令部所在地，突袭该岛会打乱敌人的防御部署，为部队在青洲、三角岛登陆创造条件。

1950年5月25日凌晨2时后，江防部队16艘舰艇，以及征用的8艘民船，分成火力船队和登陆船队，陆续从珠海县唐家湾隐蔽出航。火力船队驶向垃圾尾，登陆船队则开往青洲、三角岛。

解放军的火力船队由"桂山"号登陆舰和"解放"号等5艘炮艇组成。陆军一三一师副团长郭庆隆和江防部队炮艇队副队长林文虎担任指挥。

火力船队启航后不久，由于舰艇状况欠佳，加之不能用灯光联系，只好各自按大概的方位航行，有的掉了队，有的偏离了航向。25日凌晨4点40分，林文虎所在的"解放"号炮艇沿着牛头岛山脚，单枪匹马驶进垃圾尾海湾。林文虎完全没有料到，湾口内锚泊着国民党海军第三舰队的全部舰只，一场恶战就在眼前。

此时，国民党海军第三舰队的旗舰"太和"号上的值更官也发现了这

停泊在青岛海军博物馆的"解放"号炮艇

艘炮艇。值更官举起望远镜看了一下，见来者是一艘在国民党海军中大量装备的排水量为28吨的美国造炮艇，判断该艇是自己人，便发出灯语信号：晚上好，进港请不要鸣笛。

看到港内发来的信号，"解放"号艇长梁魁庭转身向林文虎请示："进，还是不进？"林文虎镇定自若地说："开进去！"

"解放"号直向湾口内驶去。看到港湾停着的一大片军舰，林文虎大吃一惊，眼前的二三十艘军舰足以说明国民党海军第三舰队并没有撤回台湾。

"后续舰艇上来没有？"林文虎小声问党代表王大明，王回答说："没有看到影子。"两人下意识地回头看了看艇后的海面，仍然是空无一船。在其他舰艇没有赶到的情况下，林文虎十分清楚单艇同敌交火的后果，但考虑到整个作战计划已无法临时改变，如不进攻敌舰，势必影响到青洲、三角岛的登陆作战，在征得王大明的同意后，他下达了"全速，插进去！"的命令。

"解放"号闯进马湾口之后，贴着一艘排水量3000吨的"中海"号大型登陆舰的右舷驶过去，极力寻找着对方的旗舰。林文虎一边观察，一边告诫枪炮兵"不要走火"。

就在"解放"号东张西望的时候，"太和"号护卫舰的值更官发出灯语信号询问："要锚位吗？"不打自招地暴露出该舰的身份。梁魁庭低声对林文虎说："这就是旗舰，打不打？""靠近了再打。"林文虎话音未落，"解放"号上的机枪就响了起来。原来林文虎说的粤语吐字不清，机枪手只听懂一个"打"字，便扣动扳机向"太和"号扫射起来。林文虎见战斗已经打响，忙命令枪炮手，"集中火力，打驾驶台！"垃圾尾的夜空中立即回荡起震耳的枪炮声。

海面上爆炸声不断，正在"太和"号上酣睡的第三舰队代司令齐鸿章被惊醒，忙扯起衣服朝指挥台奔去。"怎么回事？"齐鸿章急于知道响枪的原因。

"可能有舰艇叛变。"含糊其词的值更官压根没有料到，解放军一艘28吨的小炮艇，竟敢闯入总吨位近万吨的舰队中横冲直撞。

齐鸿章稍一定神，伸手拉响战斗警报。凄厉的啸叫更增添了几分恐怖感。"太和"号上随即响起糟杂的脚步声、咒骂声和发动机的轰鸣声。其他军舰上的水兵也美梦难续，揉着睡眼奔向炮位和机舱。"解放"号射击不断，湾口内一片混乱，几艘小艇启锚开溜。

"解放"号集中火力对付"太和"号，利用对方吨位大、干舷高，火炮优势难以发挥的弱点，猛轰该舰的舱面和指挥台。一发炮弹在指挥台上爆炸，齐鸿章的一条手臂飞落到甲板上，舱面多处燃起大火。"解放"号随即转向射击"中海"号登陆舰，将其击中起火。失去指挥的国民党军舰不知威胁来自何方，慌乱中有的互相打起来。还有几艘舰艇慌不择路，碰撞在一起。

在炮声中，不少国民党军舰纷纷逃向港外，不料迎面又遇到一顿炮火袭击，原来是郭庆隆指挥的"桂山"号赶到马湾口，立即投入战斗。经过一个多小时的激战，国民党军"太和"号护卫舰、"中海"号登陆舰和一艘"永"字号扫雷舰受创严重，一艘炮艇起火沉没，其他舰艇也大都带伤。

双方战至拂晓，国民党海军舰艇透过硝烟，发现解放军只有一艘小炮艇和一艘不大的步兵登陆舰，恼羞成怒的国民党军开始摆开阵势进行反扑。负伤逃到湾口的"太和"号和"中海"号也调头杀来，集中火力向

"解放"号射击。

在国民党军众多舰炮射击下，"解放"号多处中弹，艇体弹痕累累。一发炮弹打过来，炸坏了艇上的无坐力炮架。炮手张和鸣带伤撑起灼热的炮身，继续向敌舰射击。恰在这时，艇首主炮又发生故障。炮手张云飞在排除故障时中弹倒下。林文虎一面大喊："同志们，要沉着！"一面奋不顾身地跨出驾驶台奔向前甲板，就在他准备修复火炮时，不幸中弹牺牲。林文虎原是泰国华侨，著名的拳击运动员，1940年回国参加华南抗日游击队。在解放战争中，林文虎已成为海上游击队的一名指挥员，曾使用小型船只游弋广东沿海，多次袭击国民党军舰船。万山海战，林文虎血洒战艇，成为华南海军引为骄傲的英雄。

林文虎和不少艇员战死艇上，"解放"号处境愈加危殆。全艇19名艇员已伤亡13人，火力也大为减弱。艇长梁魁庭驾驶着带有近百处弹洞的炮艇，冲出密集的火网，从垃圾尾和中心洲之间一条浅水道中撤出战斗。"解放"号开回唐家湾，刚一靠上码头，艇尾就沉入水中。

"解放"号突出重围后，港湾内剩下"桂山"号孤军奋战。国民党军舰依仗数量和火力优势，形成对"桂山"号的半环形包围。"桂山"号遭到众多敌舰的炮击，舱面燃起大火。舰长池敬樟牺牲，报务员也被打中，报话机摔碎在甲板上。郭庆隆指挥机枪和火炮击退一艘靠过来的敌舰后，见自己军舰已难以坚持，决定抢滩登陆。"桂山"号带着熊熊大火在垃圾尾岛钓庭湾抢滩成功。郭庆隆率领余下的舰员和50多名陆军官兵冲上岛岸，同国民党军的海军陆战团展开激战。国民党军的这个海军陆战团原属国民党嫡系青年军二〇八师建制，装备优良，在数量上更占优势。面对敌军的重兵包围，解放军浴血奋战，直至全部牺牲。副团长郭庆隆用冲锋枪打倒8名敌军，自己也中弹倒下。副连长康绍文拉响手榴弹，同数名国民党兵同归于尽。

在"解放"号和"桂山"号进袭港湾的同时，江防部队的"先锋"号和"奋斗"号炮艇在垃圾尾岛东侧海面与国民党军两艘炮艇遭遇。双方虽同为炮艇，但旗鼓却不相当。解放军的炮艇原是日军使用的木壳艇，只装

参加垃圾尾海战的"先锋"号炮艇

有13毫米机枪，而国民党军的炮艇不仅吨位大，还装有25毫米机关炮。

"两军相逢勇者胜"，"先锋"号乘国民党军25号艇发信号询问之机，全速向其逼近，对方反应过来，立即开炮射击。"先锋"号一直冲到距敌艇只有几十米远的地方，才开始反击，25号炮艇艇长当即被打死。在两艇相接时，解放军将一排手榴弹甩到敌艇甲板上。炸得敌艇浓烟四起，弹片横飞。"靠上去，把它抓过来"，"先锋"号指挥员发出命令，几名战士端起冲锋枪，接舷跳帮，打倒2名国民党军，艇上其余7名敌军赶紧缴械投降。

与此同时，"奋斗"号则与国民党军26号炮艇展开较量。26炮艇凭借其吨位大、火力强，全速驶来，企图撞沉"奋斗"号。"奋斗"号躲过其冲撞，并顺势靠上敌艇，甩过去一排手榴弹。"先锋"号俘获25号炮艇后，赶来支援，26号炮艇被击沉。两艇旋即驰援登陆输送船队，掩护步兵在青洲、三角岛登陆。

参加垃圾尾海战的"奋斗"号炮艇原本是一艘木壳走私货船

江防部队的509号登陆艇掉队落在后面，追赶编队时，突然发现4艘国民党军舰边开炮边向登陆船队逼近。509号登陆艇立即向敌舰射击，由于距离远、枪炮口径小，敌舰毫不理会。艇上的战士急中生智，将载运的陆军山炮和战防炮架起来发射。一发发炮弹掠过海面，射向敌舰。"老兄，老兄，我的左脚负伤，快来扶我！"从报话机里传来国民党军的呼救声。509号登陆艇逐退敌舰，顺利完成运输任务。25日7时，解放军在青洲、三角岛登陆。

解放军占领青洲、三角岛后，国民党海军舰艇第二天就撤向三门岛、外伶仃岛、担杆列岛，垃圾尾岛即为解放军所占。

垃圾尾海战中，国民党海军首次领教了解放军海军的厉害。第三舰队损失严重，受伤舰艇奉命回台湾"整伤"。为了掩饰失败，1950年5月28日的《中央日报》报道说："舰队齐司令……奋勇作战，致右臂受伤，已令返台治疗。"同时还宣称"万山群岛海战，海军以一击十，以少胜多"。

为了扭转败局，国民党海军很快又从台湾调来"太"字号护卫舰2艘、"中"字号登陆舰2艘、"永"字号扫雷舰4艘和大型炮艇数艘，由海军少将马壮谋率领，开进万山群岛。

国民党海军增援舰艇进抵万山后，不时炮击解放军所占岛屿，袭击运输船队，企图阻止解放军继续进行登陆作战。此时解放军依托已占岛屿的众多火炮，开始反击国民党海军的袭扰。5月30日，驻守三角岛的解放军集中数十门火炮，将来犯的3艘敌舰击伤。领教到解放军的炮火之后，国民党海军气焰大为收敛，活动局限于外伶仃、担杆等部分海域。解放军很快又攻下东澳、大小万山、隘洲诸岛。至此，万山群岛相当一部分海域已在解放军炮火控制之下。

从6月上旬开始，万山群岛暂时平静下来，交战双方都在调兵遣将，准备进行新的军事行动。国民党海军为加强万山群岛的兵力，先后从第一舰队调来"信阳"号驱逐舰、"营口"号和"泰安"号炮舰。这批军舰驶抵外伶仃海面后，急欲和解放军一决雌雄。此时解放军参战部队却养精蓄锐，进行短期休整。休整期间，根据垃圾尾海战的经验教训，加强了统一指挥，以保证步兵、炮兵和舰艇的协同作战。江防部队为各艘舰艇重新调配了军政干部，充实了战斗和技术骨干。受509登陆舰在甲板上临时架起山炮击退敌舰的启发，在加强已占岛屿炮兵力量的同时，解放军还把陆上的山炮、战防炮架设在登陆艇上，并在一艘趸船上架设了100毫米加农炮，用拖船拖带作为浮动炮，火炮的胸墙则用沙袋堆成。

解放军经过侦察了解到三门岛上无国民党军驻守，但每天都有舰艇从外伶仃以北驶到这一海区巡逻，然后返回内伶仃。根据这些情报，解放军决定派舰艇在暗夜隐蔽驶抵三门岛，诱敌出动，然后以岛上和舰艇上的火炮打击敌舰。

6月26日夜，解放军派出4艘登陆舰，将步兵和炮兵送上三门岛。炮兵连夜在岛上架起火炮，舰艇也进入伏击阵位待命。

27日清晨，国民党军一艘"永"字号扫雷舰按惯例驶出外伶仃，直奔三门岛外的火力陷阱而来。解放军岛上炮兵立即开炮，将其击伤，设在趸船上的100毫米加农炮同时向停泊在外伶仃的舰艇群开火，一艘炮艇遭击沉没，另有两舰受伤。

眼看炮弹接二连三地在周围爆炸，国民党海军"信阳"号、"营口"号、"太"字号和"永"字号军舰匆忙驶出外伶仃，准备和解放军在海上决战。解放军数十门山炮、战防炮、机关炮、平射炮、无后坐力炮一齐开火，真正是弹如雨下，打得敌舰难以招架。

在这场5个多小时的炮战中，解放军以"国楚"号登陆舰中弹1发、伤3人的代价，击沉国民党海军炮艇1艘、击伤"信阳"驱逐舰、"永"字号扫雷舰两艘和炮艇两艘。战后，香港、澳门报纸报道说，中国人民海军英勇无比，有一艘大军舰竟然抛锚与国民党舰队展开大战。这就是后来传为佳话的"抛锚大战"。

7月1日，江防部队出动8艘登陆艇，运载步兵攻占了外伶仃岛。受到重创的国民党海军舰艇不久就撤回了台湾。"广东突击军"第八特务营孤守担杆列岛。8月3日，解放军"先锋"号和"奋斗"号炮艇掩护3艘登陆艇，运载两个加强连在担杆岛强行登陆，俘敌上校以下官兵140余人，缴获武装船1艘。8月4日，解放军进占佳蓬列岛和直湾岛。至此，万山群岛和广东沿海全部岛屿均获解放。

在历时71天的万山群岛战役中，解放军共毙伤俘敌700余人，击沉敌舰艇4艘，击伤12艘，缴获各种艇船11艘。特别是初建的华南海军以劣势装备战胜优势装备敌人的光辉战绩，更令人称赞。毛泽东在电令中指出："这是人民海军首次英勇战例，应予学习和表扬。"

在万山海战中，"解放"号炮艇和"桂山"号登陆舰战绩卓著。战后，中南军区在黄埔岛上建立了林文虎烈士纪念碑。广东省政府为表彰"桂山"号的英雄业绩，将垃圾尾岛改名为"桂山"岛。钓庭湾一块高大岩石上凿刻着"桂山号英雄登陆点"的大字，岩石旁则矗立着一座高大的纪念碑。

就在华南海军血战万山的同一时间里，华东海军也初露锋芒，完成了长江口扫雷和配合陆军攻占苏南沿海岛屿等任务，突破了国民党军的海上封锁。

新中国成立初期，华东沿海地区面临着严重的海上封锁。国民党海军在长江口外布设的水雷，使上海的海上通道难以畅行。国民党江苏省主席丁治磐率领一批游杂武装，占据马鞍列岛、嵊泗列岛和大小洋山等岛，也对大陆的海上航运和渔业生产造成重大威胁。

长江口被封锁，严重影响大陆的经济恢复工作。对此，中共华东局和华东军区指示华东海军迅速组织力量，在短期内完成扫除长江口水雷的任务。华东海军随即于1950年4月组建了扫雷舰大队，但全部舰艇都不适于扫雷作战。用作指挥舰的是一艘"中"字号坦克登陆舰，而权作扫雷艇之用的是10艘25吨登陆艇，真正的扫雷器材只有4条扫雷索。

从1950年6月19日开始，华东海军开始首次扫雷行动。由于装备简陋、缺少器材等原因，扫雷行动并没有效果，仅进行两周就暂停下来。在此前后，又有数艘商船触雷，或沉或伤。

长江口水雷难以清除，引起各界的极大关注。日理万机的周恩来总理亲自过问扫雷情况，并作出指示。7月中旬，三野副司令员粟裕向海军传达了周总理的指示，要求海军迅速组织力量，打通长江口航道，扫荡苏浙沿海残敌；在舟山建立海军基地，加强战备，随时准备应付帝国主义可能扩大的战争。

为了扫清长江口的水雷，华东海军开始改进扫雷装备，在苏联专家指导下，将"古田"、"周村"、"枣庆"、"张店"4艘登陆舰改装成扫雷舰。苏联方面援助的扫雷工具也很快运至上海。

9月11日，华东海军下达了扫雷命令，并组成新的扫雷编队。其中"中字川"坦克登陆舰为指挥舰，"陈集"号步兵登陆舰为布标舰，"古田"等4艘改装扫雷舰担负扫雷任务，另有4艘登陆艇和炮艇担任通信联络和爆破救护。

9月21日，扫雷舰编队进入长江口雷区，开始第二次扫雷。此次行动效果明显，先后扫出4枚日本制造的"九三"式锚雷。至10月底，华东海军完成扫雷任务，打通了长江航道。

华东海军在执行扫雷任务的同时，还组织舰艇协同陆军攻占苏南沿海敌占岛屿。滩浒山岛被解放军确定为第一个进攻目标，该岛位于长江口南侧杭州湾中，国民党军在此驻有100余人。

华东海军参战兵力有4艘步兵登陆舰，8艘25吨炮艇和4艘25吨登陆艇，统由炮艇队大队长陈雪江指挥，担任火力掩护和输送陆军任务。

华东海军组建扫雷大队

对于使用25吨炮艇出海作战，炮艇队不少国民党海军起义人员大感惊诧。该型炮艇原是日军侵华期间在上海制造的专门用于江河湖泊巡逻的巡逻艇，吃水仅0.6米，武器主要是一座13毫米机枪，从性能上来看根本不适于出海。但当时只能是有什么武器打什么仗，明知危险也只能如此。

1950年6月15日晚，解放军参战舰艇驶离吴淞，启航不久，由于风浪越来越大，各舰艇航行困难，加之通讯、航海器材不足，编队出现混乱。船至南汇咀附近，陈雪江下令抛锚。由于落潮影响，11艘炮艇和登陆艇在岸边搁浅。16日黎明，没有搁浅的4艘登陆舰和1艘炮艇继续向滩浒山进发。

16日中午，解放军5艘舰艇驶近滩浒山岛，随即开始实施登陆，并顺利占领该岛。共俘敌大队以下46人，缴获船只4艘。

滩浒山解放后，华东海军又奉命出动舰艇，配合陆军进攻嵊泗列岛。嵊泗列岛位于长江口外，岛群东西横列，是上海的门户，国民党军派有500余人据守。解放军决定分三路，同时攻取嵊山、泗礁、大小洋山。参战舰艇包括"瑞金"、"兴国"号炮舰，"卫岗"、"车桥"号登陆舰和两艘炮艇。

7月6日中午，解放军三支登陆输送队从吴淞口码头出发，行至圆圆沙附近，因发现水雷，遂改变航线，沿长江南岸行驶。当时华东海军缺少航行资料，只能依据日本1932年的老航道图选择航线，殊不知其准确性很差。傍晚时分，"瑞金"、"兴国"两舰相继搁浅，虽采取很多措施，仍无法脱浅。陆、海军指挥员研究决定，进攻嵊山的一路推迟一天，另二路仍按原计划执行。搁浅军舰上的指战员心急如焚，甘冒风险，将舰上淡水排出一部分，压舱铁卸掉一部分，以减轻舰体重量。午夜后潮水上涨，两舰得以脱浅。

7日中午，"瑞金"和"兴国"舰抵近枸杞山，用猛烈炮火掩护陆军登陆。这两艘炮舰都是商船改装的，舰上临时安装了陆军的榴弹炮和高射炮。"瑞金"舰在射击时，一门日本造的八八式高炮炮管竟震得掉了下来。为了更有效地发挥火力，两舰冒着炮火，对岛上火力点抵近射击。两艘登陆艇运载着陆军，直向相子岛滩头驶去。下午3时，解放军占领枸杞山。

与此同时，解放军"卫岗"、"车桥"两舰运载陆军驶抵泗礁，守军闻风而逃，解放军轻取该岛。在炮艇掩护下，另一路解放军也攻取了大小洋山。

解放军连克数岛，决定乘胜拿下嵊山。8日早晨，"瑞金"、"兴国"号舰和"卫岗"、"车桥"登陆舰及陆军船队由枸杞山出发，杀向嵊山。

在舰炮火力支援下，登陆部队强行上岸，全歼守军。

在嵊泗列岛战斗中，解放军击毙敌总队长廉金光以下100余人，活捉敌支队长张冠军以下300余人，缴获一批武器、弹药和物资。新华社11日报道："人民解放军第三野战军一部，在人民海军配合下，已于七、八两日全部占领长江口外的嵊泗列岛……该岛解放后，上海、浙江间商旅船只行驶已益趋安全，附近渔民已纷纷下海捕鱼。"

嵊泗列岛解放后，华东海军炮艇大队立即南下至浙江海门，准备配合陆军二十一军六十二师解放大陈岛，掩护陆军二十五军机帆船队南下，增援十兵团攻打金门。

6月25日，炮艇大队长陈雪江和政治处副主任廖云台率10艘炮艇抵达海门。在研究解放大陈岛作战方案时，六十二师师长周纯麟对海军炮艇的到来表示欢迎，但对炮艇能否胜任作战任务有些担心。他对陈雪江说："大陈岛常驻敌舰三五艘，还有5艘比你们艇不知大多少的炮艇，跑得又快。能不能让华东海军派艘大的军舰来？"陈雪江回答说："现在海军没有大军舰可派。就是能派一二艘来，没有一定制空权也出不了海。"

为了用劣势装备战胜对手，参战的海军和陆军部队集思广益，想出了不少克敌制胜的好办法。每艘炮艇除了携带手榴弹、炸药包准备近战外，还得到陆军半个班兵力和一具火箭筒的支援。陆军还在机帆船上装设战防炮、山炮，编入炮艇分队。

1950年7月9日，解放军的炮艇队和机帆船队由海门进至琅机山岛金清港集结，此处离大陈岛只有1海里，但由于地势高、树木多，艇船在湾内待机十分隐蔽。

当天黄昏，艇船编队启航向大陈岛进发。行至大陈与琅机山之间时，海上风浪骤起，而且愈来愈大。机帆船队不断向指挥艇上的周纯麟师长报告：风大！船颠簸厉害，航行困难！人员普遍晕船呕吐！炮艇的境况也差不多。周纯麟担心艇船难以坚持，遂决定撤回琅机山避风。

艇船返回琅机山后，陈雪江命令一分队长张家麟和三分队邵剑鸣分别率领103号炮艇和3号炮艇，在金清港外锚泊警戒。

10日拂晓，海面上薄雾轻飘。邵剑鸣从望远镜中发现东方海面有一个黑点，他立即招呼在103号艇上的张家鳞一齐观察。随着距离的缩短，他们很快判明来者是一艘国民党海军的大型炮艇。邵剑鸣主张两艇一齐出击，张家麟却说："一定要请示"。因为艇上没有电台，两艇即返港报告。途中，邵剑鸣怕请示后不让打，便让103号艇单独返航，他自己率3号炮艇掉头，单艇迎击吨位是自己10多倍的敌艇。

敌艇见解放军的艇只向自己驶来，急忙掉头向大陈方向退去。3号炮艇加速追击，一直追到一江山与大陈之间海面。敌艇这时发现追来的是一艘小炮艇，便放慢航速，用40毫米火炮向600米远的3号艇射击。3号炮艇迫至敌艇200米处，邵剑鸣才下令开火。枪炮兵赵孝庵操纵双联装机枪猛烈射击，打得敌艇舱面一片混乱。海面上枪炮声交织在一起，双方展开对射。

交战不一会儿，两发炮弹打中3号炮艇操舵室，副艇长许镇和操舵兵马全福当即牺牲。随后又一发炮弹打来，正在指挥作战的邵剑鸣被弹片击中头部，当场牺牲。敌艇继续向已失去操纵的3号炮艇猛烈射击，炮弹不断击中3号炮艇。身上6处负伤的赵孝庵见艇上机枪火炮已被打坏，忙爬进操舵室，全力扭转艇首，试图驾艇返回琅机山。敌艇见状，用密集的炮火拦截。3号炮艇行驶不远，再次中弹，舱内大量进水，沉没于一江山与大陈之间的海底。艇上17人中，只有赵孝庵等5人泅水生还。

3号炮艇被国民党海军击沉，在解放军中引起很大震动，进攻大陈的

参战部队出发前宣誓,坚决解放披山岛

作战意图也已暴露。华东军区电令炮艇队："立即撤回海门待机。"陈雪江认为应争取打个胜仗回去，周纯麟等人也同意陈的意见，共同商议另选一个易攻的敌岛作为攻击目标。

根据掌握的情报，解放军了解到大陈附近的一江山和披山岛都驻有数百名国民党军。一江山离大陈只有7海里，如攻击该岛易为大陈敌军发现。披山岛守备兵力多于一江山，并驻有四五艘艇船，但距大陈37海里，进攻时大陈敌军难以发现，即使发现也无法立即增援。因此，解放军决定奇袭披山岛。经3次请战，华东军区批准了这一作战方案。

7月11日黄昏，解放军1个炮艇分队和30多艘机帆船驶出金清港，向大陈方向佯动。入夜，以两个炮艇分队和装载陆军两个营的30余艘机帆船编成的第二路人马，由六十二师副师长和炮艇大队政治处副主任廖云台率领，直奔披山岛。

7月12日拂晓，解放军艇队驶近披山岛，发现岛西面锚地停泊着4艘由150吨渔轮改装的炮艇，还有不少机帆船和帆船。披山岛守军作梦也没想到解放军炮艇会长途奔袭。面对突如其来的攻击，锚地内的艇船急忙砍缆起锚，夺路而逃。分队长张家鳞率3艘炮艇奋起直追，将国民党军的"精忠"1号炮艇围住。107号炮艇将敌"新宝顺"号炮艇堵在锚地，展开攻击。

在交战中，国民党军"精忠"1号连遭打击，艇上的大队长李锡邦被击毙，其他敌军不敢再战，停船挂白旗投降。张家鳞立即派人登上敌艇押解俘虏，收缴武器。

与此同时，107号炮艇在锚地内同敌"新宝顺"号展开激战。由于107炮艇火炮口径小，无法将敌艇击沉。艇长杜克明看清"新宝顺"号是艘木壳船，便下令撞击敌艇。脊背已经负伤的操舵兵陈贵松，立即将艇首对准"新宝顺"尾部，开足马力撞过去。随着巨大的撞击声，107炮艇将"新宝顺"尾部撞裂进水。敌艇上的国民党浙江省玉环县副县长林淼十分顽固，艇上敌军在他的督战下拼死抵抗。双方用轻武器展开对射，并互相投掷手榴弹。

俘获"精忠"1号炮艇后，张家麟率103艇和104艇赶来增援107艇。他发出"快速进击"的命令，指挥103艇朝"新宝顺"号撞去。在撞上敌艇的一瞬间，枪炮兵龙钦祥等3人、抱着炸药包和集束手榴弹飞身跃上"新宝顺"号，立毙林淼，其余19名敌军赶紧缴枪投降。龙钦祥等人随即用手榴弹和炸药包将敌艇舱底炸裂，不一会儿，"新宝顺"号就沉入海中。

此时，解放军已顺利攻占披山岛。岛上的步兵看见敌艇被击沉，都声欢呼："打得好！"炮艇队的指战员更是扬眉吐气。见披山已失，驻守小披山的一个排国民党军乘船逃去。解放军3艘炮艇穷追不舍，将敌军3艘机帆船连船带人全部俘获。

在琅机山的联合指挥所里，周纯鳞师长接到"精忠"1号投降的报告后，高兴地对陈雪江说："你们损失了一条3号炮艇，这次把在披山抓的大炮艇赔你们。"

按照周纯鳞和陈雪江的命令，3艘炮艇拖着"精忠"1号开始返航，由于敌艇吨位大大超过解放军的炮艇，所以拖拽时航速很慢。当炮艇行至披山南面1海里时，大陈方向驶来一艘国民党海军的"太"字号护卫舰，3艇立即放弃拖带，准备战斗。敌舰见"精忠"1号已挂白旗投降，便连续打炮40余发，将其击沉。然后又跟踪追来，企图袭击解放军的艇船。解放军炮艇和陆军炮兵当即开炮还击，将敌舰打退。

在奔袭披山的战斗中，解放军出其不意，取得了很大的战果。计击沉"新宝顺"号炮艇1艘，伤"精忠"1号炮艇1艘及机帆船1艘、帆船2艘，歼灭"浙东人民反共救国军瓯江指挥部"及"瓯江总队"480人。

解放军海军在创建初期，使用炮艇等轻型舰艇，同国民党海军展开多次激战，取得了显赫的战绩，奠定了快艇部队在海军中的地位，并创写了以劣胜优、以小打大的光辉战例。

第六章

粟裕领命，五十万雄兵攻台
龟居一岛，蒋某欲逃菲律宾

1949年下半年，东南沿海各大城市先后获得解放，三野的精锐部队开始投入解放沿海岛屿的战斗中。与此同时，中央军委和三野还在积极筹划台湾战役，并着手进行各方面准备。

1949年5月下旬，上海战役刚刚结束，中央军委即开始筹划台湾战役，责成三野副司令员粟裕抽调部队进行攻台准备。当时，华东许多地区尚未解放，战事频仍，已占地区又需派兵剿匪守卫，因而难以调集更多兵力专门作攻台训练，仅抽出宋时轮麾下的九兵团进行有关攻台的准备工作。九兵团是三野的主力部队，辖有4个军，当时该兵团正担任上海地区的警备任务。

三野副司令粟裕

1949年秋季，三野初步制定了台湾战役计划，准备使用8个军的兵力渡海攻台，其中九兵团4个军担任第一梯队。为了争取早日发起台湾战役，三野要求七、十兵团加紧攻取舟山、金门的各项准备，并把舟山、金门登陆作战作为台湾战役的实践演习。

在扫清台湾外围屏障的浙东和福建沿海作战中，七、十兵团虽然先后攻克了厦门、金塘等岛，但却在金门、登步登陆作战时遭受挫折，损失不小。两次登陆作战的失利，使中央军委和三野领导更加认识到渡海作战的艰巨性，对台湾战役的筹划也更为谨慎细致。多年后，叶飞在其回忆录中除了总结攻金失利原因外，还谈及该战对其后渡海登陆作战的影响：

"我们接受经验教训不能仅限于此，不能仅从微观上接受教训，还应该从宏观上体会这次教训的更重大的意义。那就是在现代战争条件下，没有制海权、制空权，要实行大规模渡海登陆作战是非常困难的。五十年代初，在我海、空军还处于劣势的条件下，要仅仅靠木帆船横跨台湾海峡，解放台湾，现在来看，恐怕是会吃比攻金失利更大的苦头的。金门失利之后，接受了教训，头脑清醒起来。"

1949年底，三野获悉台湾有可能招募外国雇佣军作战之后，迅速报告中央军委：目前台湾兵力约7个军，估计其战斗部队约13万人，如加上雇佣军，则台湾兵力应以20万人计算。三野部队除担任剿匪和地方警备任务外，主力12个军应全部参加攻台。对此意见，中央军委表示同意。

在制定台湾战役的过程中，三野充分考虑同外军作战的可能性。因为美国这时已公开表现出和台湾国民党当局拉开距离的政策，所以一般估计攻台时美军不会介入。粟裕曾分析说："直接参战在政策上、军事上都是对美帝不利的，所以美帝只能间接参战，如动员日本的'志愿兵'去帮助蒋匪。"三野认为，在渡海攻台时，国民党军和日本"志愿军"将是主要作战对象。三野部队对于战胜这些敌人很有信心。

根据当时的国内外形势，中央军委认为应在尽可能短的时间完成台湾战役的准备，以便早日渡海攻台，解放全中国。1950年1月，三野召开师以上政工会议，要求部队的各种工作以台湾作战为中心。此后不久，新任海军司令员肖劲光同粟裕会商了攻台的准备工作，设想投入50万兵力渡海攻台。

海军和三野的会商意见获中央军委同意。当时，国民党军海陆空军总兵力尚有50余万人。其中据守舟山、金门、海南的20余万兵力随时可以撤回台湾，再加上少量日本"志愿军"协助守岛，其战斗力仍不应过分轻视。三野以其主力12个军和后勤部队共50万人攻台，在兵力上和台湾守军不相上下，而解放军战斗力又远高于国民党军，取得渡海作战的胜利是有把握的。为了预防在攻台时发生不测事件，中央军委特调四野十三兵团4个军集结于河南，担任全军的战略预备队。另从一野抽出十九兵团，作为可随时调动的机动力量。在筹划台湾战役的过程中，制约战役早日发起的主要因素是缺乏渡海船只，此外海空军的掩护问题也有待解决。

现代条件下的渡海登陆作战，所需船只的数量是惊人的。第二次世界大战期间，美军进行的冲绳登陆战，登陆部队只有18万人，却投入了近千艘舰船。盟军在诺曼底进行的登陆战，有100万人登陆，使用舰船总数达

粟裕在上海检阅部队

5000艘，80%为运输船和登陆舰艇。解放军要运送50万部队渡海，连同各种作战物资，所需船只同样不在少数。据中央军委当时的估计，渡海攻台至少需几十万吨的船只。

在当时的条件下，要筹集如此众多的船只是非常困难的。由于台湾海峡峡宽浪大，小型帆船难以航行，须用轮船或较大的机帆船。而中国当时海运落后、沿海轮船很少，国民党军撤退时又大肆掠夺和破坏，能用于渡海作战的船只廖廖无几。沿海地区解放后，解放军海军接收征集到可用的商船、渔船仅有169艘，总吨位6.48万吨。鉴于当时大陆沿海造船工业能力有限，中央军委决定集中财力物力筹集修造船只，除了修复旧船外，大量赶造投资少、工期短并有一定抗风浪能力的机帆船。沿海各船厂冒着国民党军的轰炸，加紧进行此项工作。此外，中共中央还利用英国已承认新中国，想建立关系的有利时机，派员到香港购买旧船48艘，总吨位2.54万吨，并同英商继续洽商购买。

在征集修造民船的同时，解放军海军登陆舰船的数量也在逐渐增加。到1950年4月，华东海军登陆舰船吨位已达2万吨，拥有大型登陆舰8艘。

当时国民党的海空军虽遭一定打击，但还保持着基本完整的兵力，而横渡台湾海峡的时间较长，大约需一天一夜，无法像攻打沿海小岛那样依靠夜幕掩护船队。庞大的渡海船队如果没有海空军的掩护，必然会遭到国民党海空军的全力拦截攻击。不仅要付出惨重的损失，而且能否顺利攻占台湾也难以预料。因此，中共中央对海空军的建设极为重视，认为这是保证攻台胜利的最重要条件。

解放军海军建设始于1949年4月，最先成立的华东海军因连续遭到国民党空军的轰炸，不少舰船被炸沉。同年12月，中央军委考虑到今后台湾战役的需要，决定立即建立海军司令部，任命四野第十二兵团司令员肖劲光为海军司令员。1950年1月中旬，刚刚到任的肖劲光马上视察了疏散到武汉一带的华东海军，并找原国民党海军一些高级军官了解台湾海军的实力，同时加速督建水面作战部队。

解放军解放大陆期间，国民党海军舰艇有的起义、投诚，有的被解放军俘获，据统计共有183艘，4.3万吨。这些舰艇大都破烂不堪，型号繁杂。解放军在抓紧抢修舰只的同时，依靠旧海军人员作为技术骨干，并向舰上加派解放军中的政治工作人员和战斗骨干，从而很快使华东海军成为一支可以投入战斗的力量。

1950年4月23日，正值华东海军成立一周年之际，华东军区在南京长江草鞋峡江面举行了舰艇命名典礼。预定担负指挥渡海作战的主要指挥员粟裕、叶飞、宋时轮、王建安、刘道生亲莅现场，目睹了华东海军的阵容。当时获得命名的各种舰船总共134艘，总吨位4.3万吨。战斗舰艇51艘，其中包括护卫舰、炮舰和巡逻艇。在命名典礼上，华东海军司令员兼政治委员张爱萍授予各舰艇以中央人民政府颁发的命名状、军旗、舰长旗、舰首旗等，并领导全体舰员庄严宣誓："……我们要随时准备作战，只要进军号令一响，便勇往直前，配合陆、空军，解放东南沿海岛屿，解放台湾，彻底消灭残敌，解放全中国，保卫祖国的海防，有效地防止帝国主义的侵略。"

由于国民党海军在总吨位上仍有优势，并有少数大型军舰，为了与之相匹敌。中共中央还积极争取购置一些新舰和大舰。1950年2月，正在苏联访问的毛泽东、周恩来两次同苏签订海军订货协议，将苏联对华3亿美元贷款中的1.5亿美元用于购买海军装备。同年4月，周恩来致电苏联国防部长布尔加宁，要求苏联方面"将中国人民海军所需的这些订货，在我们所要求的时间内（一九五〇年夏天，至迟一九五一年春天前）取得之"。解放军海军还向英国商人订购了2艘巡洋舰、5艘护航驱逐舰、4艘扫雷舰。后来由于朝鲜战争爆发，这批军舰未能加入解放军海军的行列。

与此同时，空军建设也在加紧进行中。在解放战争期间，国民党空军虽无出色表现，但也给解放军带来很大威胁。毛泽东城南庄住所亦曾遭其B-25飞机轰炸。领导筹划攻台的粟裕更对国民党空军的耀武扬威有亲身感受。早在内战尚未全面爆发的1946年3月，粟裕飞往徐州向周恩来汇报工作。返回时，在徐州的国民党军队负责人到机场送行。当时，一批美制F-51飞机正在机场起飞、降落，啸声刺耳，有意要弄威风。国民党军徐州绥靖公署的副参谋长站在一旁，趾高气扬地笑指天空说："现代的空军，威力真是伟大啊！"粟裕也冷冷地笑着说："可惜它有个缺点，目前还不能下到地面上来抓俘虏。"虽然国民党空军未能阻止中共解放大陆，但在渡海战斗中，它的存在仍不容忽视。

早在1949年8月1日，中共中央就派刘亚楼、王弼、吕黎平等人去莫斯科，商谈购买飞机和装备、请苏联专家来华帮助创办航校的具体事宜，最后达成协议。苏联卖给中国各型飞机434架，帮助中国创办6所航校。据当时解放军估计，经过三大战役和渡江作战以后，国民党空军有三分之一到二分之一受创，尚有F-51战斗机150~200架、B-24轰炸机40~50架。解放军向苏联订购的战斗机是拉-9，与台湾的F-51相比，拉-9的上升性能、转弯半径、头炮威力都较强，但俯冲性能、载弹量、大炮射速、最大航程则不及F-51，两者在总体性能上势均力敌。

为了尽早拥有一支能掩护大军渡海的空中力量，解放军空军急需大批飞机员。按常规，一名飞行学员从进入航校到毕业需二三年时间。1949年11月，中央军委要求航校开训后6个月内训练出2个歼击机团和1个轰炸机团的空地勤人员。解放军空军提出"一切为了办好航校"的口号，打破常规，对飞行员实施速成式训练。

解放军空军初建时，始终以攻打台湾为主要任务。1950年3月10日，朱德总司令在空军政治工作会议上说："我们建设空军，要达到和完成怎样的任务呢？首先，要配合完成解放台湾、海南岛以及消灭残匪的任务，做到在一定的领海和领空上初步

解放军空军初建时，始终以攻打台湾为主要任务

取得制空权。"同年4月，刘亚楼在空军参谋工作会议上说："当前的战斗任务，具体地说，就是参加打定海、金门、台湾等，歼灭逃避在这些岛屿上的残敌，解放全中国。"

经过紧张的筹建，解放军空军第一支作战部队——第四混成旅于1950年6月19日在南京成立，下辖2个歼击机团，1个轰炸机团和1个强击机团，其中1个团装备米格-15喷气式战斗机。在此之前，上海市人民政府动员人力，突击抢修了江湾、大场和龙华机场。到1950年底，解放军空军已经有400架作战飞机可以投入使用，能够为渡海攻台提供有效的空中掩护，并协助海军掌握台湾海峡的制海权。

除了建设航空兵之外，解放军空军还组建了空降兵部队，计划用于台湾登陆作战。1949年8月，刘亚楼在莫斯科向中央军委提出组建空降兵部队的建议，他认为，在解放台湾的登陆作战中，伞兵空降可能发挥大的作用。中央军委复电同意后，刘亚楼随即与苏联政府商谈，聘请伞兵顾问和教员，并订购了一批降落伞。1950年7月17日，解放军空军陆战第一旅成立，下辖狙击、坦克、追击炮、战防炮等7个营和其他7个技术连队。该旅成立后，即投入紧张的跳伞训练。

就在解放军积极筹划台湾战役的时候，1950年5月，台湾敌情发生了变化。蒋介石鉴于海南岛的教训，决定"集中一切兵力，确保台湾基地"，遂将舟山守军撤回台湾。解放军原拟在沿海岛屿全歼国民党军的设想未能实现。台湾防御得到海南、舟山兵力的加强后，比原估计的20万人增加1倍，约40万人。敌情变化，使解放军原定以九兵团4个军为第一梯队的准备已不够强大。为此，三野前委作出新的部署，决定除九兵团担任攻台第一梯队外，七兵团也担任第一梯队，其余各军（二十四、二十五军及十兵团各军）分别作为第二梯队。

1950年6月23日，三野根据国民党军在台湾加紧补充和组织部队的情报，进一步向中央军委报告，台湾陆军兵力在我军将来进攻时可达50万人，为了彻底取得战役胜利，我军如能从其他野战军中抽出3至4个军作为第二梯队或预备队，则胜利更有把握。至此，解放军三度修改战役计划，参战兵力达16个军以上。

1950年6月6日至9日，中共中央在北京召开七届三中全会。在全会上，毛泽东提出要"解放台湾、西藏，跟帝国主义斗争到底"的任务。解放军代总参谋长聂荣臻作了关于军事工作的报告，粟裕也汇报了解放台湾的各项准备工作情况，并请求由中央军委直接组织指挥台湾战役。毛泽东出于对粟裕的高度信任，决定仍由粟裕指挥台湾战役。粟裕从南昌起义到长征、抗日战争，直至解放战争，身经数百战，长期战斗在第一线，指挥过许多重大的战役，具有大兵团作战的经验。1955年授衔时，战功卓著的粟裕荣居十位大将之首。

按照台湾战役的设想，参战部队将在1950年7月至次年3月进行各军兵种的分练，1951年4月和5月进行三军两栖作战的合练，然后发起大规模的渡海攻台作战，解放台湾，统一全中国。

就在中共积极筹划台湾战役、准备渡海攻台的时候，败逃到台湾的蒋介石也在为防守台湾而调兵遣将。早年将台湾建成"模范省"的想法早已烟消云散，代之而来的是"去此一步，即无死所"的悲叹。

蒋介石初到台湾后，还希望美国能伸出援手，庇护国民党度过难

1950年3月，蒋介石在台湾自行恢复"总统"职务

关。但从大洋彼岸传来的信息却使他大失所望、心情沮丧。当时美国政府为防止新中国倒向苏联，已表现出一些"不干涉"台湾的姿态。1950年1月5日，美国总统杜鲁门发表声明，宣布："美国目前无意在台湾获取特别权利或特权，或建立军事基地"、"不拟使用武装部队干预其现在局势"。1月12日，美国国务卿艾奇逊在全国新闻俱乐部发表了被称为"美国基本立场"的讲话，承认在中国发生的事件是一场真正的革命，蒋介石并不是为军事优势所击败，而是为中国人民所抛弃。他还声称，美国在西太平洋的安全防线是从阿留申群岛，经日本到菲律宾。对台湾只字未提。

为了防守台湾，蒋介石绞尽脑汁，想出各种不择手段的办法，甚至求助于参加过侵华战争，给中国人民带来深重灾难的日本旧军人。为此，他特派张群赴日本招募从中国被遣返的日军士兵到台湾当"志愿兵"，以报"恩德"。然而这只是蒋介石的一厢情愿，当时的日本劫后余生，百业萧条，应募者廖廖无几。

在"代总统"李宗仁赴美以治病为由滞留不归的情况下，蒋介石于1950年3月1日复职，重新打出"中华民国"总统的招牌。蒋介石复职后，重新调整三军人事，加紧布置台湾防御。

为了抵御解放军对台湾的进攻，台湾"国防部"制定了代号为"磐石"的防卫计划。国民党陆军总司令兼台湾防卫总司令孙立人受命于危难之时，忙不迭地布置各项防御措施。沿海加建碉堡工事、整编部队、防空演习……一首《保卫大台湾》的歌曲也应运而生，不时响彻军营、学校、街头。

当时台湾对于中共渡海攻台的准备工作一清二楚。台湾董显光所著《蒋总统传》中曾有如下记载：

在是年整个春季，尤其是在海南岛沦陷以后，彼等在福建沿海各城市作种种两栖的与空军的进攻准备。彼等所准备的空军，到民国三十九年(一九五〇年)，已有飞机400架。上海的龙华机场一度几为我政府炸毁者，现已借俄人之助，修复至可供使用。长江以南各地约有30个空军基地，包括对日战争时美军所建筑的若干基地，亦已恢复至可供运用之程度。在面对台湾之厦门、福州、汕头及其他港口，大量之登陆艇与种种形式之船舶皆在准备中。

对台湾的进攻，国外分析家也普遍认为将在1950年夏季开始。美国的斯图尔特·施拉姆在其所著的《毛泽东》一书中，亦持同样观点：

内战还没有结束，在许多偏僻省份，孤立的小块地区对抗尚有待消灭，在西藏还没有建立起控制权，但最主要的是，毛决心打败蒋在台湾的残余势力。为此，邻近省份的部队都作好了准备，有明显的证据表明进攻准备在夏季开始。

面对中共随时可能发动的进攻，蒋介石不仅加强军事，还开展了大规模的镇压活动，借以消灭中共地下党并铲除异己。对于中共地下党在解放战争期间的巨大作用，蒋介石心有余悸。台湾报纸后来感叹："一谍卧底弄乾坤，两军胜败已先分。"一时间，台湾为血雨腥风所笼罩。"匪谍就在你身边"成为蒋介石的一句名言。1992年9月，大陆17家新闻单位的记者首访台湾时，看到街头墙上还残留着"不放松匪谍，不冤枉好人"的标语。

台湾光复后，中共派出一些台湾籍党员回岛，重建地下组织。就连前任台湾"总统"的李登辉，也曾于1946年加入中共，后自动退党。大陆解放后，在台湾的中共地下党加紧进行搜集情报、动员敌军起义、建立武装等工作，准备迎接大军渡海。后来由于台湾省委书记蔡孝乾被捕叛变，台湾地下党遭受惨重损失，大批党员在台湾被捕，很多惨遭杀害。

在镇压中共地下党的同时，一批倾向进步的国民党人士亦遭杀害。其中有曾任台湾行政长官公署长官的陈仪、第四兵站总监陈宝全等。另有一大批国军将领在波谲云诡、变幻莫测的权势斗争中成为"替罪羊"，或暴尸街头，或身陷囹圄。

1950年的春夏之交，成为台湾国民党当局最为恐慌的日子。随着海南、舟山的败逃，许多人预感到下一个目标将是台湾。不少党国要员对守卫台湾也已丧失信心，争先恐后地逃往海外。40年后，台湾《传记文学》

杂志在一篇文章中，对当时的情形作了追述：

"民国三十九年（一九五〇年），是国民政府失去整个大陆而龟守台湾一岛，风雨飘摇危疑震撼的时刻，中共政权建立未久而正酝酿渡海攻打台湾，岛内情形更为紊乱，军队是败兵之众，政府是流亡组合，共产思想像挡不住的洪流，大学生在校园内'扭秧歌'，事业单位在'护产待变'，撤退来台的人打算再度开溜，中共地下党无所不在，准备起义接收。"

海南、舟山的失守，使国民党刻意吹嘘的"古宁头大捷"和"登步大捷"的效应锐减。连失海南、舟山两岛，还有多少人再相信"共军只能陆战，不能渡海"的说法呢？在许多人看来，台湾步海南、舟山之后尘落入中共之手的危险已近在眼前。著名作家江南在《蒋经国传》中说：

失去海南、舟山，相当于割断台、澎的手足，毛泽东的下一步，将是渡海攻台。九十英里的台湾海峡，假使荷兰人三百年前，抵抗不了郑成功的海师，国军凭什么能"确保"呢？

从军事上来讲，江南的分析不无道理。当时，国民党陆军只剩30多万人，其中只有从舟山撤回的几个军和孙立人训练的两个军新军还算完整，其余均残破不堪。虽拥有坦克、装甲车约500辆，但油料仅够每辆军车行驶20公里，弹药、粮食、衣物也很缺乏。其空军虽有各型飞机400架，由于缺乏维修的零件，真正能作战的仅有半数。其海军舰艇约为50艘，亦无绝对优势可言。

面对迫在眉睫的危险，台湾国民党当局强打精神，摆出与解放军决一死战的架势。1950年5月27日的《中央日报》宣称："在这东南亚大战烽火一天天逼近的今日，我们要加倍警觉共匪声西击东的策略。它一面装腔作势，压迫着越南，而一方面向台湾进行军事冒险，因此我们大声疾呼，台湾是进入战时了。"蒋介石亲自去澎湖商议防御大计。宋美龄也不辞劳累，赴基隆劳军。台湾省党部发出《告全省党员同志书》，呼吁"齐一步骤，齐一战斗"。国民党中央党部也举行宣誓式，"宣誓效死，确保台湾"。各部队"纷纷歃血联盟，誓死效忠领袖"，随时准备投入反登陆作战。

台湾国民党当局虽然宣称要"确保台湾"，但对于能否守住台岛却毫无信心。暗地里，许多人在考虑各种退路。一些官员曾试探提出到菲律宾建立流亡政府的问题。5月26日，美国代理国务卿向菲律宾政府询问，蒋介石及其军政要员是否可以去"避难"。菲律宾总统季里诺对此持不欢迎态度，外长罗幕洛说，如果蒋介石来菲律宾，他将下令要蒋于24小时内离境。

1950年6月15日，美国中央情报局远东情报处对台湾局势作了公开评估："台湾将在七月十五日以前遭到中共全面攻击。由于国民党军队军纪荡然，民心浮动，中共将于发动攻击数周之内顺利占领台湾。"面对危局，台湾向美国发出呼救，要求美国派遣两个中队的战机进驻台湾，以及从冲绳速运上万吨武器弹药支援台湾。但美国对此反应冷淡。

就在蒋介石寝食难安，忧心忡忡的时候，来自朝鲜半岛三八线上的隆隆炮声，为危殆中的台湾带来了转机。1950年6月25日爆发的朝鲜战争，使国民党得以起死回生。

6月25日清晨，正在吃早饭的蒋介石获悉朝鲜战争爆发，但所得情报零星混乱。当天深夜，蒋介石才接到国民党政府驻南朝鲜"大使"邵毓麟发来的首封电报，始对战况有了大致了解。朝鲜战争的爆发，令蒋介石望眼欲穿的第三次世界大战似乎已露端倪，且非常有利于台湾。邵毓麟在其报告中有详尽的分析：

"韩战对于台湾，更是只有百利而无一弊。我们面临的中共军事威胁，以及友邦美国遗弃我方……外交危机，已因韩战爆发而局势大变，露出一线转机。中韩休戚与共，今后韩战发展如果有利南韩，也必有利我方。如果韩战演成美俄世界大战，不仅南北韩必然统一，我们还可能会由鸭绿江而东北而重返中国大陆。如果韩战进展不幸而不利南韩，也势必因此而提高美国及自由国家的警觉，加紧援韩决不致任令国际共党渡海进攻台湾了。"

当天晚上，蒋介石又收到南朝鲜总统李承晚发来的求援急电。他随即回电声援，并表示将采取有效步骤予以援助。紧接着，蒋介石又在台北阳明山"总统官邸"召开紧急军政会议。陈诚、王世杰、谷正纲、黄少谷、何应钦、周至柔、孙立人、王叔铭、桂永清、蒋经国等人应召而至，研究局势变化及对策。会议决定：台湾、澎湖、金门、马祖地区从六月二十六日零时（即二十五日午夜后）起，全面进入紧急备战状态。实行宵禁，停止三军官兵的休假和外宿，加强台湾海峡和大陆沿岸的海空巡逻，加强各岛及台湾海防的战斗准备，加强台湾的防空和民防措施，加强对交通运输和经济活动的管制，加强特务活动。

25日清晨，美国驻远东部队总司令兼驻日盟军总司令麦克阿瑟也于东京接到了来自南朝鲜的战况报告。他立即同约翰逊、布雷德利等人举行紧急磋商。在获悉人民军势如破竹直指汉城、南朝鲜军全线溃退的消息后，麦克阿瑟等人开会研究到深夜。会上，麦克阿瑟提出所谓"在亚洲遏制共产党的战略计划"，其内容包括：立即援助南朝鲜，建议由台湾调一个军驰援南朝鲜；认为台湾具有极其重要的战略地位，应以海空军保卫该岛，并给予蒋介石以广泛的军事援助；加强菲律宾和印度支那的军事力量；保卫日本的安全。

麦克阿瑟认为：台湾这个"永不沉没的航空母舰"，可以容纳10到20个航空大队，是不可多得的空军基地。同时，如果取得台湾作为潜水艇基地，不但可以对前方作战提供短程支援，而且可以切断西太平洋所有海上通道。"

会后，麦克阿瑟连夜派出以费尔德上校为组长的"驻台湾军事联络组"赶赴台湾。同时致电蒋介石，通报朝鲜战况和向台湾派驻联络组的决定，询问蒋介石在确保台湾安全的前提下能否派一个军驰援南朝鲜以及台湾所急需的援助，并请蒋介石严密监视大陆中共的动态，对大陆采取积极的行动。

6月26日，李承晚再次急电蒋介石请求支援。蒋介石立即召集党政军要员开会，在"总统官邸"研究出兵问题。对此，军方持反对态度，认为国民党军装备很少，须首先考虑台湾防御；而文官则持赞成态度，力主出兵。会议经过4个多小时的争论，通过了出兵朝鲜的决议。

26日中午刚过，以费尔德上校为首的美军驻台军事联络组，由东京飞抵台北。费尔德一下飞机，就前往阳明山，向蒋介石面交了麦克阿瑟的亲笔信。午后，蒋介石复电麦克阿瑟，表示愿派遣国民党最精锐的第五十二军3.3万余人驰援南朝鲜。一经美国最后决定，该军即可从空中和海上前往南朝鲜投入战斗。

6月27日，国民党陆军总司令孙立人奉蒋介石之命，对五十二军人员进行调整充实。由郭永任军长、李有洪任副军长、王楚英任参谋长，辖第二、第十三、第二十五师。另据邵毓麟在《使韩回忆录》中说，蒋介石当时还决定由六十七军军长刘廉一担任"援韩派遣军"司令官，"国防部"总政治部副主任胡伟克担任政治部主任，除陆军以外，另配以装甲兵一个旅、运输机20架。

韩鲜战争的冲击波远涉重洋，传到美国。美国总统杜鲁门从密苏里州的家乡赶返华盛顿白宫，召开国家安全会议，制定对策。6月27日，杜鲁门发表声明，宣布出兵朝鲜，并公然干涉中国内政，"鉴于共产党军队占领台湾，将直接威胁到太平洋区域的安全，并威胁到该区域履行合法而必要之活动的美国部队，因之，本人已命令美国第七舰队防止对台湾的任何攻击，并且本人已请求台湾的中国政府停止对大陆的一切海空活动。"

美国之所以要求台湾军队停止对大陆的攻击，主要是为了稳定西太平洋的局势，集中力量在朝鲜作战。当天晚间，台湾"外交部长"叶公超向美驻台代表斯特朗表示，愿意"合作"，并称已命令海空部队停止对大陆的攻击，唯广东伶停、狸猫两岛，福建金门、马祖两岛，还有浙江大陈岛，因属台湾澎湖防卫系统而除外。

当时，蒋介石还极力想出兵朝鲜，但美国政府最高决策者经过权衡，数次拒绝了蒋介石的"要求"。美国拒绝国民党军入朝参战有多种原因，其中一条是担忧台湾出兵朝鲜，会促使中共参战，或进攻台湾，导致战争扩大化。

6月29日，美国第七舰队的9艘舰船，包括6艘驱逐舰、两艘巡洋舰、1艘运输舰，进入台湾海峡，并开始巡弋。第七舰队是美国海军四大主力舰队之一，与第三舰队同属美太平洋舰队。其前身是美大西洋舰队的一支特混部队，二次大战时，由于对日作战需要，于1943年3月调归太平洋舰队，改称第七舰队，由美西南太平洋战区司令指挥，主要在菲律宾至印尼一带海域执行作战。1950年美国发动侵朝战争后，第七舰队在派遣其第七十二特混部队侵驻台湾海峡的同时，主力转归美国远东海军司令部指挥，参与侵略战争。

随着朝鲜战争的爆发，美国和台湾的关系骤然升温。7月31日，麦克阿瑟和第七舰队司令及远东海、空军司令等人访问台湾，在台和蒋介石等人举行会谈。决定双方陆、海、空军归麦克阿瑟统一指挥，共同防守台湾，增派美国空军第十三航空队常驻台湾，在台湾设立军事联络办事处。蒋介石宣称："关于共同保卫台湾与中美军事合作之基础已告奠定。"随后不久，美国空军F-80型战斗机进驻台湾。

美国海、空军出兵台湾，使台湾海峡的军事形势和力量对比发生了重大变化。在此形势下，台湾战役已难以按计划进行。6月30日，中央军委副主席周恩来向海军司令员肖劲光传达了中央新的战略方针："形势的变化给我们打台湾增添了麻烦，因为有美国在台湾挡着。""现在我国的态度是，谴责美帝侵略台湾，干涉中国的内政。我们军队的打算是，陆军继续复员，加强空、海军建设，打台湾的时间往后推迟。"8月11日，中央军委致电华东军区司令员陈毅："台湾决定一九五一年不打，待一九五二年看情况再作决定。金门可决定在一九五一年四月以前不打，四月以后待命再打"。当时，美国拥有世界最强大的海空军，如果解放军在台湾海峡发动进攻，其结果是不言而喻的。随着朝鲜战局的变化，中国出乎美国军政首脑意料之外地决定出兵朝鲜。考虑到同时在两个方向作战为国力所不允许，毛泽东遂逐步解除了华东军区渡海实施金门作战和台湾战役的任务，集中力量，进行抗美援朝。

1950年9月9日，中央军委出于对朝鲜战局即将恶化的预料，将原定作为攻台主力的第九兵团调至津浦铁路沿线，集结待命。10月19日，中国人民志愿军开始入朝参战。从11月7日起，九兵团3个军12个师15万人分别由辑安、临江入朝，担任东线作战任务。

朝鲜战争的爆发，使台湾国民党当局坐收渔利。由于美国第七舰队在台湾海峡的屏护，国民党得以渡过难关，起死回生，在台湾偏安一隅。三八线的炮声，将"山重水复疑无路"的台湾，送入了"柳暗花明又一村"的境地。

第七章

朝战爆发，"蒋王朝"死路逢生
孤注一掷，美蒋密谋大反攻

朝鲜战争爆发后，美国第七舰队舰只在台湾海峡巡弋，使国民党获得了喘息的机会。不少人甚至认为有可能引发第三次世界大战，进而使国民党重返大陆。台湾当局遂开始大肆宣扬"一年准备、二年反攻、三年扫荡、五年成功"的口号，一时间，报纸杂志连篇累牍，街头巷尾抬首可见。

1950年下半年之后，台湾虽得到美国援助的大量武器，但其军力连保护本岛安全都成问题，更何谈"反攻"和"成功"呢？国民党军真要反攻大陆，只能为解放军提供聚而歼之的良机。对此，蒋介石心中自然有数，之所以高喊"反攻"，只不过是政治、经济等方面的需要罢了。"五年成功"的空头支票，永无兑现。

从1951年开始，台湾国民党军对大陆的小股袭扰活动开始加剧，借以作为"反攻"的象征。国民党军依托其占领的金门、马祖、大陈等岛屿，组织小股武装不断向福建、广东、江浙乃至山东沿海进行渗透。为了更好地组织袭扰活动，国民党军在台湾成立了"敌后工作委员会"和"大陆游击总指挥部"，在金门成立了"福建反共救国军总指挥部"，在大陈岛成立了"江浙人民反共救国军总指挥部"。

美国为了配合朝鲜战场的作战行动，也对国民党的袭扰活动予以支持。美军顾问团到达台湾后，不仅帮助国民党军改组扩充了设在淡水的"国防部游击首领训练班"，还向沿海各岛屿派去不少熟悉两栖作战的军事顾问。除此之外，美国还向台湾提供了大批用于袭扰活动的武器装备，包括汤姆式冲锋枪、无后坐力炮和电台。

在当时，浙东大陈等岛屿成为袭扰大陆的重要基地。国民党军从舟山撤退后，一度也撤出了浙东的各主要岛屿。美国派兵进驻台湾海峡后，国民党军又卷土重来，并以大陈岛为主要基地，驻有4个军官战斗团、部分别动队和游杂武装共1万多人。当年曾在西北统辖几十万兵马的陆军上将胡宗南，被蒋介石派往大陈，化名"秦东昌"，担任"江浙反共救国军"的总指挥。

1951年9月，胡宗南率两个军官战斗团乘登陆艇，到大陈岛走马上任。昔日有"西北王"之称的胡宗南沦落荒岛，感触很深。初登大陈，他看到岛上的荒凉景象不禁对部下大发牢骚："我现在只等于一个乡长，请你们大家以后看着办好了。"这位"乡长"随即在大陈成立了"浙江省政府"，自任主席，其地盘包括甫麂、披山、渔山、一江山等岛。台湾为了加强这一前沿的力量，又在大陈成立了"海军巡防处"，经常派舰艇配合袭扰活动。

在加紧进行沿海袭扰活动的同时，台湾当局还希望滇缅边境的国民党残军能有所作为。1950年1月，解放军在元江歼灭国民党军第八兵团后，该兵团第八军二三师七〇九团团长李国辉，率1000余人于4月逃到缅泰边界湄公河西岸。这支残军恰与国民党军九十三师二七八团残部相遇，两支部队在李国辉和谭忠率领下合并为"复兴部队"，并不断招兵买马，发展到3000余人。残军的活动很快引起台湾的重视，蒋介石派原第八军军长李弥视察残军。李弥到达猛撒后，于1951年3月正式成立"云南反共救国军总指挥部"，直属台湾"国防部"，李弥自任总指挥兼云南省主席。此后，这股残军多次窜犯云南，并逐渐发展到1.85万人，直接威胁缅甸的安全。

缅甸政府一面派兵进攻残军，一面向联合国"告状"。在联合国的干预下，台湾被迫将5472名残军撤回。

此外，台湾还苦心经营位于岷江上游的黑水地区，来作为内陆的反攻基地，企图"扰乱中共战略后方"和"迟滞中共部队向西藏推进"。解放军在飞机支援下，很快全歼了这一"陆上台湾"的敌军。

抗美援朝战争开始之后，解放军将美军视为头号敌手，东南沿海部队转攻为守，以准备反击美国和台湾的联合进攻为前提组织防御。在华东地区，因九兵团北上援朝，华东军区根据中央军委的命令重新调整部署，在1950年年底将驻闽的第二十四、二十五军和炮三师北调江浙上海一带，并撤销二十九军和三十二军。此时，福建境内只剩下二十八军、三十一军和地方部队。

华东地区解放军主力部队减少，各地的土匪和敌特以为有机可乘，加紧活动，台湾当局也不断派兵袭扰，为大陆潜伏的匪特空投武器弹药，东南沿海的局势相当紧张。在此形势下，毛泽东再次命令福建部队推迟攻打金门，限其6个月消灭境内一切成股土匪。叶飞随即调5个师主力投入剿匪作战。

1951年上旬，志愿军在朝鲜发起的第三次战役取得胜利，美军兵败汉城。麦克阿瑟又打起了台湾国民党军的主意，要其攻击中国大陆，以牵制解放军的力量。1月8日，蒋介石派何应钦前往东京面见麦克阿瑟，告之准备用20至25万兵力进攻厦门、汕头。

获悉台湾的这一动向后，毛泽东于1月13日电示华东、中南军区领导陈毅、邓子恢，通报美国与台湾国民党当局密谋大规模进犯厦门、汕头等地，要求迅速研究对策。次日，陈毅向毛泽东报告部署方案，提出以4个军确保厦门，并希望得到空军支援。1月16日毛泽东同意以4个军保卫厦门的计划，随后二十五军和炮三师又调整回福建。由于空军准备赴朝参战，仍无法顾及华东。广东方向则以汕头和海陆丰为重点，部署了两个军。根据"确定要点、诱敌深入、聚而歼之"的作战方针，解放军调整部署、抢修工事，加强炮兵及高射炮兵，作好了迎击国民党军的准备。

台湾国民党当局发现大陆已有防备，冒然进攻凶多吉少，只好放弃了窜犯的企图，继续以小股兵力袭扰。

国民党军大规模的反攻不见动静，巩固海防成为东南沿海守军的首要任务。东南沿海海岸线长达数千里，可登陆地段随处可见，仅靠解放军设防非常困难。针对这一情况，沿海地区采取野战军控制纵深要点，准备机动，地方部队和边防公安部门警戒封锁海岸，民兵承担海防的三结合方式，逐步建成海上、岸边和纵深三道防线，以巩固海防，打击国民党军的窜扰。

随着海防的加强，国民党军的袭扰活动愈加困难，且多次遭到失败，如1951年6月至9月间，国民党军出动6股约800人的武装在福建广东沿海隐蔽登陆，上岸后很快被消灭。同年9月4日，"福建反共救国军"的"泉州纵队"和"永安纵队"共370人，分两路在福建晋江惠安县登陆，化装成解放军奔向戴云山一带，"遂行反攻大陆之先遣任务"。这股武装上岸不久，就遭到解放军23个连及9个区中队和上万民兵的拦截和包围。叶飞亲临战区，部署战斗。最后，这两支由美国军事顾问精心训练，号称由"全美式装备万能情报员"组成的纵队，只有8人漏网。"永安纵队"司令陈伟彬在七丘山被击毙，"泉州纵队"司令陈令德化装成和尚，也未能蒙混过关，终遭生擒。

从1952年初开始，国民党军又改变战术，减少了小股袭扰活动，代之以"以大吃小、速进速退"的新花样。这一战术的内容是，集中相对优势兵力，选择大陆防御薄弱的海岸突出部和海岛作为突然袭击的目标，打了就跑。

国民党军"以大吃小"的战术首先在浙东沿海实施。1952年3月28日，大陈岛的国民党军出动1000余人，突然袭击浙东临海县白沙山岛。该岛只驻有解放军的一个排，面对重兵进攻，解放军据险死守，直到增援部队抵达。国民党军损失200余人，无功而返。6月10日，胡宗南亲自出马，率领1200余人乘船奔袭浙东温岭县的黄焦岛。担任该岛守备的解放军六十二师一八六团九连扼守要点，同敌优势兵力激战18小时。增援部队上岛立即展开反击，此役胡宗南损失310人，而解放军仅伤亡46人。

国民党军"以大吃小"战术实施后，败绩不少，但也有过几次成功。国民党军对福建湄州岛、南日岛和浙江平阳县乌岩雾城的袭击，都曾一度得手。解放军的损失尤以南日岛之战为重。

1952年10月11日，金门国民党军十四师和七十五师各两个团及突击大队共9000余人，在军舰和飞机掩护下突袭南日岛。经过一番激烈的战斗，解放军一个连的守岛部队寡不敌众，大部牺牲，少部被俘。当夜，解放军增援部队赶到，但仅有1000余人。双方在岛上展开激战，国民党军伤亡数百人，未等解放军后续部队增援，即于13日夜撤离南日岛。此次战斗，解放军损失1300人。

南日岛等战斗的失利，引起解放军对海岛防御作战的更大重视。沿海各部队根据总参的指示，进一步加强了反袭扰斗争的准备。1952年冬，沿海各省、地、县都建立了海防对敌斗争委员会，加强军民联防，准备应付各种不测。

由于福建位于同国民党军斗争的最前线，叶飞对巩固海防的工作丝毫不敢掉以轻心。当时，福建境内只有两个野战军，即二十八军和三十一军，巩固海防的兵力并不充裕。为了掌握斗争的主动权，叶飞决定以一个军作为纵深机动兵力，其余部队担任防御。鉴于兵力不足和战线过长，福建军区预先划分了两个作战方向，即闽北福州方向和闽南厦门、漳州、泉州方向。对沿海防御，决定采取控制海岛以防御海岸的方针。福州方向控制闽江口及三都澳、沙埕港外各要岛；闽南方向控制厦门、东山岛和泉州湾。

在海岸防御兵力不足的情况下，如遇有敌军大规模进攻，就要求纵深机动兵力能快速增援。当时福建驻军步兵都是徒步，华东军区直属的一个可供机动的汽车团驻扎在江西上饶，远水不解近渴。叶飞曾请求华东军区把这个汽车团调到福州，未获批准。当时福建海路被封锁、鹰厦铁路尚未修通，靠驻闽部队自身力量机动，根本无法应付长达千里的海防线的突发情况。于是驻军和当地交通运输部门协作，规定如遇紧急情况，地方货车客车立即卸货下人，车辆全部集中归军队使用，并事先进行了演练。通过这种方式，遇有紧急情况时可运输一个军机动。

叶飞将军

对于上述防御方案，福建前线的苏联顾问颇不以为然，要求按他们的方案在沿海作正面防御。叶飞向这些苏联顾问解释说，我们的方针是诱敌深入，然后聚而歼之。如敌大规模登陆，除了厦门坚守，其他如漳州、泉州都不守。我们没有海军，无法切断敌人的海上联系，让它进来，敌人的海军就发挥不了作用，它的空军也是有限的。"关门打狗"是我们的拿手好戏。苏联顾问听后莫名其妙，连连摇头。在研讨登陆作战经验时，叶飞讲了不少美、英的登陆作战战例，却没有谈及苏军的战例。苏联顾问更是大为恼火，竟对陈毅说叶飞是个"英美派"。苏联总顾问回国前，还向毛泽东告了叶飞一状，要求将叶飞撤职。

在南日岛等战斗中，"以大吃小"几次得手，台湾国民党当局喜形于色。于12月召开有美国第七舰队司令参加的"战略会议"，宣称1953年将是"反攻年"。可是在所谓"反攻年"的头几个月里，台湾国民党军却按兵不动，准备找寻更合适的机会，进行"反攻"。

1953年5月下旬，解放军转守为攻，发起了夺取温州湾出海口外岛屿的战斗。5月29日，刚刚经历朝鲜战场炮火洗礼的二十军六十师部队，在温台巡逻艇大队配合下，攻占了羊屿、鸡山和大小鹿山。6月19日，胡宗南率领1600余名国民党军，搭乘50余艘机帆船和帆船，准备夺回这几个岛屿。护航的9艘舰艇将万余发炮弹射向各岛，掩护步兵分两路攻上羊屿和小鹿山，进而逼迫大鹿山和鸡山。解放军打退国民党军进攻后，发起猛烈反击。战至21日，国民党军难以取胜，丢下担任掩护的两个排，逃之夭夭。此次战斗，解放军歼敌736人、击伤舰艇5艘，击沉敌船12艘。

在此期间，国民党军还一直酝酿新的"以大吃小"阴谋。1953年5月初，美国中央情报局也开始参与制定具体的进攻方案。美方表示希望派台湾的伞兵部队参加进攻行动，并许诺说，如果所得丰硕，美国将提供上万顶降落伞和几万件轻武器给台湾。美国之所以热衷此事，主要是想借机多搞些大陆的情报。

在制定方案时，中央情报局驻金门负责人汉米尔顿向"福建反共救国军"总指挥胡琏提出了具体的进攻计划：先利用伞兵空降福建的洛阳桥，然后配合两栖登陆部队攻击崇武镇。蒋介石很快批准了这套计划，并下令胡琏担任总指挥官。

胡琏接受任务后，马上召集海陆空三军有关单位讨论行动计划，最后决定把进攻地点改在闽粤交界的东山岛。在研究进攻的细节问题时，胡琏不赞成伞兵降落在东山岛北面的八尺门，认为登陆部队与之接应会师，需经过解放军的防守要点，战术上不切合实际。但是伞兵部队坚持要降在八尺门，称这样才能好好打一场硬仗，汉米尔顿和美国伞兵顾问也异口同声，赞同空降地点选在八尺门。当时朝鲜停战谈判已达成协议，蒋介石急欲在东南沿海有所动作，遂最后决定进攻东山岛。

东山岛是福建仅次于平潭的第二大岛，距大陆最近处只有500米，面积165平方公里，是闽南的海上屏障。该岛1950年5月被解放军十兵团两个师攻占，后由地方部队公安八十团两个营驻守。东山岛在当时确是沿海防御的一个薄弱点，它位闽粤两省的结合部，最易遭受进攻。为此，解放军预先制定了东山岛一旦遭敌进攻时，由闽南方向的三十一军及广东汕头方向的四十一军增援的方案。

1953年7月10日前后，国民党军舰屡屡到福建近海活动，国民党飞机也频频来低空侦察。叶飞觉察到国民党军将有所行动，他对即将调任东山岛公安八十团团长的游梅耀说："你团有坚守东山岛之任务，但你们团部设在东山岛外的陈贷镇，指挥岛上作战很不方便，应移驻东山岛上，以便直接指挥部队。"游梅耀上任后，立即把团部移至东山岛。

7月15日21时，夜幕临空。国民党军13艘舰艇由金门启航驶向外海，胡琏亲率国民党军四十五师、十八师五十三团和两个突击大队，乘船杀向东山岛。胡琏虽被国民党将领称为匹夫之勇，但实战经验比较丰富，指挥作战也比较谨慎。临战前，他对解放军的情况作了仔细的侦察，进攻前的头一天中午还派飞机侦察九龙江的桥有没有修复。该桥是解放军增援东山岛的必经之路。此前已被国民党空军炸毁。当胡琏得知九龙江桥没有修复时，他判断解放军援兵最快也要3天才能赶到，3天之内，攻下东山岛似乎是不成问题。

国民党军舰才驶出料罗湾，就被解放军的观察哨所发现。判明敌人的进攻方向后，福建军区于16日1时电令闽中、闽南各海防部队，立即作好战斗准备。有作战指挥任务的三十一军，令步兵九十一师二七二团，立即奔赴漳浦旧镇集结待命。驻东山岛的公安八十团一、二营和迫击炮连，于拂晓前进入阵地，做好战斗准备。守卫东山岛北侧八尺门渡口的水兵一团一连也加强戒备，保持与大陆通道的畅通。

16日拂晓，隆隆的炮声打破了东山岛的寂静。一万多名国民党军在海、空军掩护下，于4时45分在亲营、白埕、湖尾登陆。胡琏和美国顾问亲自指挥，企图一鼓作气拿下东山岛。国民党军的兵力和火力都占有优势，天空中飞机轰鸣，海面舰艇不断炮轰沿岸工事，21辆水陆两栖战车一马当先，爬上滩头，从台湾新竹机场飞来的C-46型运输机满载伞兵，开始向预定的八尺门渡口空降。

解放军守岛部队的原定方案是以一个营坚守东山岛，其余部队转到岛外机动，待主力赶到后再行反攻。战斗开始后，游梅耀见国民党军人多势众，来势凶猛，登陆后在坦克掩护下向岛内纵深不断推进，决定改变原方案，全团坚守待援。

国民党军登陆后，集中兵力向岛上核心阵地牛犊山、王爹山和公云山方向实施重点进攻，部分兵力则指向东山城和陈城方向。解放军一面在前沿滩头杀伤阻击国民党军，一

解放东山岛

面有组织地向纵深撤退。在南浦，国民党军两辆水陆坦克被炸毁。在马鞍山，解放军一个排陷入重围后同敌展开血战。重机枪班的两名射手负伤倒下，副班长黄飞虎带伤战斗，单独操纵一挺重机枪，挡住国民党军的进攻。在子弹打光之后，他拉响最后一枚手榴弹，同扑上来的8名国民党军同归于尽。在亲营，一个连的解放军以大部分人员牺牲的代价，迟滞国民党军两个多小时。面对解放军的拼死阻击，国民党军付出很大代价，才于16日8时前后推进到公云山、王爹山和牛犊山前沿一线。

于此同时，八尺门渡口的战斗也很激烈。国民党军伞兵部队的主要任务是夺占渡口、以阻止解放军增援部队进岛。国民党军对伞兵参战寄予很大希望。但伞兵部队却出师不利，两架C-46未到东山岛就因故折返。在空降时，不少伞兵也没有按计划降落在八尺门，有的落入大海，有的漂到大陆。守卫八尺门渡口的解放军水兵一连，以猛烈火力射杀空中的伞兵。没有伤亡的国民党军伞兵着陆后，抢占后林以西的高地，向渡口发起进攻。水兵一连依托四百多年前戚继光抗击倭寇时构筑的寨子断垣，击退国民党军伞兵的多次进攻。东山一战，国民党军伞兵损失惨重，425人中仅有200余人得以逃回台湾。

在国民党军优势兵力的进攻下，东山岛出现紧张局面，除了核心阵地外，国民党军已攻占全岛。陈毅在上海了解到战斗情况后，非常着急，一直与叶飞保持通话。东山岛虽被国民党军大部控制，但解放军的通讯联系仍保持畅通。东山岛守军总机所在地被敌占领，但公安八十团电话班一直隐蔽保持着与福州的联系。通过这个总机，叶飞向游梅耀下令：死守一天一夜。

为了火速增援东山岛，在战斗打响不久，福建军区和中央军委就开始调兵遣将。福建军区命令二十八军八十二师及军榴炮团、军区高炮营等部队立即驰援东山。三十一军命令二七二团向东山疾进。同时，中央军委命令驻广东黄岗的四十一军一二二师也紧急行动，增援东山。

增援行动开始后，从福州到泉州、漳州沿线地方车辆分别向泉州、漳州集结，配合福建军区汽车营运送部队。由于早就演练过，公路沿线汽车动作迅速，旅客自动下车，货物就地卸掉，以满足运载部队之急需。被炸毁的九龙江大桥于当夜修复，驰援兵车畅通无阻。各路援军冒着敌机的轰炸，日夜急驰。台湾国民党空军侦察机看到解放军上百辆的增援车队在公路上奔驰的壮观场面，急忙向台湾军方报告。

增援部队一时难以到达，东山岛的战斗更趋激烈。国民党军夺占岛上大部分地区后，主力集中进攻牛犊山、公云山和王爹山。牛犊山和王爹山是东山岛的两个制高点，是控制岛内南北通途的屏障。公云山则是这两个制高点最前沿的山头，它的前方是两三公里宽的一片开阔地。这三座山头易守难攻，公安八十团在此死守待援。

从16日7时30分开始，国民党军以1000余人的兵力，向公云山发起轮番攻击。面对国民党军的三面包围，扼守公云山的公安八十团二连，凭借7个土木堡、200多米长的堑壕和不到百米的土坑道，浴血奋战一个白天，打退国民党军18次冲击。随后，该连又在七二团十二连增援下，打退国民党军更加猛烈的进攻，坚守公云山27个小时。国民党军遗尸累累，大小31次冲击均告失败，损失413人。

在进攻公云山的同时，国民党军主力连续向牛犊山和王爹山发起大规模攻势。解放军居高临下，给国民党军以重大杀伤。战至16日23时，国民党军重新调整进攻部署，将预备队五十三团投入战斗，企图在拂晓前攻克解放军的最后阵地。经彻夜激战，公云山、牛犊山、王爹山仍被解放军牢牢控制着。

就在国民党军一筹莫展的时候，解放军援兵开始大批赶到。17日凌晨，解放军二七二团全面接替公安八十团的防务，八十二师和一二二师先头团也渡海进入东山岛。

解放军援兵登岛后，

在东山岛战斗中被俘的国民党军官兵

立即向国民党军展开反击。解放军增援部队这么快就赶到东山，是胡琏所没有想到的，连打3天的设想成了泡影。为了避免被解放军各个击破，胡琏急令收缩兵力。福建军区领导人当机立断，不待增援部队全部到达，即决定发起全面反击。

17日10时30分，岛上形势急转，解放军兵分3路，向国民党军展开全面反击。西路一个多团行动迅速，连续夺占赤坑山、石坛、虎山，然后杀向亲营和湖尾。中路一个团分别经梧龙和南山，向湖尾推进。东路一个团沿马鞍山、南浦一线反击，与西路、中路配合围歼国民党军于湖尾。

国民党军见大势已去，开始全线撤退，同时留下部分兵力担任掩护。解放军东路部队进至柯塘山时，遇到国民党军两个连的阻击。解放军二四四团二连二排在进攻时伤亡很大。全排能坚持战斗的9个人全被一地堡火力所阻滞。在危急关头，五班长张学栋挺身而出，端起轻机枪冲向地堡。在弹雨中，张学栋身上7处负伤，倒在离地堡10米远的地方。突然，张学栋猛地向地堡投出一枚手榴弹，可惜未能将地堡炸毁，在弹药用尽的情况下，张学栋猛扑过去，用身体堵住了国民党军的枪眼。后续部队乘机攻进，夺取了柯塘山。战后，华东军区发布命令，追认张学栋为战斗英雄，并将他生前所在班命名为"张学栋班"。

东山战斗不仅牵动福建和华东，还引起中央和毛泽东的关注。17日中午，毛泽东亲自前往总参作战室，跟叶飞通话。当时北京和福州还没有直达线路，通话由华东军区值班的副参谋长张翼翔转达，毛泽东担心国民党军是佯攻东山，会在其他方向发动进攻。在电话中毛泽东提醒叶飞，东山可能是吸引我们注意力，然后在另外地方登陆。毛泽东还问叶飞兵力够不够，需不需要增援。叶飞报告说，已防备敌人在第二个方向登陆。现在手上还有一个军机动兵力尚未使用，准备敌人在另外方向登陆时使用。毛泽东又问："有什么要求？有什么困难？"叶飞思忖片该说："没有什么要求和困难，就是汽车已全部使用光了，但我已下令把上饶到福州公路干线的地方车辆集中到福州机动，请求中央命令江西接替上饶到福州的地方运输任务。"毛泽东听后很感奇怪，问道："华东军区有一个汽车团，为什么不给你们福建前线？"毛泽东随即命令华东军区汽车团开往福州。

17日18时，解放军各路反击部队势不可挡，杀向湖尾沙滩。国民党军争先恐后地拥向海边，登船撤退。由于解放军进展神速，各舰艇不等官兵上满就急忙启航驶向大海。被撒下的国民党军面对汪洋大海走投无路，只好交枪投降。东山战斗共歼灭国民党军3379人，其中毙伤2477人，俘虏842人。炸毁坦克两辆，击沉小型登陆艇3艘，击落飞机两架，缴获大批武器弹药和军用物资。解放军伤亡、失踪1250人。战斗结束后，毛泽东指出，东山战斗不光是东山的胜利，也不光是福建的胜利，而且是全国的胜利。7月下旬，中央军委发电报嘉奖参战部队。

对于东山的惨败，台湾和美国方面始料不及。一天之前，两家的宣传机器还在大放"胜利"空气，吹嘘已揭开"反攻大陆的序幕"。但是一天之后，"神话"便宣告破灭。美国对国民党军在战斗中的表现大失所望，原先的种种承诺自然没有兑现。

东山战斗后，国民党军改变了"以大吃小"的策略，主要以小股武装对大陆进行袭扰，沿海大规模的军事行动停息下来。在这一时期的军事冒险中，国民党军损失很大。从1949年秋至1953年7月，据不完全统计，国民党军对大陆进行的上百人至上万人的中、小规模登陆窜犯活动有71次，出动总兵力47700余人，被歼灭7900余人。

第八章

死神笼罩，米格佩刀逐长空
东南海面，舰炮轰隆显豪杰

国民党退逃台湾后，除了据守粤、闽、浙沿海部分岛屿外，还不断出动飞机轰炸袭扰上海、杭州、南京、青岛、徐州、广州等城市，其中上海遭受的损失最为严重。

1952年2月6日，台湾国民党空军出动由17架B–24、B–25、P–38和P–51组成的混合机群，分4批轰炸上海，投弹60余枚。在此次轰炸中，上海电力公司、沪南和闸北水电公司受创最重。全市被炸毁房屋2000多间，死伤居民1400余人。2月12日，台湾国民党当局召开高级军政长官会议，决定扩大对上海及其他大陆城市的轰炸。继上海之后，广州、福州、杭州等地也遭轰炸，仅广州一地就有300余艘民船被炸毁，伤亡850余人。

上海遭大规模轰炸后，中央军委紧急部署要地防空，于2月8日急调在防空学校受训的高炮十七、十八团驻防上海，由于依靠少量高射炮部队难以遏止国民党空军的进袭，聂荣臻致电正在苏联访问的毛泽东，建议请苏联帮助解决防空问题。军情火急，毛泽东很快和斯大林就此事达成协议。2月以后，苏联空军巴基斯基中将率领一个混成航空兵集团抵达上海、南京、徐州等地。在两个多月时间里，苏联空军击落5架国民党空军飞机。

一架国民党空军的B-25型轰炸机在空中遭到截击，被迫降落于大陆机场，机上的飞行分队长等6名空勤人员成为俘虏。40多年后，曾参加上海防空作战的苏联二十九近卫歼击航空兵团飞行员沙尔费耶夫，在《真理报》上发表文章，回忆了当年保卫上海的经过：

"当时国民党空军正对上海频繁轰炸。为保卫这座中国最大的城市，我们全团奉命出击。团里大部分人乘坐火车，而飞行员则驾驶战机来到上海附近的大场机场。国民党空军空袭上海使用的是美制重型轰炸机，他们在城市上空为所欲为，毫无顾忌，自以为那里是他们的天下。米格机在华东天空的出现，大出敌机的预料，最初几天就有3架轰炸机被击落。国民党空军白天的空袭停止了。大约平静了一周之后，它们又出现了——这次改为夜间，不过空袭仍被击退。我们团的飞行员实力雄厚，五分之四参加过卫国战争，许多人获得过战斗勋章。从此后，国民党的飞机渐渐销声匿迹。"

随着解放军空军歼击航空兵的建立，苏联空军分批回国。1950年10月19日，解放军空军第四混成旅开始担负上海防空任务。在沿海地区，也逐步建立了防空雷达网，并增加了高炮部队的数量。

解放军空军初建时期，由于兵力不足，并主要用于朝鲜战场，对沿海防空难以全面顾及。福建和粤东没有航空兵驻扎，只能依靠高射炮来对付国民党空军的进攻。

双方刚开始交手的时候，装备陈旧、缺少雷达情报保障的解放军高炮部队战果甚微。为扭转被动局面，解放军随即加强了高炮防空战术的研究，部队战斗力稳步提高。1952年3月22日，国民党空军两架F-51型战斗机飞到汕头机场西面南上空，准备实施侦察。解放军高射炮立即开火，一架F-51被击坠海。12月27日，驻厦门的高炮部队再传捷报，将一架来袭的F-47击落。

1952年底，国民党空军加紧了对大陆的袭扰活动。毛泽东和中央军委特别关注上海的安全。1953年2月4日，毛泽东指示，担负上海防空作战的部队均需提高警惕、加紧整顿，准备随时对敌作战，确保上海一带的安

米格-15比斯战斗机

全。驻沪防空部队立即行动，贯彻这一指示。

1953年7月25日，国民党空军出动F-47型、F-51型战斗机进袭上海。驻沪空军起飞多架米格-15和拉-11型战斗机迎击。航空兵二师的宋中文和杨宝海驾机飞至奉览以南10公里上空，与两架F-47遭遇。空战两个回合后，敌机力不能支，分头逃窜。宋中文、杨宝海随机应变，各追一架。宋中文迅速抢占有利位置，将一架F-47击落。杨宝海也不示弱，将另一架F-47击伤。

在出动飞机轰炸，袭扰大陆的同时，国民党还不断进行海上骚扰活动，东南沿海海匪成为破坏航运和渔业生产的急先锋。朝鲜战争爆发后，海匪活动更加猖厥，不仅劫船掠货，还配合国民党军夺占了披山、南韭山、檀头山等岛。在此形势下，解放军海军一面加快建军步伐，一面集中力量投入清剿海匪战斗。1950年12月，华东海军出动艇船，配合陆军，夺回了南韭山等岛屿。从1951年开始，华东海军继续清剿海匪。到1952年底，东矶列岛以北海区游匪袭扰锐减，航运和渔业生产有所恢复。

在海战最为频繁的1951年，解放军年轻的海军初显神威，其中头门山海战最为著名。1951年6月24日，华东海军温台巡防大队4艘炮艇启锚出海，为运粮船队和渔船队护航。拂晓前，分队长张家鳞、指导员陈立富率队驶抵南泽、北泽海面。8时，东南方向头门山海面传来枪声，艇队立即向枪响处奔去。半小时后，416艇转向检查一可疑帆船，414艇单艇前行，另两艘炮艇因故障落在后面。

414炮艇驶近响枪现场，指导员陈立富发现4艘匪船在拦截粮船。414艇上的25毫米炮立即开火，匪船急向大陈方向逃去。414艇直插头门山，准备断敌退路。匪船逃到头门山附近海面时，使用九二步兵炮，六〇炮和机枪展开反击。414艇与其展开对射，另外3艘炮艇也赶来助战。陈立富见匪船撤退，疾下命令，集中火力将跑在最后的一艘两桅匪船击沉。

414炮艇在奔袭披山、檀头山、东矶列岛和头门山海战中屡立战功，被华东海军授予"头门山海战英雄艇"的光荣称号。该艇现被保存在北京中国人民革命军事博物馆，成为值得纪念的珍品。

1953年，国民党海军对大陆的袭扰再次增多。解放军海军针锋相对，组建了新的巡逻艇大队，寻机消灭国民党的海上力量。年内，海军部队参与了配合陆军炮击金门、解放积谷山等战斗行动，取得了不小的战果。据统计，全年仅在东海海域就进行大小战斗52次，歼敌1300余名，击沉敌艇船16艘、击伤敌舰8艘、艇船两艘，俘获敌艇船26艘。

朝鲜战争结束后，由于美国第七舰队在台湾海峡的存在，进攻台湾的时机仍不成熟，双方继续展开激烈的海空较量。经过抗美援朝战火的洗礼，解放军空军羽翼渐丰，至1953年底已拥有飞机3000余架，战斗实力跃居世界第三位。解放军海军虽然较国民党海军处于劣势，但也具有一定的战斗力。考虑到海峡双方的军力对比和其他因素，中央军委决定"力量向前伸"，首先解放浙东沿海国民党军占据的岛屿，并确定了"从小到大、逐岛进攻、由北向南打"的方针。

解放东南沿海岛屿的战斗首先从夺取制海、制空权开始，主战场选在猫头洋渔场和三门湾海区。为了打击国民党海空军的袭扰，解放军海军航空兵于1954年初进驻浙东前线。华东海军的护卫舰、炮舰也南下浙海，支援巡逻艇队作战。

在夺取制空权的战斗中，解放军海军航空兵二师成为一支主要战斗力量。当时，海航在华东兵力很少，驻上海的一师只有装备图-2水鱼雷轰炸机的一团和装备拉-11战斗机的四团。而新建的二师仅有1个六团。六团原为空军十七师五十一团，1953年12月调归海军，该团曾在朝鲜击落美机11

架。六团于1954年2月进驻宁波后，即投入紧张的备战工作。

　　1954年3月18日，华东海军几艘舰艇出海巡航。当日凌晨"兴国"、"延安"两舰及部分巡逻艇在北泽海面，与国民党海军3艘护卫舰、扫雷舰和炮舰交火，将对方扫雷舰击伤。国民党海军两艘军舰从大陈岛驶来支援，"兴国"等舰艇主动撤出战斗。

　　猫头洋渔场出现大批解放军舰艇，使民党海空军大为吃惊。天亮后，国民党空军派出飞机前往侦察，随后出动多批F-47型战轰机搜寻、攻击解放军的护渔舰艇。中午时分，4架F-47在檀头山以南海面发现"延安"和"兴国"舰，立即投入攻击。"延安"、"兴国"两舰虽然发现了空中的飞机，却误以为是护航的己方飞机，待炸弹从天而降才恍然大悟。4架飞机轮番投弹，所幸均未命中。午后，6架F-47向三门湾海区的解放军巡逻艇发起攻击。敌人首先以双机吸引艇队注意力，另外4机则从背向阳光方向实施轰炸，在25分钟的轰炸扫射中，1架F-47被艇炮击伤，而解放军巡逻艇也有两艘中弹受伤，伤亡8人。

　　海上舰艇连遭轰炸，舟山基地紧急要求海军航空兵支援。驻宁波机场的海航二师六团仅有25架米格-15比斯型战斗机，大部分已起飞迎击国民党空军其他来犯飞机，机场内只留有担负本场防御的少数值班飞机。为解燃眉之急，宁波机场指挥所权衡利弊，决定以攻为守，派副大队长崔巍、中队长姜凯驾机奔赴战区。这两人都在朝鲜同美国空军交过手，具有较丰富的实战经验。

　　崔巍、姜凯迅速飞抵甫田上空，在空中搜索盘旋两周没有发现目标。地面指挥员通报，"敌机就在你们的前方"两人再次搜索，崔巍在左前方约2000米发现4个黑点正向大陈方向移动。追到约1000米时，崔巍看敌机即将飞到大陈岛上空，进入岛上空高炮火力的范围，立即开炮射击。4架F-47这才发现后有追兵，迅速向右转弯摆脱。崔巍咬住一架敌机，开炮将其击中，这架F-47立即带着火团坠入海中。

　　飞在后面的两架F-47迅速向崔巍逼近，企图趁其不备发起攻击。担任僚机的姜凯立即扑过去保护崔巍，迫使对手放弃了攻击。姜凯随后咬住一架F—47，在距离460米处开炮，将其打得拖着黑烟栽入大海。另外两架F—47不敢再战，逃之夭夭。此后，国民党空军有50多天没有露面。

南田一战，解放军海军航空兵旗开得胜，创下了首歼敌机的纪录。早在海军创建时，周恩来就毅然决定建设海军航空兵，并拟定了向苏购机方案，毛泽东完全赞同，亲笔批示："照周批办。"海航首战获胜，初步显示了这个新兵种的威力。战后，华东军区参谋长张爱萍打电话表示祝贺。海军司令部授予崔巍和姜凯每人银盾一座，并各记三等功一次。

南田空战之后，为加强兵力，保证飞机远伸作战，海航调派航一师四团一大队转进宁波机场，航二师在指挥舰上设立了对空作战目标引导组，华东防空军也在南田岛上设立了雷达站。

为了打击国民党军的破坏活动，保证猫头洋渔场渔汛旺期的正常生产，4月11日，华东军区海军在浙江宁波召开护渔作战会议，确定了以艇队为主，护卫舰和航空兵视情前伸的护渔作战原则。根据会议的部署，"广州"、"开封"号护卫舰由上海驶往舟山定海，与"瑞金"、"兴国"两舰和巡逻艇一道，同国民党海军展开角逐。在两次海战中，先后将国民党海军的"永"字号扫雷舰和"太"字号护卫舰击伤。

在此期间，国民党军依托其占据的东矶列岛为依托，仍对猫头洋渔场构成巨大威胁。4月底，总参谋部两次电示华东军区："应抽调一个团部队进驻并固守田岙、头门山，配合海军执行护渔任务和确保该区航行安全。华东海军应组织现有力量，积极寻找战机，予猖狂之敌以打击，转变该区海军对敌斗争形势"。解放军海、陆军随即行动，准备进占东矶列岛。

或许是察觉到解放军将有所动作，国民党空军又恢复了活动。5月11日上午，两架国民党空军的F—47突然出现在大陈岛上空。敌机远离宁波机场200公里以外，意图一时难以判断。宁波指挥所为防止敌机侦察袭扰，决定派飞机远距离南伸歼敌。

接到命令后，海航二师六团中队保锡明和飞行员董世荣立即起飞。双机飞到大陈西南15公里时，董世荣首先发现目标，保锡明下令攻击。董世荣降低高度，隐蔽接近一架F-47，在400米外开炮将其击伤。敌机飞行员见座机受伤，赶紧作规避动作，利用其螺旋桨低空性能优越的保护，躲过董世荣的6次炮击，带伤而逃。

在同一空域，保锡明也与另一架F-47展开激烈的空战。他利用米格-15比斯飞机速度快、垂直机动性能好的优势，始终咬住对手。F-47飞行员使出浑身解数，也未能摆脱米格机的追杀。保锡明连续7次开炮，终于将敌机击落。这架F-47一头栽进大海，其机翼下的炸弹还未来得及投下。

保锡明击落敌机后，在上升转弯向左脱离时，突遭另一架F-47的偷袭。在敌机的射击中，保锡明座机受伤，机翼和座舱各中一弹，保锡明右臀部负伤。在人、机受伤，座舱内烟火弥漫的情况下，保锡明抛掉座舱盖准备跳伞。失去座舱盖的遮挡，扑面而来的冷空气吹散了舱内的浓烟。保锡明随即改变了主意，决心驾驶飞机飞回去。地面指挥员鼓励他："注意油量，坚持飞回来！"保锡明将飞机拉高到7000米改为手飞，他不顾伤口流血，坚持飞向机场。当他驾驶飞机落地时，机上油料即将告罄，操纵也已近失灵。飞机滑跑停止后，保锡明一头晕倒在座舱里，身下满是鲜血。

5月15日，国民党空军两架F-51战斗机借着复杂气象的掩护，经大陈、檀头山飞向象山，这时距解放军向东矶列岛发起总攻只有一个半小时。为保证登陆船只和兵力安全，宁波指挥所命六团副大队长宋国卿、中队长常化臣双机起飞升空，到小鹅冠一带海域拦截。

两架米格战机飞抵战区上空后，立即降低高度搜寻敌机。飞机降到800米高度时，宋国卿发现两架野马式战斗机正迎面飞来，他抢先占据有利位置，连开数炮，将其中一架击落。在空战中，僚机常化臣紧随长机，挫败了另一架敌机的偷袭企图。

宋国卿双机空战获胜，掩护了攻岛兵力的顺利展开。当晚，登陆部队在舰艇和飞机掩护下，顺利进占头门山、田岙、蒋儿岙等岛。

解放军攻占东矶列岛后，国民党军连续出动舰艇、飞机进行反扑，海上战斗更加频繁。5月17日夜，经过3天战斗的"瑞金"和"兴国"两舰由田岙去石浦补充弹药。18日早晨，两舰装弹完毕快速返回战区，驶抵草鞋岖附近海区，突然发现蒋儿岙上空有架敌机飞来。随着警报声，舰上大小火炮一齐指向空中。"瑞金"舰继续航行，"兴国"舰右转出列，摆成防空队形。两分钟后，4架F-47飞临，一面用机枪扫射，一面将高度降到50米，贴着海面，鱼贯"瑞金"舰实施超低空平槌轰炸。

虽然两舰的炮火在空中爆响，但未能阻止敌机的轰炸。第一架F-47呼啸着投下两枚炸弹，海面上立时腾起水柱。紧接着，第2架F-47也俯冲下来，两枚炸弹炸中"瑞金"舰的左舷，该舰当即操纵失灵。这架敌机刚扔下炸弹，也被击落坠海。已经受伤的"瑞金"舰行动困难，又被两枚炸弹命中右舷，开始下沉。

炸弹命中军舰时，大队政委高一心和舰政委孙毅芳当场牺牲。代理指挥员聂奎聚脱下棉大衣，盖在高一心身上，命令信号兵发信号给"兴国"舰："不要管我们，继续对空作战！"已经负伤的信号兵李文樵爬上驾驶台，用水兵帽代替信号旗，将命令发出。两舰猛烈开炮，将一架F-47击伤。

"瑞金"舰受伤严重，舰体大量进水，渐渐沉入海中。前主炮炮手在齐腰深的海水中，向空中射出最后一发炮弹。海水漫过炮身后，炮长朱桂林和炮手陈阿陆爬上驾驶台，用冲锋枪向敌机射击。舰上官兵一直战斗到海水将自己托浮起来，才降下国旗，告别战舰。

"瑞金"舰官兵落水后，仍有舍生忘死的出色表现。全身8处负伤、一条腿被炸断的信号兵邹吉才，抱着一只信号箱奋力泅水。当看到聂奎聚赤手与风浪搏斗时，毅然将木箱推到聂奎聚面前，喊道："你活着比我有用！"然后掉头游开。邹吉才、聂奎聚后来都被救起，死里逃生。邹吉才被评为特等功臣。聂奎聚后来任基地司令员、海军副司令员、东海舰队司令员，1988年获中将军衔。

国民党空军击沉"瑞金"舰后，继续出动飞机搜寻解放军舰艇，企图扩大战果。当天下午，国民党空军采取"声东击西"战术，再次派飞机飞往战区。4架F-47在大陈、一江山一带活动，企图引诱解放军飞机南伸作战，掩护经渔山飞来的另两架F-47偷袭舰艇。

海航宁波指挥所洞察了敌人的企图，命令王万林、宋国卿双机飞至甫田、头门山上空，钳制在大陈、一江山上空的敌机，掩护宗德峰、尹宗茂双机，藏杀渔山飞来的两架F-47。宗德峰、尹宗茂起飞后，急奔南韭山、六横岛空域。根据设在军舰上的目标引导组的通报，很快捕捉到目标。尹宗茂迅速接近敌长机，相距500米时开炮将其击落。宗德峰随即向另一架F-47攻击，这架敌机见势孤力单，赶紧降低高度夺路而逃。

5月19日，国民党空军为了给翌日举行蒋介石"连任总统大典""献礼"，于中午出动8架F-47机型战斗轰炸机，准备轰炸高岛、头门山和附近停泊的舰艇。F-47机群飞抵海门以东20公里处分成两批，其中一批4架飞向渔山。

敌机将至，驻守宁波的六团立即起飞4架米格-15比斯升空拦截。王万林、宋国卿双机飞到头门山上空，正好和4架F-47打了个照面。王成林立即下令攻击，同时呼叫宗德峰、尹宗茂双机前来助战。

国民党空军的4架F-47降低高度，正要向头门山停泊的华东海军舰艇发起攻击，突然发现了从天而降的米格战机。当时，附近的渔山驻有国民党军，周围海面也有国民党海军舰艇在活动。为了取得舰、岛火力的掩护，F-47放弃攻击，从云上飞到云下。王万林双机紧追不舍，不顾海上国民党军舰的炮火，紧紧咬住目标。

正在追击的王万林见宗德峰双机也已赶到，便把飞机拉起，在高处指挥攻击。他不时提醒大家："天气不好，注意高度，靠近些打！"宋国卿首先投入攻击，将一架F-47击落。敌机队形立刻变得散乱，携带的炸弹也扔进海里。王万林随后也向敌长机发起攻击，距离400米处开炮将其击伤，然后又重新占位，将受伤的敌机击落。王成林曾在朝鲜击落过美国空军的F-47战斗轰炸机，此次空战，他再展神威。

空中战斗正酣，海面上的国民党军舰也全力开炮还击，对米格机构成了很大的威胁。尹宗茂击落一架F-47后，为躲避舰炮火力，急将飞机降到100米以下的超低空，安然撤离。片刻之间，3架F-47葬身大海，余下的一架难以招架，被宋国卿击伤后南逃。

六团节节胜利，战果辉煌，同驻宁波机场的四团一大队很受激励。该大队求战心切，大队长周克林多次到指挥所请战。指挥所考虑到国民党空军连遭打击后，有规避与米格-15比斯机作战的趋势，而四团一大队装备的是拉-11型螺旋桨战斗机，如参加战斗，有可能诱敌上钩，夺取新的胜利。因此，指挥所命令一大队作好战斗准备。

6月3日，国民党空军出动两架F-47，到大陈至高岛一带进行侦察活动。发现敌情后，指挥所即令周克林率杜九安、刘良扬、任旭利出击。为防意外，确保空战胜利，随后又令六团宗德峰、尹宗茂驾驶米格-15比斯隐蔽出航，在高空掩护四团一大队作战。

拉-11机群飞至小鹅冠以北5公里处与敌机遭遇。国民党空军飞行员见对手是螺旋桨飞机，以为有便宜可占，立即猛扑过来。在空战中，任旭利飞机尾翼中弹，周克林迅速增援，将进攻任旭利的敌机打得冒烟而逃。杜九安也向敌长机发起攻击，击中其右翼，周克林和刘良扬也连续向这架F-47射击，敌长机拖着滚滚黑烟坠下去，在临近海面处炸成碎片。在高空盘旋的宗德峰双机目睹拉-11获胜，立即向一大队飞行员表示祝贺。

此次空战后，国民党空军变换战术，采用隐蔽手法，同解放军展开周旋。7月6日，国民党空军出动4架F-47，企图偷袭定海海军基地。驻宁波的空军和海航起飞8架米格-15比斯迎战。解放军空军航三师大队长李瑞仿率飞行员丁品贵、周乃、宋有臣升空后，在舟山以南截住敌机，展开攻击。国民党军飞机见势不妙，扔下炸弹，采取单机跟进的圆圈防御战术，互相掩护，且战且退。空战持续17分钟，李瑞仿击落击伤F-47各1架。

从1954年3月到7月，解放军海航浙东前线部队击落敌机10架、击伤4架，自己仅轻伤3架，夺取了150公里半径的战区制空权，为解放军继续南伸作战，攻占一江山诸岛创造了条件。

在此期间，国民党空军还不时袭扰粤、闽沿海地区。与浙东战场相比，解放军空军取得的战果不大，而且出现了一次较为严重的失误。1954年7月23日，担任对海上油船护航的空军二十九师护航大队拉-11型战斗机两架，在广东万宁正南海面上空，误将一架英国民航的C-54型"霸王"号客机击落。对此，中国政府按国际惯例向英国赔偿了损失，并追究了当事者的刑事责任，指挥员亦受纪律处分。本来这一事件已告结束，而美国却借机挑起事端。7月26日，美国海军出动多架飞机，围攻并击落两架中国护航的拉-11战斗机。

1954年7月，考虑到国际形势，台海两岸斗争等多方面因素，毛泽东再度关注台湾问题，指示周恩来：我们在朝鲜停战后没有及时提出"解放台湾"的任务是不妥的。现在若还不进行此项工作，我们将犯严重的政治错误。根据毛泽东的指示，中共中央有关部门立即采取了行动。7月23日，《人民日报》发表题为《一定要解放台湾》的社论；8月1日，朱德在建军节讲话中也强调"中国人民一定要解放台湾"。各民主党派纷纷发表声明，重申"台湾自古以来就是中国领土，中国人民一定要解放台湾"。一时间，《我们一定要解放台湾》的歌曲唱遍整个大陆。

1954年8月25日，中央军委命令福建前线，为了打击美国帝国主义政府的侵略政策和制止国民党军对东南沿海的侵袭，在美蒋预谋签订《共同防御条约》期间，对金门国民党军实施惩罚性打击。9月3日，福建前线炮兵对金门发起炮击，摧毁炮兵阵地7个，击沉炮艇、拖轮各1艘，击伤驱逐舰3艘，击毁水上活动码头1个。

金门遭到炮击后，国民党空军立即出动飞机进行报复。当时解放军空军尚未入闽，福建防空力量非常薄弱，福州、厦门在敌机轰炸中首当其冲，损失很大。叶飞向中央军委要求加强福建前线的防空兵力，从北京急调一个大口径高射炮团部署在福州、厦门两地。在高射炮火的反击下，国民党空军亦付出相当大的代价。9月4日到30日，解放军高炮五二一团在厦门地区就击落敌机12架，击伤33架。11月1日，国民党空军上校大队长陈康也被击落陨命，他那架飞机残翼上还标着"银空猎犬"的字样。

在突出宣传"解放台湾"的同时，与之相关的一些军事工程也加快了进度。福建除了修筑厦门海堤外，鹰厦铁路和多处空军基地也先后开工。仅修建鹰厦铁路就调集了7个师的铁道兵部队，另有10万民兵配合，声势十分浩大。

一系列军事工程的相继上马，使台湾当局惊恐不安。蒋介石接见美国远东司令派楚琪，决定"强化空军，应付共方威胁"。国民党空军总司令王叔铭也叫嚷"要及早摧毁共军修建的空军基地"。从1955年初开始，国民党空军连续出动战斗轰炸机破坏大陆沿海地区国防工程建设，由于大陆方面为国防工程运送物资的船队经常在汕头港和沙埕停泊，两地又距台湾空军基地较近，所以成为国民党空军袭扰的重点目标。

1955年元旦，国民党空军两架F-47型机和两架F-84型机，先后飞入汕头上空侦察。担负汕头防空任务的中南海军高炮独立二营严阵以待，发现目标后猛烈开火，将一架F-47击落。

1月14日和18日，国民党空军F-84型机两次侦察汕头港和汕头机场。这一举动，引起了高炮独立二营的警惕，判断敌机将向汕头发起新的袭击，于是连夜做战斗动员，并重新配置了兵力。

1月19日，国民党空军果然大规模空袭汕头港。早晨6时50分，两架F-47和两架F-P4战斗机逼近澄海，然后兵分两路，一路在高空盘旋扫射，故意吸引高射部队的注意力，另一路绕过汕头，从桑浦山扑向港口。二营的37毫米高炮立即开火，将其中一架敌机击落。

中午时分，12架F-47又飞临汕头上空，从不同高度和不同方向向高炮阵地和港内舰船狂轰滥炸。二营集中炮火反击，击落击伤敌机各一架，将其余敌机逐退。

半个多小时后，一架RT-33型侦察机出现在黄冈上空，进行侦察并重新选择轰炸目标。14时整，16架F-47分成三批，以梯次队形对海军码头和港内商船俯冲投弹。地面高射炮兵全力发射，击落击伤F-47各3架。在敌机的轰炸中，港内的南海163号轮中弹受损，3艘驳渡船被炸沉没，死伤20人。英国商船"正伟健"号也被炸沉，船上60名船员经海军战士抢救全部脱险。对此，船长勃克·邱奇一再向驻港海军致敬。

　　除了汕头港以外，福建沙埕港的战斗亦很激烈。沙埕港位于闽东北，与浙江省毗邻。当时福建修建福州、龙田、惠安机场和鹰厦铁路需大量物资，其中很多是从上海海运而来的。由于国民党军占据着闽江口外的一些岛屿，运输船队为了避免来自地面和空中的袭击，白天停靠沙埕，夜间才通过闽江口驶往马尾。沙埕港湾三面环山，山势陡峭，非常有利于规避敌机的袭扰。

　　为保卫上海至福建一线运输船队的安全，海航部队也参加了战斗。1955年3月底，海航四师进驻路桥机场，担负从大陈到沙埕一线的防空任务。航一师四团一大队也转至路桥机场，归航四师指挥，担负低空侦察、巡逻任务。为了保证部队南伸作战，航四师在沙埕设立了指挥所。

　　考虑到沙埕港的重要位置和作用，华东海军高炮五团亦于四月份进驻沙埕。该团装备有日式75毫米高炮16门，苏式37毫米高炮12门，以及部分高射机枪。

　　1955年5月4日，国民党空军4架F-47型战斗轰炸机袭扰沙埕。海航四师十团萧广、程开信架驶米格-15比斯升空拦截，萧广开炮将其中一架击伤。十团原为志愿军空军十七师四十九团，曾击落美机13架，完成了保卫鸭绿江大桥的防空作战任务。朝鲜停战后，改编为海航四师十团。该团在同国民党空军的较量中屡次获胜，成为令对手胆寒的一把尖刀。美国侵越战争爆发后，毛泽东命令这个团紧急转进海南岛，打击入窜的美空军飞机。十团名不虚传，先后击落3架无人驾驶高空侦察机和1架F-104战斗机。1965年，国防部授予该团"海空雄鹰团"的光荣称号。

　　海航四师十团虽然将来犯的敌机击伤一架，但也认识到海上低空作战的艰巨性，于是加强了低空训练。米格机往来穿梭，纵横长空，弄得国民党军十分恐慌，所占岛屿不时响起警报声。国民党空军也改换机型，主要使用F-84型战斗轰炸机同解放军较量。

　　6月27日上午，国民党空军再次出动F-84机群进犯沙埕。为了迷惑解放军，敌机采用了主攻与佯攻结合的战术。4架F-84自台北起飞后，保持12000米的高度，以吸引解放军的注意力，另外两架F-84则从大陆雷达盲区隐蔽北上，准备偷袭沙埕港内停泊的运输船队。

航四师发现高空中的4架F-84后，立即令十团团长张文清率刘春化、王鸿喜、葛长泰起飞迎击。张文清率机队飞抵台山列岛面南20公里时，设在沙埕的前进指挥所已发现另两架F-84，急令张文清迅速予以拦截。空中4架米格机立即回航，在台山列岛西北10公里处发现了偷袭的敌机。张文清迅即率队发起攻击，王鸿喜咬住其中一架，在相距533米时开炮射击。敌机当即起火爆炸，飞行员跳伞，飞机残骸坠落在台山列岛东南15公里处。另一架F-84急降高度，在离海面70-100米高度盘旋，张文清抓住有利战机将其击落。高空中的4架F-84见调虎离山之计未成，急忙掉头飞回台湾。

张文清机队大获全胜返航后，航四师指挥员分析对方可能派机救护坠海飞行员，于是命令十团大队长王昆率4架米格-15比斯到台山列岛北礵之间搜歼猎物。王昆是海航的一位空战高手，曾在朝鲜击落过美空军的F-86，作战经验丰富。机群飞近马祖后，立即开始搜索。3号机程玉升首先发现了左下方的1架PBY型海上巡逻救护机，随即连续4次向其射击，但均未命中。王昆估计程玉升的炮弹即将打光，遂令周志高驾机掩护其返航，自己率徐富根扑向敌机。米格战机一阵炮火，迫使敌机改作盘旋，贴着海面向马祖逃去。王昆毫不迟疑地从2000米高度追到海面只有70米处，开炮将敌机击落。待王昆将飞机拉起时，高度表的指针已指到"0"的位置，喷气尾流射入海水，激起一股浪花。

7月3日夜，航四师指挥所获悉国民党空军将在次日16时30分派4架F-84袭击沙埕后，决定隐蔽出航，打一次空中伏击战。第二天16时许，航四师领航主任陈泰渠率4架米格-15比斯起飞，在飞至北礵附近很快发现了两架F-84。陈泰渠正准备投入攻击，突然空中又出现两架F-84，即将形成对己咬尾之势。在此形势下，陈泰渠改变主意，转身向尾随的敌机发起进攻，将其中一架击落，2号机王兆金也将另一架击伤。另外两架F-84放弃袭击沙埕，掉头逃回。

1955年7月，福建空军基地第一期工程顺利结束，形成了对台作战的更有利态势。

对于福建境内空军基地取得顺利进展，国民党方面既无可奈何，又不愿善罢甘休。国民党空军拿出当时的王牌——F-86佩刀式战斗机，企图改变战局。其机群不断袭扰沙埕等处目标，并扬言"要用佩刀式封锁天空。"

1955年底，福建国防施工第二期工程开始，国民党空军飞机袭扰活动更加频繁。12月13日下午，解放军雷达发现两架F-86战斗机和4架F-84战斗轰炸机来袭。海航四师指挥所分析敌机可能要对三都、沙坦进行轰炸，遂令王昆率4架米格-15比斯飞往战区拦截，机队飞到沙埕上空时，前进指挥所通报："东引南30公里有敌F-86型机4架，马祖南4架，高度5500米。"王昆率领机队飞至福瑶岛上空，发现并击落一架F-86。王昆见空中无其他敌机，便奉命返航。不料其余的国民党空军飞机却趁机隐蔽攻击，炸伤了港内的"振兴"号商船。

12月16日中午，国民党空军又出动8架F-84，再次攻击沙埕港。其中4架在距沙埕50公里时，突然爬高到8000米穿越沙埕，向西北方向飞去。另4架低空快速临近沙埕后折向东南，绕至东北镇下关投弹扫射。驻沙埕的高炮五团在此之前已击落过F-84型飞机，并积累了一定的防空作战经验。见敌机分批飞来，五团指挥员判断两批敌机有可能相互配合，向港内舰船发起攻击。于是命令部队严密监视。轰炸完镇下关的4架F-84改为两组双机，一组在高空佯动，吸引高炮火力，另一批降低高度，向高炮、雷达阵地俯

国民党军的 F-84 战斗机

冲扫射。一架F-84在密集的火网中起火坠毁，余机急忙结束战斗。

高炮五团指挥员为防止敌机继续偷袭，命令各分队可自行射击敌机。不一会儿，只见原先向西北飞去的4架F-84折回来，降低高度，摆成一路纵队沿着两山之间的峡谷，向沙埕港直扑而来。敌机以如此冒险的手段进攻，是高炮部队始料不及的。全团大部分武器来不及开火，只有七连快速转移火力，将敌长机击落，余机急速爬高逃遁，沙埕港内的舰船得以化险为夷。

尽管国民党空军使用F-86战斗机，不断袭扰海上运输船队，企图破坏闽、粤空军基地的建设，但最终仍是枉费心机。解放军海航飞机威震海天，基本控制了浙南沿海的制空权，保证了闽、浙两地国防工程的如期竣工。

国民党空军除了重点轰炸、袭扰汕头、沙埕等地，还不时派飞机侦察袭扰广州。虽然解放军空军十八师早在1953年就进驻广州白云机场，但由于缺

国民党空军的F-86战斗机

乏复杂气象和夜间作战经验，长期未能予敌机以打击，国民党空军甚至宣称："广州市上空就是我们的训练空域。"为了打掉敌机，空十八师加强了处理复杂气象，夜航和空战课目训练，战力大为提高。

1956年1月31日，国民党空军少校李盛林驾驶F-86战斗机，从福建东山岛上空进入大陆，经广东兴宁西南，前往广州侦察。空十八师五十四团大队长赵德安率飞行员黄振洪、中队长吕世明和飞行员郭文廷起飞截击。双方在紫金县以东上空遭遇。李盛林见对方4架米格战机来势凶猛，立即加速南逃。赵德安、吕世明双机左右夹击，紧追不放。李盛林驾驶飞机降至300米高度，仍难以逃脱，最后只好迫降在香港启德机场，着陆时飞机起落架也被摔断。

李盛林驾机迫降香港后，总参谋长粟裕指示空军部队：敌机敢起飞，坚决歼灭。3月16日，中国外交部复照英国驻华代办处，严重抗议香港英国当局允许蒋介石集团F-86型战斗机为逃避我空军飞机追击而逃到香港降落的机上人员返回台湾。李盛林返回台湾后，他的那架F-86仍滞留在香港。直到次年3月22日，港英当局才准许台湾将其拆卸装箱运回去。对此，中国外交部再次提出严重抗议。

1956年10月1日，国民党空军4架F-84奔袭汕头，企图破坏大陆的国庆气氛。发现敌情后，空十八师五十四团4架米格机立即从惠安机场起飞，担负截击任务的是大队长赵德安、副大队长王铭砚、领航主任孙辉远和飞行员黄振洪。16时22分，双方飞机狭路相逢，赵德安下令攻击。国民党空军飞行员摆成"圆阵"互相掩护。双方在空中盘旋格斗，展开空中大战。王铭砚咬住一架敌机，连续盘旋了14圈，并不断开炮射击，终于将对手击落。赵德安也将一架敌机击伤，然后带队安全返航。此后，国民党空军飞机不再敢进入广州周围120公里范围以内的空域。

1956年前后，随着浙、闽、粤东、赣南一批机场的建成，解放军歼击航空兵先后进驻路桥、惠阳、新城等机场。到此，东南沿海只剩下福建500公里地段无空中掩护。解放军空军在防空作战中，不断取得新的战绩，其中：1956年，航空兵十五师四十五团，在马祖岛附近上空与国民党空军多次空战，多次迫使敌机把炸弹扔进海里；1957年4月15日，国民党空军两架RF-84进入沪杭地区侦察。驻上海的航二师飞行员杨正刚、刘增贵驾米格-17升空迎击，迫使敌机由9000米下降到1200米，其中一架飞到朝鲜南部济州岛附近上空时，因油料耗尽而坠海；1958年6月17日，国民党空军出动两架RF-84侦察连城，航九师二十七团团长张守兰率4架米格-15比斯高速追击，致使一架敌机撞山坠毁。

虽然台海两岸尖锐对立，但大陆仍未放弃和平解放台湾的努力。1955年5月13日，周恩来在人大常委会议上宣布："中国人民解放台湾有两种可能的方式，即战争的方式与和平的方式，中国人民愿意在可能的条件下采取和平的方式解放台湾。"1956年7月16日，周恩来还首次提出第三次国共合作的设想。

对中共提出的和平建议，国民党当局顽固拒绝，视之为"统战阴谋"，并扬言要"武力反攻"。各种军事活动有增无减，据台湾"国防部"统计，仅1957年，国民党军就击沉击伤大陆船只112艘。美国的斗牛式和屠牛式导弹部队也进驻台湾，台湾海峡局势更为紧张。在此形势下，最终引发了解放军万炮轰金门的惩罚行动。

第九章

迎难而上，战机二百夺制空
三军联合，爱萍将军叹诸葛

朝鲜战争结束后，中共重新把注意力投向东南沿海，国共间海空战斗日益频繁。在北京中南海怀仁堂召开的一次会议上，毛泽东分析了当时的形势，对与会的解放军高级将领说："形势变了，准备打大陈，先解决浙江沿海敌占岛屿，估计美帝不会有大的干涉，你们就准备吧！"

浙江前线部队出发解放东矶列岛时的情形

1954年1月，根据毛泽东的指示，华东军区制定了陆、海、空三军联合攻打大陈岛的战役计划。毛泽东、朱德、彭德怀批准了这一计划，华东军区随即开始着手进行作战准备，有关参战部队加紧了渡海登陆的作战训练。

大陈岛之所以成为解放军势在必夺的目标，主要是其具有重要的战略位置。该岛位于台州列岛岛链的中心，是浙江东南沿海各岛屿国民党守军的指挥中心和防御中心。在大陈岛周围，国民党军还占据着渔山列岛、披山岛和南麂山列岛，并依托这些岛屿封锁大陆海上运输，袭扰大陆沿海地区。美国在一份标题为《对大陆沿海主要岛屿的展望报告》的秘密材料中直言，这些岛屿是国民党进行侦探活动、进攻和突然袭击大陆沿海目标的基地。

就在解放军积极准备进攻大陈岛的时候，国民党也在不断地加强这一地区的防御力量。国民党六十七军中将军长刘廉一被蒋介石派到大陈，接替胡宗南担任总指挥。全部美械装备的四十六师也从台湾调往大陈岛。刘廉一下车伊始便将"大陈游击指挥所"改为"大陈防卫区司令部"，并分别在江山、披山、渔山、南麂山等岛屿设立了"地区司令部"。经过一番整顿调整，基本形成了以上、下大陈岛为核心，以江山、头门山、披山、渔山、南麂山岛为外围的较为完善的海上防御体系。当时，国民党军在这些岛屿上共驻有一个主力师另一团、6个突击大队，其海军以大陈码头为依托，经常出动10余艘舰艇在大陈岛周围海域游弋。粗略计算，国民党军在这一地区的总兵力达2万余人。

在加强大陈防御的过程中，国民党方面对素有大陈岛门户和前哨地之称的一江山岛尤为重视。蒋介石夫人宋美龄领着21名女子，在一江山岛设立了"服务社"，进行慰问。称这里的官兵是台湾"北大门的卫士"，为守军鼓劲打气。1954年5月6日，台湾国民党海军派出"峨嵋"号军舰，载运一大批军政要员上岛视察。台湾"国防部长"俞大维联同蒋经国登岛向官兵训话，并在深夜把守岛军官召集到跟前，说："一江山是大陈的门户，大陈是台湾的屏障，一江不保，大陈难守；大陈失守，台湾垂危！"俞大维还和美国军事顾问一道，专门对一江山岛防御作了部署。美国顾问团团长也在一江山岛扬言，要"加强这扇北大门"，以"保卫自由世界"。

1954年5月中旬，解放军小试牛刀，一举攻占了大陈岛以北的东矶列岛、头门山、高岛、雀儿岙等岛。浙海海域两军对垒，火药味空前弥漫。6月初，美国海军第七舰队的12艘军舰，在大陈岛以东海面摆开阵势，鸣枪鸣炮地举行军事演习。美军飞机不时飞抵大陈上空，大肆炫耀武力！借此为国民党守军壮胆。国民党军也调集船只，为南麂山岛增兵一个团，以对抗解放军随时可能发动的新的攻势。

为了实现中共中央和毛泽东关于解放浙东南沿海岛屿的目标，华东军区参谋长张爱萍主持召开作战会议，对攻打大陈岛的具体作战方案进行认真的讨论。张爱萍在大陆军界是一名文武双全的将才，1955年获上将军衔，70年代主抓大陆洲际弹道导弹等尖端武器的研制，80年代出任国防部长。率军攻占一江山岛，成为张爱萍数十年军旅生涯中的一件得意之作。

在研究作战方案时，碰到的第一问题是此次战役的突破口如何选择。对于先攻哪一个岛对取得战役胜利最有把握，在当时出现了两种不同意见：

一种意见主张以大陈岛作为首攻目标，其理由是：大陈岛分为上大陈和下大陈两岛，是国民党军在浙东占据岛屿中的第一大岛，而且是大陈防区的指挥中心和防御中心，"大陈防卫区指挥部"就设在这里，全岛守军达1万多人。攻下大陈岛，其他岛屿更不在话下。在参与制定作战方案的解放军军官中，大多数人赞同这一意见。

另一意见则主张先攻一江山岛，其理由有两个方面。一是国民党军非常重视一江山岛，把其当作"大陈的大门"，攻下一江山，就等于打开了攻击大陈岛的通道；二是一江山岛与解放军前沿相距最近，便于渡海攻击。当时解放军占据的头门山岛，与大陈相距15海里，而距离一江山岛只有5海里。解放军尚未进行过三军联合渡海登陆作战，如果直接渡过15海里的海面去攻打大陈，胜负很难预测。如果先攻距离近的一江山岛，则容易得手。拿下一江山之后，解放军只要调整一下部署，以一江山岛为依托，乘胜从三面或四面登陆大陈岛，成功的把握会更大。如果对一江山岛攻而未克，把部队撤回来也方便，不会遭受重大损失。

大陈一解放，浙江东南沿海其他岛屿就有可能不战而克，从而以小的代价换取大的胜利。因此张爱萍决定，首先攻占一江山岛，同时对披山岛实施佯攻，以便有效地钳制大陈岛上的国民党军。

中央军委批准了这一方案，同时指示华东军区，在轰炸大陈、攻击一江山时，不要向美机美舰出击，但如其侵入中国领空、领海，侵犯保卫目标时，则坚决反击。

7月下旬，华东军区根据中央军委和总参谋部的指示，对攻打一江山岛渡海登陆作战作了精心部署，并且确定了参战的三军部队。准备用来攻打一江山的部队包括：陆军第二十军六十师1个团又1个营，地面炮兵1个多团，高射炮兵1个多团，火箭炮兵两个营及喷火兵、工兵各一部，海军航空兵7个大队，华东军区海军第六舰队、鱼雷艇、登陆运输船艇各一部和部分海岸炮兵，空军航空兵15个大队又1个夜航中队。如此众多的兵力，与国民党守军相比，占有绝对优势。

1954年8月2日，彭德怀主持召开了解放闽浙沿海岛屿的作战会议。解放军总参谋长粟裕、总参作战部长张震、铁道部长吕正操、通信部长王净、海军副司令员方强、空军副司令员王秉璋和华东军区参谋长张爱萍等高级将领济济一堂，共商军机大事。

会上，张爱萍专题汇报了解放大陈列岛战役的作战设想：首先攻占一江山岛，同时佯攻披山。得手后，全力进攻大陈本岛。

对上述作战方案，彭德怀表示完全同意。他指示说，这一仗一定要充分准备，慎重初战，攻则必胜。

会议结束后，张爱萍返回南京。不久，中央军委发来指示："华东军区应以海、空军轰击大陈岛国民党守军，并准备以一部陆军攻占一江山岛，以打击美国和台湾当局的'协防'阴谋，查明美军可能采取的行动，为解放浙东沿海所有岛屿创造良好条件。"

为了贯彻中央军委指示精神，8月10日，张爱萍主持召开作战会议，研究作战部署，决定以陆军第六十师为主力，在海空军直接协同下，于充分准备之后，在有利时机，发起对一江山岛的的联合登陆作战。

中央军委和总参谋部首长始终关注一江山岛登陆作战。8月24日晚7时

聂凤智司令员

许，总参谋部给华东军区发来电报："同意华东军区的作战方案，可先着手准备……"

8月27日，根据中央军委的命令，华东军区正式组建了浙东前线指挥部，直接归军委指挥，张爱萍任司令员兼政治委员，浙江省军区代司令员林维先、华东军区空军副司令员聂凤智、华东军区海军副司令员彭德清和参谋长马冠三为副司令员，华东军区副参谋长王德为参谋长。浙东前指下设了3个军种指挥所：空军指挥所，由聂凤智任司令员；海军指挥所，由彭德清任指挥，马冠山为副指挥；登陆指挥所，由二十军副军长黄朝天任司令员，海军舟山基地政治委员李志明任政委。

浙东前指组建后，攻击一江山岛的准备工作继续加速进行。为了准确查明一江山岛的敌情和地形，华东军区组织各军兵种侦察力量，通过隔海观察、越海捕俘、谍报侦察、雷达侦察及航空侦察等手段，对一江山岛进行了反复的侦察。空军先后出动拉—11等型侦察机，从上海大场等处机场起飞，在海军航空兵歼击机掩护下，对一江山岛，上、下大陈岛进行照相侦察。

通过一系列的侦察活动，解放军大体查明了一江山岛的滩头地形和敌军阵地编成及主要火器配置情况。

在面积只有1.3平方公里的一江山岛，驻有国民党军突击四大队、突击二大队四中队和炮兵一中队，共约1100人。这些人大部分是逃亡地主和惯匪，较为顽固。岛上守将为王生明上校，曾任大陈防卫部副部长，是1954年度国民党军的"战斗英雄"。一江山岛的地形十分不利于攻岛作战，整个岛遍地是岩石，岛岸大多是悬崖陡壁，攀登困难，易守难攻。国民党守军经过长期经营，在岛上构筑了坚固的防御工事。鸟瞰全岛，地堡成群，战壕纵横。全岛共设有3道防御阵地，明碉暗堡达154个，平均每百米的正面上配置有两门火炮和两挺机枪。在各个高地的反斜面上，构筑有反射火力点，多藏于崖缝之中，伪装得相当巧妙。在阵地前，还有多层铁丝网和地雷阵。此外，大陈岛上的大口径榴弹炮和经常游弋于附近海面的国民党海军舰艇，也可以为一江山岛提供火力掩护和支援。由于一江山设防坚固，国民党军把它吹嘘为"击不沉的美国造战舰"。

解放军浙东前指在掌握一江山岛的地理条件和守军军情之后，开始潜心研究攻占一江山岛的具体方案。在9月份召开的一次作战会议上，张爱萍听取各方意见之后，宣布如下计划：渡海登陆作战分两个阶段进行，第一阶段夺取战区制空、制海权，孤立、围困、封锁大陈国民党军；第二阶段为实施渡海登陆作战阶段，以六十师的4个步兵营，隐蔽进入头门山、高岛一带的进攻出发海域，尔后在海、空军和炮兵的支援下，对南、北江两个小岛同时实施登陆突击。登陆突击应在白天满潮时进行。张爱萍在会上强调指出，一江山岛渡海登陆作战，必须从解放军的实际情况出发，创造出特定条件的特有打法。

解放军历来擅长夜战，这次却将进攻一江山岛的时间选在白天，不少人感到不解。实际上，在白天进攻一江岛远比夜间有利。第一，解放军基本掌握大陈海域的制空、制海权，在白天登陆无须顾虑国民党海、空军的进攻，便于在渡航阶段指挥各登陆兵输送队的运动，部队登岛后也容易展开。第二，解放军缺乏诸军兵种联合渡海登陆作战的经验。白天作战便于组织各军兵种的协同动作，同时有利于航空兵和炮兵对地面部队实施火力支援。后来经实战检验，攻击一江山岛选在白天进行是完全正确的。

与此同时，登陆作战所需船艇的准备工作也在抓紧进行。华东海军的59艘舰艇相继出动，开往浙东海面，但数量仍然满足不了需要。在这种情况下，浙东前指又从陆军及当地筹集了各类舰艇62艘、机帆船23艘。由于这些船艇来自不同地区和单位，类型繁杂、性能不一、装备短缺，参战部队接船后进行了突击抢修，安装了火炮、机枪等战斗设备及通信设备。同时根据船艇类型、性能、质量及船员素质的差异，按实战需要进行了战斗编组和突击训练。

按照预定的攻岛计划，解放军将有3个军种、17个兵种、28个战术群的兵力参战。为了提高各军兵种间的协同能力，发挥各自的优势，实现最佳作战效果，有关参谋人员反复研究，拟定了船艇登陆、步兵抢滩、火力掩护、协同突击的顺序，并组织部队进行了演练。

攻击一江山岛的战斗首先由海、空军拉开序幕。当时，解放军空、海军调集了近200架歼击机、强击机和轰炸机，分别部署于宁波、栎社、笕桥、嘉和上海大场等基地。经过数次空战，基本掌握了大陈、一江山地区的制空权。在此形势下，浙东前指决心以空军为主，协同鱼雷快艇和海岸炮兵，集中突击大陈海域的国民党军舰，同时轰炸大陈岛上的军事目标。

11月1日，浙东海域天气晴朗。中午11时许，解放军空军的歼击机、强击机和轰炸机开始出动，在空中集合编队，组成混合机群，直扑大陈岛。其中伊尔-10型强击机和图-2型轰炸机是这次攻击大陈的主力。伊尔-10型强击机是苏联制造的一种双座单发活塞式螺旋桨飞机，曾在第二次世界大战中纵横欧洲战场，给德军以沉重打击，有"黑死神"之称。该机装有两门机关炮和3挺机枪，还可携带火箭和炸弹。伊尔-10是50年代解放军空军的主力强击机，后逐渐被喷气式强击机所取代。图-2则是苏联图

图-2型轰炸机

波列夫设计局的轻型轰炸机，在第二次世界大战中亦曾活跃于苏德战场，该机装两台活塞式发动机，武器包括两门机关炮和3挺机枪，载弹量达3000公斤，机上有驾驶员、领航员、无线电员和射击员4名乘员。

在飞行中，整个机群保持无线电静默，很快抵达战区。解放军空军航空兵第十一师副大队长王玉峰率4架伊尔-10降低高度，开始攻击大陈岛上的高射炮阵地以保障轰炸机对大陈港内军舰的突击。随着刺耳的啸叫声，4架伊尔-10所投炸弹大部命中炮位，正待全力向空中射击的高射炮立刻被浓烟烈火所笼罩。紧接着，9架图-2型轰炸机飞临大陈港上空。一排炸弹凌空落下，在大海中掀起冲天水柱。国民党军舰竟然躲过大劫，未中一弹。

在这一天里，大陈岛不仅仅遭到来自空中的攻击，解放军的岸炮，也分别自头门、羊屿、大小鹿岛等阵地，射来3500发炮弹。整个大陈岛烟火升腾，警报声声。守岛军官急令部队进入全面备战状态。

11月1日之后，解放军空军的轰炸机，强击机机群不时光顾一江山、渔山、披山、大陈等岛屿上空，连续轰炸这些岛屿上的军事设施及海上活动的军舰。在不到40天的时间里，各岛落弹千枚，国民党海军舰艇也多次遭到袭击，险象环生。

面对解放军的一次次空袭，在大陈海域活动的国民党海军舰艇使出浑身解数，侥幸逃脱了打击，但其最终却未能躲过解放军海军鱼雷艇部队的"暗算"。

早在10月下旬，开设在高岛上的解放军海军观测站，就发现国民党海军的"太平"号护航驱逐舰常到温州湾、三门湾、台州湾一带活动。经过一段观察，基本掌握了该舰夜间巡航的规律。张爱萍核准这一情报后，为鱼雷艇部队下达了攻击"太平"号的任务。

11月1日，解放军海军鱼雷艇首次南下。三十一大队的6艘鱼雷艇由定舟启航开赴在陈海区，4艘护卫艇负责拖带和掩护。艇队指挥员是副中队长铁江海和指导员朱洪禧。朱洪禧80年代后期出任解放军海军北海舰队副司令员，获中将军衔。岸上指挥所设在高岛雷达站，由三十一大队副大队长纪智良担任指挥。

为寻找有利战机，6艘鱼雷艇在海上隐蔽等待了10多个昼夜。11月12日，鱼雷艇队接到指挥所通知，敌两艘"太"字号和两艘"永"字号舰艇出动。海军艇队立即出击。但由于天公不作美，整个海区狂风大作，浊浪排空，排水量只有22吨的鱼雷小艇无法前进，不得不返回港湾。

伊尔-10型强击机

11月14日0时5分，国民党海军的"太平"号护航驱逐舰在温州湾外巡航时，被解放军高岛雷达站发现。指挥所很快判明这是一艘"太"字号军舰，立即命令155、156、157、158号鱼雷艇出击。这4艘快艇在暗礁、岛影和渔船的掩护下，驶向五棚屿以东海域。

1时28分，155号鱼雷艇上的枪炮兵王春和报告："右舷发现灯光！"但灯光一闪，随即又消失了。几乎在同一时刻，岸上指挥所也发来了"敌舰在你右舷30度"的通报。指挥员铁江海立即命令各艇修正航向加速前进，各艇所有望远镜都向右舷方向搜索。突然158艇报告："右舷30度发现目标！"铁江海的望远镜转向右侧，果然在模糊的海面上有舰影出现。他立即下令准备攻击，由155、156两艇担任主攻，157、158两艇策应阻击。在距"太平"号20~30链时，4艘鱼雷艇成左梯队接敌。此时，"太平"舰上的"SC"雷达屏幕上没有出现任何异常信号，舰上官兵对于即将临头的大难毫无觉察。1时35分，随着铁江海的口令，4艇鱼雷艇先后向"太平"号发射鱼雷，其中一条鱼雷当即命中"太平"号舰首。4艘鱼雷艇眼见海面上传来爆炸声并掀起冲天水柱，迅速撤出战斗。

"太平"号中雷后，以为是解放军飞机临空投弹轰炸，立即用舰上的40毫米机关炮进行防护射击。当时，台湾国民党空军的F-47型战斗机是保护国民党海军舰艇的主力机种，由于多次遭受打击，加之航程所限，已难以有效掩护水面舰艇的活动。"太平"号出航后，始终保持着一级战备，以防备空中攻击。听到舰首传来的爆炸声，全舰没有一人想到这是鱼雷艇所为，"太平"号被鱼雷命中舰首仓库部位，全舰180名官兵中有28人丧生或失踪。

3时许，在海面随浪漂泊的"太平"舰终于盼来了救兵。3艘国民党军舰从大陈方向驶来，将"太平"舰上幸存的152名官兵救出险境，同时试图将"太平"号拖回大陈。在拖带航行中，"太平"号进水增多，左舷开始倾斜。经过一番抢救，毫无效果，只好宣告弃船。7时42分，"太平"号舰沉没于高岛方位140度，距离18海里处的滔天白浪中。

"太平"号是当年蒋介石亲自点头命名的"接收舰"，其吨位和火力在国民党海军中名列第七。它原是美国海军大西洋舰队的"戴克尔"号，于1943年5月3日服役。

"戴克尔"号属于美国"艾瓦兹"级护航驱逐舰，其满载排水量1520吨，航速21.5节。装有76毫米炮4门，40毫米机关炮4门，20毫米机关炮10门，火箭发射装置两组。此外，还配备有深水炸弹、对空对海雷达、炮火指挥仪和声纳装置。当时"戴克尔"号参与的作战活动是，同其他16艘美、英、法战舰组成海上战斗集群，为美国本土至英国漫长航线上的庞大商船队护航。

第二次世界大战结束后，"戴克尔"号被列为"封存舰"，准备拆除解体。后来美国政府为援助蒋介石，又决定将其馈赠给国民党海军。

国民党海军接收此舰后，将其改名为"太平"号。不久国民党海军又接收了几艘同级舰，将它们分别命名为"太索"、"太湖"、"大昭"号，这批军舰后来成为50年代台湾国民党海军的主力舰。

1946年12月12日，"太平"舰在舰长麦士尧率领下，和"中业"号坦克登陆舰进驻南沙群岛中最大岛屿黄山岛，为纪念"太平"号进驻，将黄山岛改名为太平岛。

在同解放军作战中，"太平"号也曾为国民党立下了汗马功劳。1948

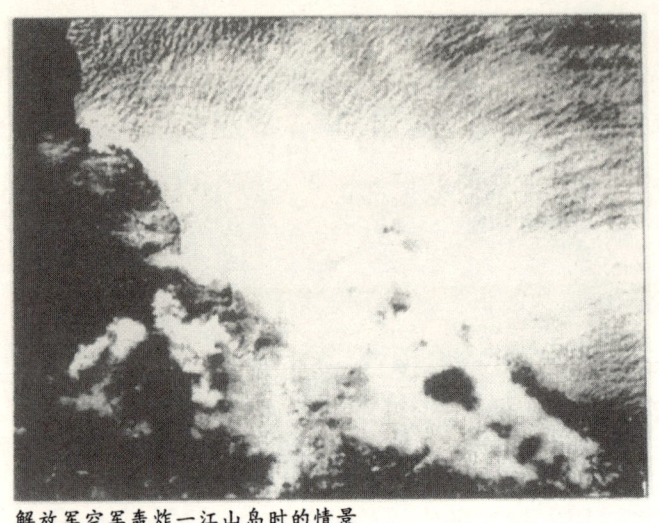
解放军空军轰炸一江山岛时的情景

年10月，驻守黄海沿岸的国民党十七兵团侯镜如部遭到解放军围歼。"太平"号不仅为该部抢运弹药，还用舰炮向解放军轰击。一年之后，在金门战斗中，"太平"作为国民党海军第二舰队的旗舰，自澎湖基地启航驰援金门，给予解放军以很大杀伤。解放军将"太平"号击沉，总算给金门战斗中死难的官兵报了仇。

击沉"太平"号的海战在台湾被命名为"第一次东海海战"。台湾方面悲叹，"太平"舰是第二次世界大战后，在海战中被击沉的第一艘驱逐舰以上之战斗舰艇，亦为世界海战史上第一艘被鱼雷快艇击沉的主力舰只。当时的美国报惊呼，"太平"号被击沉，证明共产党中国现在拥有很大的海军力量。

"太平"舰的沉没，对于国民党来说，是一个沉重的打击，台湾当局高层官员在24小时内召开了两次紧急会议，商讨对策。11月5日，蒋介石为了给被震惊的"全台军民"鼓气，颁布了给"太平"号舰官兵的褒将令，并对战死者予以抚恤，号召"建舰复仇"。随后，派人组织台南工学院等大专院校学生发起所谓的"建舰复仇"运动。11月20日，又组织各界成立了一个"建舰复仇委员会"，鼓动人们募捐筹款，呼吁学生、青年报考三军部队学校，一时间闹得沸沸扬扬。

解放军在不断打击国民党海、空军的同时，更加紧了各技术兵种的强化训练，轰炸、强击航空兵分别在杭州湾的小金门和宁波以北的蟹浦，模拟一江山岛的防御配系和国民党军舰设置靶标，进行投弹练习。海军登陆输送队进行了编队、输送和掩护登陆训练。担负登陆任务的步兵主要进行步兵排和连的装载、航渡、登陆突击及纵深作战训练。为了使步兵掌握登陆要领，张爱萍专门组织一个加强排搭乘一艘LCM登陆艇进行试验演习。各军兵种分练结束后，解放军在地形类似一江山的大、小猫山，连续进行了3次营级规模的登陆联合演习。

1954年底，正当解放军进攻一江山准备工作就绪之时，台湾海峡的形势发生了变化。12月2日，美国国务卿杜勒斯和台湾"外交部长"叶公超华在盛顿正式签订了《共同防御条约》。此后，美国海军第七舰队的舰艇开始频繁出没于台湾海峡。攻击大陈时美军是否会出动"协防"，成为解放军必须加以考虑的因素。在这种形势下，毛泽东最后确定仍攻击一江山和大陈，但时间略向后推。12月中旬，中央军委指示解放军浙东前指，将攻击一江山岛的时间推迟到翌年1月。

推迟进攻一江山岛，为解放军寻歼国民党海军舰艇赢得了更为充裕的时间。1955年1月10日，浙东沿海风疾云暗，天气恶劣。在大陈海域担负战备任务的国民党海军舰艇无法出航，只好停泊于大陈码头和锚地。解放军空军前指司令员聂凤智判断准确，抓住国民党海军舰船无法出海的机会，派遣轰炸机、强击机对大陈港进行了袭击。

解放军空军航空兵二十师副师长张伟良接到命令后，亲率3个大队28架图-2型轰炸机，冒着恶劣天气条件，低空隐蔽出航，直飞大陈岛。

在大陈岛的码头和锚地处，当时停泊着不少国民党海军的舰只。港湾3号锚地停泊的"中权"舰，是1946年美国总统杜鲁门赠送给国民党的"礼物"。该舰为坦克登陆舰，满载排水量超过4000吨。舰员130人，可装运轻型坦克20余辆。在"中权"舰外侧海面上，停着6艘小艇。在另外两处锚地，则停泊着护航驱逐舰"太和"号和后勤修理舰"衡山"号。随着凌厉的防空警报声，这些军舰上的炮手们纷纷奔向高射炮炮位，几艘小艇也驶向"太和"号，想借助舰上的高射炮保护自己。

图-2机群很快飞临大陈岛，坐在机舱中的张伟良居高临下，将海面上的敌舰纳入视线。他略一思索，决定分兵攻击。一、二大队在张伟良率领下，奔向"中权"号坦克登陆舰，三大队则全力攻击"太和"号护航驱逐舰。

在敌舰和岛上全力发射的防空火网中，张伟良座机穿过纷飞的弹片，对准目标开始投弹。一颗250公斤炸弹击中"中权"号，在舰首猛烈爆炸。跟在后面的中队长宋宗周机组也击中"中权"号右舷。接连两次打击，将"中权"号置于死地。其舰内装载的汽油、弹药猛烈地爆炸燃烧，浓烟烈火把"中权"号吞没得无影无踪。三大队也不虚此行，在副团长宁福奎率领下，炸伤了"太和"号。战后，张伟良和宋宗周均被授予解放军空军"二级战斗英雄"称号。

在当天战斗中，解放军强击航空兵也连续出动，空军航空兵十一师三十一团年仅22岁的飞行员刘健汉，在大陈岛北面锚地上空投下4颗100公斤炸弹，其中3颗直接命中后勤修理舰"衡山"号。刘健汉同样在战后获"空军二级战斗英雄"称号。

1月10日从早到晚，解放军空军共出动各型飞机130架次，分4次对大陈锚地的国民党军进行了猛轰，投弹达709枚。面对接踵而至的解放军机群，国民党军的高射炮全力发射，虽对轰炸机群构成一定威胁，但其舰船终因无空中掩护，而处于挨炸地位。

解放军飞机飞离大陈岛之后，国民党军对其舰艇进行了疏散和隐蔽，以防范解放军的再次突袭。当晚，国民党海军一艘登陆舰由大陈向台湾驶去，"洞庭"号炮舰驶至大陈以西海面为其警戒。

22时23分，解放军雷达站发现目标，指挥所令105、106、102鱼雷艇对企图逃离战区的登陆舰实施攻击，此时海上正刮着7级到8级大风，巨浪翻滚，不利于鱼雷作战。23时02分，105、106两艇攻击未成，奉命返航。102舰只携带上次战斗中因故障未能发射的一条左管鱼雷，艇身倾斜，航速降低，脱离了编队，未收到返航命令。23日时许，仍在破浪前进的102艇于积谷山以东4海里处突然与"洞庭"号炮舰遭遇。在孤艇独雷的情况下，艇长张逸民仍决定发起攻击。在距离敌舰200米时，随着张逸民的口令，艇上仅有的一条鱼雷跃出发射管，直射向目标。在剧烈的爆炸声中，

"洞庭"号舰体中部被撕开一个大洞，动力舱随即瘫痪。失去机动能力的
"洞庭"号向南飘流，于11日2时27分沉没于格屿东南4海里处。

解放军对国民党舰艇的攻击屡屡获胜，但进攻一江山岛却受到天气的
限制，因为三军联合登陆作战对气象要求严格。为了选择合适的攻岛时
间，张爱萍请来各方气象专家"会诊"，同时派人到渔民群众中走访，得
出的结论是：一、二月间大陈地区宜于合成军队战斗行动的良好天气，仅
有5到6天。初步预测，1月17日至19日为好天时段。

1955年1月12日，张爱萍主持召开了前指党委扩大会，决定抓紧完成
最后的战斗准备。14日，浙东前指正式下达作战命令。16日中午，张爱萍
决定18日发起攻击，并报告华东军区和总参谋部。

17日早晨，张爱萍与参谋长王德驱车由宁波出发，前往头门山岛前线
指挥所。临行前，张爱萍仍对天气情况放心不下，又一次找来华东军区空
军气象科长余杰询问。张爱萍望着天空，向徐杰问道："现在是4~5级风，
据报告，海上风力已达6~7级，你能肯定3天内有好天气吗？"徐杰作了肯
定的回答。张爱萍笑着说："搞错了，可要斩马稷啊！"徐杰回答道："我
立军令状。"张爱萍满意地说："这就放心了，不过'军令状'还得由我们
向中央立。"

车至临海，张爱萍接到总参谋部电话。总参认为1月18日发起攻击为
时过早，过早发起进攻受挫后将会造成不良影响。一江山作战对美蒋的斗
争影响很大，只许成功，要有必胜把握才行。如考虑到一江山地区冬季天
气条件没有充分保障，登陆进攻发起的日期可以推迟，到了天气条件确有
把握时再发起。

听完总参的有关指示，张爱萍作了一番思考，认为部队准备充分，并
已展开。根据气象分析，18日应该是个晴天，打好这一仗已经有了把握。
如果推迟攻击，很可能失去良机，也可能暴露企图，增加今后作战的困
难。他与参谋长王德交换意见后，即同分管作战的副总参谋长陈赓通了电
话，表示仍要按原计划发起攻击。彭德怀将张爱萍的意见转报毛泽东，毛
泽东授权彭德怀定夺。最后，彭德怀同意了张爱萍的意见，即按原计划进

攻一江山岛。

此时，张爱萍更加关心天气情况。到达海门镇后，张爱萍接到登陆指挥所的报告，海上风力增大，登陆舰艇出现碰撞。张爱萍立即要求采取措施，保证舰艇和人员安全，随后转乘登陆艇前往头门山岛指挥部。

张爱萍登上头门山后，看见岛上的帐篷被风吹走好几顶，他又打电话给徐杰问："怎么又刮起大风了，我可向上级指挥机关立了军令状的啊！不行就不行，你要如实反映情况。"徐杰保证说："天亮前就没有风了。"有了徐杰的保证，张爱萍还是担心天气有变。当天晚上，他带着参谋人员驻立山头，仰望夜空。天至拂晓，风真的停了。张爱萍甚为高兴，称赞徐杰有诸葛亮的才能。战后，张爱萍特地给徐杰敬酒，赞扬说："你为人民立了大功！"

18日凌晨4时11分，解放军空军第一批歼击机出动，掩护集结于头门山、高岛等地的登陆部队完成登舰起航的准备。天一放亮，几乎一夜未睡的张爱萍在头门山岛检查了空、海军和登陆指挥所开设及登陆部队的集结情况。随后把登陆部队和海军登陆输送队的营以上指挥员集中到一个高地上，为之明确作战任务和登陆地段。一切准备就绪后，张爱萍命令登陆指挥所司令员黄朝天，按预定计划向一江山岛发起渡海登陆攻击。

8时整，解放军开始实施第一次火力准备。准时出动的轰炸机和强击机奏响了解放军首次陆、海、空联合渡海登陆作战的序曲。最先飞抵一江山岛的空军3个轰炸机大队和2个强击大队，在歼击机群的掩护

地勤人员欢迎返航的轰炸机飞行员

下，对北江岛的各个兵营和南江岛的胜利村、180高地，进行猛烈轰炸扫射。一江山岛上的炮兵阵地、高射机枪阵地、地堡和隐蔽部遭到严重破坏。

与此同时，大陈岛也遭到猛烈的空袭。岛上的"大陈防卫司令部"、远程炮兵阵地和无线电、雷达设施，成为解放军海军和空军飞机的重点轰炸目标。一时间，大陈岛和一江山岛浓烟滚滚，火光冲天。

8时15分，解放军空军的第二次空袭接踵而至。此次的攻击目标是北江岛的山嘴村、保卫村、海门礁、黄岩礁、了望村和乐清礁等前沿阵地。9时后，解放军的50余门火炮也开始向一江山射击。在空、炮火力的猛烈轰击下，一江山湮灭在硝烟和尘埃之中。

12时15分之后，登陆输送队分别从高岛、雀儿岙和头门山岛起渡。70余艘登陆艇运载5000多名解放军向一江山岛挺进，40余艘作战舰艇担任护航和火力支援。桅杆上飘扬着五星红旗的各艘舰艇相继驶向展开区。飞机、岸炮和舰艇联合实施火力掩护，保证了登陆船队的航渡安全。

为了确保进攻一江山的突然性，解放军的各项战前准备工作均在极端保密的条件下进行，同时采取了一系列隐真示假的措施。在几个月的时间里，国民党军始终蒙在鼓里，不知道解放军的进攻矛头会指向何方。直到此时看见驶来的庞大舰船编队，才如梦初醒。一江山守军一名军官在被俘之后说："战前对你们意图不了解，昨天我们还在召集中队长布置二月至五月的训练。直到看见你们的舰艇从头门山两侧转向一江山时，才知道你们真的向我们进攻了。"

眼见解放军舰艇愈驶愈近，一江山守军立即进入防御状态。解放军的护卫艇和炮船最先驶近一江山，在距岛3000米时，这些船艇上的火炮向岛上的前沿火力点连续射击，一直打到距岸500~600米。国民党守军惊魂未定，解放军装载在轮船上的10门火箭炮又开始发出怒吼。这些"喀秋莎"的参战，更增加了岛上守军的恐惧感。

说起闻名遐迩的苏联"喀秋莎"火箭炮，其名称颇有番来历。1941年6月30日，苏联卫国战争爆发后一个星期，沃罗涅日州的"共产国际"兵工厂接受了一个紧急任务，立即生产BM-13型火箭炮。为了保密起见，当时只在火箭炮车身上打上了"K"标志，即这一兵工厂俄文名称的第一个字母。1941年7月14日，苏联红军在奥尔沙地区首次使用这种武器，给德军以沉重打击。沉浸在胜利喜悦中的战士看到炮车上的"K"字母，便随口亲切地称它为"喀秋莎"，寓意喜爱这种火箭炮，就像喜爱喀秋莎姑娘一样。1951年，志愿军陆军装备"喀秋莎"火箭炮，在朝鲜战场重创美军。继美国兵之后，一江山的国民党军又一次领教了这种武器的厉害。

在海、陆、空炮火的掩护下，解放军的登陆船艇依次前行。大陈岛岛上的国民党军炮兵突伸援手，向海上进行拦阻射击。坐阵头门山指挥战斗的张爱萍，看到大陈敌军仍有还手之力，当即命令海岸炮兵和空中轰炸机实施反击。大陈炮兵支援一江山的行动持续了几分钟，就被解放军猛烈的空炮火力给"冻结"了。由于大陈岛与台湾的通信联络已告中断，台湾对此时的大陈战况一无所知，其海、空军也没有出动。孤立无援的一江山守军眼睁睁看着解放军登陆指挥艇上升起信号旗，各艘舰艇迅速展开，直奔岛岸而来。

当表针指向14时的时候，解放军的第二次火力急袭又开始扫荡一江山。船载的"喀秋莎"火箭炮再次发出令人心悸的呼啸，160枚火箭弹铺天盖地砸向190高地。30余架图-2型轰炸机对岛上"一江山地区司令部"营房、通信设施、迫击炮阵地、高射机枪掩体再施神威，使一江山守军的指挥陷于瘫痪。

20分钟后，解放军准时发起登陆突击。第一艇波各个分队成一字横队展开，向着海门礁、乐清礁、向阳礁等突出部快速冲击。两个大队的伊尔-10型强击机对前沿阵地俯冲轰炸，掩护登陆艇冲击。岸炮、舰炮的射击也持续不断，以压制敌军火力。

看见解放军的登陆艇已驶近岛岸几十米处，国民党军开始实施"歼敌于水际"的计划。不少守军爬出坑道，向抢滩的登陆艇开火。为压制守军火力，解放军各艘登陆艇上的火炮和轻重机枪也相继打响。在激烈的对射中，各路登陆部队同守军展开了激烈的滩头战斗。

在乐清礁登陆突击的是解放军一七八团二营。登陆艇靠近岛岸时，国民党守军隐藏在石缝中的火力点露出庐山真面目，纷纷向滩头扫射。解放军登陆艇一边实施火力反击，一边放下艇门，输送步兵上岸。在靠岸过程中，212登陆艇

登陆一江山岛

的右炮突然损坏，火力减弱。炮手林金山和姚昌坤马上架起轻机枪向滩头扫射。212艇正要打开艇门，数发炮弹呼啸着打过来，艇长于延增两腿被炸掉，倒在甲板上，登陆艇艇首也被击中，艇身逐渐下沉。该艇操舵兵柏文昌见此情景，主动代理艇长指挥战斗，把艇上步兵送至乐清礁。

乐清礁地段的守军见"歼敌于水际"的计划未能阻挡解放军抢滩上岸，立即投入预备队实施逆袭。在守军火力阻击下，解放军伤亡增加，进展缓慢。指挥二营作战的副团长毛张苗，改变进攻战术，率部队迂回穿插。战士们奋力攀登悬崖陡壁，轻重机枪和火焰喷射器一齐射向守军火力点。经过一番苦战，二营攻占了第一线阵地。

一七八团一营担负海门礁、西山嘴、黄岩礁地段的登陆突击任务，其战斗也异常激烈。在艇炮火力的掩护下，冲出登陆艇的步兵向各岛岸突出部发起猛攻。负隅顽抗的国民党守军凭借有利地形，向登陆的解放军扫射和投弹。在毫无遮掩的岸坡上，弹片、碎石满天横飞。解放军的攻势受其所阻，只能在舰炮火力支援下，非常困难地前进。

在南江岛登陆的一八〇团二营进展也不顺利，在密集的炮火拦阻下，各艘登陆艇根本无法靠岸。该营营长立即要求空军支援，艇上的空军联络员用密语唤来强击机机群，向南江前沿猛烈扫射。在强击机的攻击下，守军火力锐减，二营登陆艇乘机靠岸，打开艇门，将步兵送上岛。

激烈的滩头战斗持续了31分钟，解放军第一梯队3个营经过血战，占领了预定的登陆场。3颗绿色信号弹射向天空，随第一艇波登陆的六十师参谋长王坤通过报话机向指挥所报告，滩头阵地已经占领。正在指挥所内的黄朝天闻报后，立即激动地向张爱萍告捷："第一梯队登陆成功！"

解放军拿下滩头阵地后，一鼓作气，分兵向纵深攻进。岛上守军虽遭炮火猛轰，但不少火力点仍未被摧毁，特别是山腰支撑点和制高点的火力尤为猛烈。解放军虽然付出了很大的伤亡，但并未停止攻击。一七八团二营使用火焰喷射器消灭了多个火力点，一举将北江岛190高地攻克。该团二营随将进攻矛头指向一江山岛的主阵地——203高地。

203高地是一江山岛国民党军的指挥中心，"一江山地区司令部"就设在这里。守军司令王生明上校不甘心坐以待毙，严令部下依托工事顽抗，大陈防卫司令刘廉一也给王生明发来"死守阵地，为党国成仁"的急电。在这种情况下，203高地守军的抵抗更加顽强，残存的钢筋水泥碉堡中喷射出一条条火舌，更有不少守军据守战壕，向进攻的解放军射击。

面对守军的顽抗，副团长毛张苗立即调整攻击部署，向主峰实施对进攻击。空军飞机和海军战舰也重点射击203高地主峰，掩护部队进攻。二营在炮火支援下，运用灵活的小群战术，以无后坐力炮摧毁守军地堡，很快冲上203高地，消灭了守军。

第一梯队攻占一江山岛各主要高地之后，歼灭残余敌军的任务留给了已经登陆的第二梯队。解放军指战员抓住时机，发动政治攻势，向守军喊话。残存的守

攻克一江山岛高地

军见大势已去，纷纷走出工事、隐蔽部，缴械投降。19日2时，岛上战斗全部结束。国民党军苦心经营的所谓"共军攻不破的钢铁堡垒"的神话倾刻破灭。

整个一江山岛渡海登陆作战，解放军共歼灭国民党军519人，俘虏567人，缴获各种炮26门、轻重机枪87挺、各种长短枪348支、火箭筒27支、炮弹8900发、子弹11万发。解放军登陆部队也付出了很大的代价，393人牺牲，1027人受伤，伤亡总数高于国民党守军，反映了攻岛作战的艰巨性。

一江山岛被解放军攻占后，大陈守军未敢轻举妄动。姗姗来迟的国民党军飞机，向头门山岛和停泊舰艇进行轰炸扫射，解放军一艘登陆艇遭击沉没。1月19日，解放军轰炸机针锋相对，再炸大陈。20日凌晨，解放军鱼雷艇三十一大队在大陈岛东南海面，又将国民党海军的"宝应"号炮舰打成重伤。

一江山岛距大陈只有7.5海里，解放军的105榴弹炮已将上大陈置于炮口之下，台湾飞机只能在下大陈海湾降落。大陈岛的失落，只是个时间问题。

台湾国民党当局看到大陈岛岌岌可危，自知已无力抗衡日渐强大的解放军海、空军，却不愿脸上无光地撤出这一地区的守军。台湾军方故作姿态，再三声称"任何岛屿将不惜任何代价予以坚持"、"大陈岛将准备作最后的战斗。"蒋介石也认为非死守到底不可，并写了一封告岛上全体军民的信，用飞机空投到下大陈，要大家为"党国"尽忠成仁。为了稳定守军士气，蒋经国和国民党军总政治部的美籍顾问杨帝泽中校等人，于一江山岛被解放军攻占后不久亲临大陈，深入军营阵地看望官兵。

一江山岛被解放军所攻占，在美国也引起很大震动。美台刚刚签订所谓的《共同防御条约》一个多月，中共就用兵浙海，足以说明解放军并不畏惧美国。为了表示对台湾当局的支持，美国的5艘航空母舰、3艘巡洋舰、40艘驱逐舰先后驶抵大陈岛以东海面游弋，在这一空域活动的美机高达2000多架次。美国虽然派出舰艇飞机到浙海活动，但却不想因这些岛屿而与中共再次大战一番。艾森豪威尔认为"这些岛屿对于国民党人的事业来说，比金门、马祖以及更南面的岛屿意义要小一些"，希望蒋介石主动撤出这些岛屿。

按照解放大陈的既定计划，1月30日，浙东前指下达了准备攻占大陈岛的预令。这时从美国传出消息说："中国国民党军队和共产党部队将在大陈岛展开大战"，"美国不打算参加这场战斗"。美国舆论还宣称："大陈岛对于保卫台湾是不重要的，不如早些退为好"。

在这种情况下，台湾当局意识到，如果继续固执己见，只能导致更大的失败。2月5日，蒋介石决定，将国民党军撤离以大陈岛为中心的台州列岛并要求美国为之提供帮助。同一天，美国总统艾森豪威尔命令第七舰队和空军第五航空队掩护国民党军的撤退行动。为了避免中美军事冲突，美国国务卿杜勒斯将此事通知了苏联外长莫洛托夫，希望中共方面在国民党军撤退时不要加以攻击。2月7日，蒋介石为了掩饰失败，声称"撤退大陈驻军，移至金门、马祖，配合新战略，作积极反攻之准备"。

2月8日，美国第七舰队司令普赖特、美国驻台大使兰金、美国驻台湾军事顾问团团长蔡斯等，指挥美军配合台湾方面开始实施撤离大陈的"金刚计划"。台湾"国防部长"俞大维、海军总司令梁序昭、"国防部"第三厅副厅长蒋纬国等人齐抵大陈，和在岛上的蒋经国一道，共同指挥撤退行动。蒋经国还于翌日清晨登上"太照"号护航驱逐舰，对渔山、披山作了一番巡视。

在2月8日以后的5天时间里，大陈海域甚是热闹，国民党海军27艘舰艇配合美国海军132艘舰船，将大陈等岛守军16353名、居民17132名运往台湾。撤退之前，国民党军实行"坚壁清野"策略，把上下大陈及附近几个岛屿几十个村庄烧为焦土。行动期间，美军战斗机、直升机往来盘旋，提供空中掩护。台湾国民党空军刚刚装备的F-86佩刀式战斗机也出动亮相。

离岛登舰之前，蒋经国自"太昭"舰上带下一面"国旗"，举行升旗仪式。他强自镇静地对在场官兵说："不要难过，不要失望，此刻我们要下决心打回来。"守将刘廉一在军舰起锚前凄然地说："什么都完了,落一场空!"站在旁边的蒋经国目视大陈,面无表情。

对于美国第七舰队在撤退中的表现,艾林豪威尔甚为满意,特地从华盛顿发来"你们做得好"的电报。台湾方面后来也反复将大陈撤退与第二次世界大战中盟军在敦刻尔克实施的大撤退相提并论,聊以自慰。

2月13日,解放军海军台州、石浦、温州巡逻艇大队配合陆军分别进驻上下大陈、渔山、披山等岛屿,对仍有国民党军驻守的南麂山岛形成三面包围之势。该岛守军被迫于2月23日至25日和岛上居民2000余人一起撤逃台湾。2月26日,解放军海军巡逻艇掩护陆军两个营进驻南麂山列岛。

至此,除了台湾、澎湖、金门、马祖外,东南沿海岛屿全部获得解放。

第十章

套以绞索，勒而不杀思奇谋
废品回收，弹片万吨喜残兵

　　一江山岛、大陈岛相继被解放军攻占后，金门成为台湾对抗大陆的最重要一处前哨阵地。国民党军长期苦心经营，将该岛成为屏障台湾的据点和进犯大陆的基地。1958年，金门防卫部所辖兵力达6个步兵师和两个战车营，共计8.8万余人。有105毫米以上口径大炮308门，90毫米高射炮32门、10毫米高射炮114门、轻型战车和自行火炮106辆。如此众多的兵力聚集金门岛，显示出台湾对该岛防御是何等的重视。

远眺金门

　　与此同时，隔海对峙的福建也在大力加强战备工作，一批空军机场、海军基地先后完工并投入使用。鹰厦铁路亦于1957年4月全线贯通。同年底，为加强福建防空能力，毛泽东作出"考虑我空军一九五八年进入福建"的指示。1958年4月，福州军区根据参谋部的电示，上报了炮击金门的作战方案。准备在适当时候，对金门实施大规模炮击封锁。就在解放军侍机而动的时候，风云变幻的中东形势急转直下，为炮击金门提供了有利的机会。

1958年5月，黎巴嫩人民的起义斗争如火如荼。时隔两月，伊拉克的费萨尔王朝被推翻，两国的亲西方势力大受打击。考虑到全球战略利益的需要，美国很快作出反应，7月15日，5000名美国海军陆战队在黎巴嫩登陆。两天后，英国也紧跟美国步伐，派伞兵在约旦空降。

中东形势突变，台湾当局企图趁火打劫，公然叫嚷要"加速进行反攻大陆的准备"。7月17日，台湾当局下令三军处于特别戒备状态，国民党空军频繁出动，对福建、广东沿海实施侦察、照相、空投宣传品。国民党军还连续举行军事演习，并积极筹划攻击大陆的重要军事目标。台湾"国防部长"俞大维、总参谋长王叔铭、陆军总司令彭孟辑、空军总司令陈嘉尚、海军总司令梁序昭等高级将领接连到金门、马祖活动。金门守军更是有恃无恐，不断向大陆开炮轰击。台湾海峡刀光剑影，局势骤然紧张起来。

在此形势下，中共中央立即作出对金门实施大规模炮击的决策。7月17日，国防部长彭德怀根据毛泽东指示，向总参谋部传达中央军委的决定：空军和地面炮兵立即开始行动，空军转场入闽，越快越好，地面炮兵和海岸炮兵的任务是封锁金门及其海上航运。利用一切时机打击国民党军的运输船只。

7月18日晚，毛泽东在风清景秀的北戴河召开会议，向有关高级将领部署炮击金门的行动。毛泽东指出，支援阿拉伯人民的反侵略斗争，不能仅限于道义上的支援，还要有实际行动的支援。金门、马祖是中国领土，打金门、马祖，惩罚国民党军，是中国的内政，敌人找不到借口，而对美帝国主义则有牵制作用。毛泽东还为将领们勾勒出炮击金门的轮廓：以地面炮兵实施主要打击，准备打两三个月；以两个空军师于炮击同时或稍后，转场南下，分别进驻汕头、连城。

中央军委于当晚召开会议，会议为炮击金门作了时间安排，要求空军除非气象复杂的不利因素，一定要在7月27日进入福建粤东的作战机场，炮击金门预定在7月25日进行。

当夜，正在福建基层组织抢险救灾的福州军区政委叶飞上将突然接到军区电话：速回福州军区作战室接从北京来的保密电话。叶飞立即驱车急返福州。总参谋部作战部部长王尚荣中将在电话中说，中央决定炮击金门，指定叶飞负责。当时，福州军区新任司令员韩先楚已经到任。叶飞对此通知很感疑惑，认为应由韩先楚指挥。当得知是毛主席的决定后，叶飞立即接受命令，召集军区领导和有关人员开会研究，组建前线指挥所。第二天，叶飞即和副司令员张翼翔、副政委刘培善乘车奔赴厦门，展开多项准备工作。

叶飞率领福州军区前线指挥部驰抵厦门后，于7月20日召开作战会议，确定以17个炮兵营组成莲河炮兵群，负责炮击大金门；以15个炮兵营组成厦门炮兵群，负责打击小金门；海岸炮兵则负责打击料罗湾内的国民党舰艇；在厦门、莲河各部署一个高射炮兵群，负责对空安全。

当天夜晚，参战的摩托化炮兵部队，冒着滂沱大雨，从闽北、闽中、闽南各地兼程向莲河、厦门疾驰。坦克、重炮一路轰鸣，在夜色中难辨首尾。到达待机位置后，各炮兵部队马不停蹄地在风雨中抢修道路，构筑工事，开设观察所，在5天内完成了射击准备工作。

根据中央军委的统一部署，入闽参战的空军航空兵立即进行隐蔽转场。首批转场的歼击航空兵一师一团和十八师五十四团于7月27日秘密进抵福建连城和广东汕头机场。此后，解放军其他歼击机、轰炸机、侦察机部队也陆续进驻漳州、连城、福州、龙田等机场。7月25日，以聂凤智中将为司令员的福州军区空军指挥所，在晋江罗棠山开始实施指挥。

在空军和炮兵部队开向战区的同时，解放军海军也奉命抽调海岸炮和水面舰艇入闽参战，由东海舰队副司令员彭德清少将负责指挥。当时海军决定主要以鱼雷艇和护卫艇参战，驻上海的东海舰队鱼雷快艇六支队一大队奉调南下厦门。在无法航渡通过台湾海峡的情况下，东海舰队副司令员陶勇中将亲自指挥，将鱼雷艇装上火车外运，为了隐蔽起见，随车的海军官兵都身穿陆军军装。专列到达厦门后即进山洞隐蔽，入夜才开抵海军码头。隐蔽措施相当成功，国民党情报部门对此一无所知。随后，解放军海军其他奉调的鱼雷艇、护卫艇、猎潜艇也分别进驻战区周围的平潭、泉州、厦门、三都澳、后渚、东山岛。

连日来，解放军三军调动频繁，在福建引起很大轰动。目睹重炮、飞机、舰艇纷至沓来，当地老百姓更是议论纷纷，都认为这一次不但是要解放金门，而且一定是要解放台湾了。

各项准备工作基本就绪后，中央军委获悉台湾将在近日内派出两个师到金门换防，于7月25日晚，电令福建前线炮兵部队立即进入射击位置，待命开炮。但毛泽东很快又改变了主意，于7月27日写信给彭德怀和黄克诚，决定暂缓炮击金门的行动。毛泽东在信上说："睡不着觉，想了一下。打金门停止若干天似较适宜。目前不打，看一看形势。彼方换防不打，不换防也不打。等彼方无理进攻，再行反攻。中东解放，要有时间，我们是有时间的，何必急呢？暂时不打，总有打之一日。彼方如攻漳、汕、福州、杭州，那就最妙了。这个主意，你看如何？找几个同志议一议如何？……如彼来攻，等几天，考虑明白，再作攻击。以上种种，是不是算得运筹帷幄之中，制敌千里之外，我战则克，较有把握呢？不打无把握之仗的原则，必须坚持。如你同意请将此信电告叶飞，仔细考虑一下，以其意见见告。"

叶飞接到此信的电报后，立即和张翼翔、刘培善商议，认为各项准备工作还不充分，如推迟炮击时间则更为有利，当即复电表示：根据前线情况，准备工作做得充分些再进行炮击，较有把握。中央军委根据毛泽东的意见及叶飞的建议，决定推迟炮击金门。前线部队利用这一时间，做了更加充分的准备。

炮击金门时间后推，两岸的战斗首先在空中打响，大陆空军隐蔽进入闽、粤，国民党空军一无所知，仍按惯例派出飞机侦察袭扰，结果遭到解放军的迎头痛击。

7月29日，粤东沿海阴云密布，雷电交加。10时43分，国民党空军第一大队少校副中队长刘景泉率4架F-84型雷电式战斗机从台南起飞，贴着云层，直奔汕头而来。

11时03分，F-84进入南澳岛以东空域时，监测雷达发现异常。此时，在汕头机场的空军航空兵第十八师早已作好应战准备。国民党空军一大队号称"飞虎队"，针对这一情况，十八师决定由赵德安、高长吉、张以林等空战高手组成"打虎队"随时待命升空。

发现敌机后，十八师指挥所发出"一等准备！"赵德安等4人迅速跨进飞机座舱。11时05分，十八师师长林虎命令"起飞！"4架米格-17型歼击机在风雨中低空出航。4机编队穿出云层后，地面通报："F-84，4架，在右前上方，注意搜索！"赵德安回答"明白"，4机继续爬高，并向右前方搜索。

11时11分，高长吉首先在右前方5000多米处发现两架F-84，他兴奋地报告："发现目标，两架！"林虎从无线电中听到后立即纠正："不是两架，是四架！"高长吉仔细一看，又发现两架。赵德安随即令高长吉、张以林双机攻击，他和僚机黄振洪掩护。林虎估计战区只有4架敌机，遂命令空中机队："你们周围没有别的情况，大胆沉着地攻击！"4架米格战机无所顾忌，直扑目标，绕到敌机群后面，准备攻击。

此时，F-84的飞行员亦发现空中出现飞机，由于距离尚远，没有辨认出对方的机型，一名飞行员自言自自语道："后面来了4个，是他们的还是我们的？"

说时迟，那时快，高长吉、张以林已咬住两架F-84，另两架F-84见状大惊，立即作右转动作，想迂回过来绕到高长吉座机尾后，张以林动作敏捷，当即射出一串炮弹进行拦阻，迫使敌机停止右转改为左转。高长吉借机咬住一架敌机，在169.5米的距离上，发射22发炮弹，将这架F-84打得凌空爆炸。紧接着，在高长吉后上方的张以林连忙蹬舵，一个半滚倒转咬住刘景泉的座机。刘景泉立即下滑，躲避危险。张以林紧追不舍，从2000米高度俯冲到200米，死死咬住刘景泉。在后面掩护的高长吉看见海面上浪花飞溅，急得直喊"开炮！"张以林瞄准目标，在151米的距离上连续开炮，159发炮弹喷泻出炮口。刘景泉感觉到飞机一颤，看见左机翼被打掉一大块。他驾着飞机歪歪斜斜飞了一段，勉强飞到马公岛上空，弃机跳伞。

就在高长吉、张以林大战敌机的时候，赵傅安、苏振洪也分别向另两架F-84发起进攻。一架F-84想绕到高长吉后面，为刘景泉解困，赵德安直迎过去，连续3次点射，打得敌机尾部冒出火花。这架F-84不敢再战，带伤向台湾逃去，中途迫降在澎湖。仅剩的另一架F-84势孤力单，赶紧一个跃升钻入云层落荒而逃。

11时28分，4架米格战机凯旋而归。地勤人员向还在滑行的飞机跑来，赵德安在座舱里举起左手，伸出3个手指示意：三比零！

第二天，毛泽东在北京西郊机场对空军司令员刘亚楼、政委吴法宪说"祝贺空军旗开得胜。"同一天，美国合众国际社发出电讯："超音速的中国共产党飞机，昨日在台湾海峡上空进行了一次使国民党人透不过气来的一边倒的战斗。"

战后，空军命令给赵德安、黄振洪、高长吉、张以林和领航员林文览、胡中孚提前晋升军衔的奖励。赵德安所率领的飞机中队，因作战勇猛、屡立战功，后来被空军命名为"霹雳中队"。指挥三比零战斗的师长林虎，到80年代升为解放军空军中将副司令员。

进入8月份，台湾对解放军的军事行动有所察觉，对大陆空军进驻海澄、龙溪，陆军大量进入福建的情报尤为重视。8月6日，台湾"国防部"宣布台湾海峡情况高度紧张，命令军队进入紧急戒备状态。"七·二九空战"之后，台湾军方认为，国共争夺台湾海峡制空权的战斗已经开始。

为了争夺台湾海峡制空权，解放军在一线机场部署了6个歼击机团，另有11个团进入二线机场和待机位置。歼击机数量达520架，主要装备是米格-17和国产"五六式"。"五六式"是中国制造的第一种喷气式战斗机，后来改称歼-5。

解放军空军在数量和性能上优于台湾空军，但在作战时必须遵守有关政策：1.不进入公海上空作战；2.国民党空军不到大陆轰炸，我空军也不

米格-17

轰炸金门、马祖。如果国民党空军轰炸大陆，可轰炸金门、马祖，但仍不轰炸台湾；3.不准主动攻击美军，如果美军侵入中国领空，坚决予以打击。当时福建沿海机场的飞机起飞，只能背朝大海向后飞，升空后再调头。如果朝前起飞，转眼就飞到台湾海峡上空了。东南沿海的斗争由于美国的介入，已成为复杂的国际性问题，解放军空军遵守的作战政策，就是依据这种形势制定的。

国民党空军虽然知道解放军空军已经入闽，但对具体情况却摸不清楚底细。在加强台湾海峡上空巡逻飞行的同时，开始出动战斗机掩护侦察机到福建各空军基地进行侦察。

8月7日，国民党空军第五大队上校副大队长汪梦泉亲自出马，率领8架F-86型战斗机掩护两架RF-84型侦察机飞向大陆，准备对晋江、惠安机场进行侦察。汪梦泉是国民党空军的一名老牌飞行员，淮海战役时即是国民党空军三大队的上尉分队长，曾多次驾P-51野马式战斗机攻击解放军的地面人员和车队。

发现国民党飞机来犯后，驻漳州的解放军空军第九师的8架"五六式"立即升空截击。双方刚一照面，解放军飞行员岳崇新就向汪梦泉发起攻击，飞机从9000米高空直打到3000米。汪梦泉为摆脱攻击，拿出看家本领，使用了半滚、侧滑、摇摆、斤斗、俯冲等剧烈动作。岳崇新紧随其后，4次开炮射击，打得汪梦泉驾着受伤的座机逃回台湾。

8月13日，国民党空军又出动12架战斗机，掩护两架RF-84型侦察机前去侦察福州机场。这天清晨，解放军海军航四师刚刚由青岛流亭机场转进福州机场。发现国民党空罕前来侦察后，该师立即起飞4架米格-15比斯型歼击机迎战。在空战中，航四师飞行员程开信、陈治忠分别将两架RF-84型侦察机击伤。

RF-84曾是台湾空军早期的主力侦察机

　　8月14日是国民党军的"空军节"。1937年的这一天，国民党空军四大队与日军木更津航空队激战于笕桥上空，四大队大队长高志航率队驾驶美制霍克Ⅱ式战斗机，击落日军6架三菱96式G3M轰炸机，取得赫赫战果。后来根据国民党航空委员会秘书长宋美龄的建议，"八一四"成为国民党军的"空军节"。为"纪念"这一具有历史意义的"节日"，国民党军陆续出动大批战斗机进袭大陆。

　　当天上午，国民党空军的11架F-86型战斗机飞至福建平潭岛上空，与解放军空十六师四十六团的8架米格-17遭遇。国民党机群不仅数量占优势，位置也居高临下。在不利条件下，解放军飞行员周春富驾机冲入敌阵，左冲右突，一阵扫射，打落F-86两架，打伤一架。在厮杀中，周春富座机亦遭击落，周春富跳伞落入海中。

　　福州军区得悉空战情况后，立即组织海上救援活动，毛泽东也让秘书用电话通知福州军区，一定要救起落水飞行员。解放军海军护卫艇和平潭县1800艘渔船在海上进行了反复搜寻，但始终未能找到周春富。

　　此次空战，国民党空军虽然损失了两架F-86，但毕竟在空战中首次击落了解放军空军的飞机，多少有些自我安慰。至于所谓"八一四大捷"的吹嘘，则不过是宣传的需要罢了。

　　8月22日，解放军空军又击伤飞入大陆上空的国民党军飞机1架，经过4次空战，国民党空军以被击落4架，被击伤5架的代价，了解了对岸空军

国民党空军的 F-86 战斗机

的实力。从此，其飞机除了伺机侦察外，一般不再进入福建上空。随着制空权的丧失，国民党空中战线从福建内地退至海峡上空。在可靠的空中掩护下，福建地面炮兵部队顺利完成了集结。

8月上旬，毛泽东赴河北、河南和山东诸省进行视察。结束视察后，毛泽东又回到北戴河，集中精力思考台湾海峡的军事斗争问题。

8月20日，毛泽东正式决定：立即集中力量，对金门国民党军予以突然猛烈的打击，把它封锁起来。他同时指出：经一段时间后，对方可能从金、马撤兵或困难很大还要挣扎，那时是否考虑登岛作战，视情而定，走一步，看一步。

当天，北京电话通知叶飞，要其立即去北戴河。叶飞乘专机出发，因途中雷雨影响，第二天中午方到北戴河。休息片刻之后，叶飞即前往毛泽东的住处，汇报炮击金门的准备情况，炮兵的数量和部署，以及实施突然猛袭的打法。除了毛泽东以外，彭德怀、林彪、王尚荣也在场。毛泽东一面听汇报，一面看摊在地毯上的地图，精神非常集中。听完汇报，毛泽东突然问叶飞："你用这么多的炮打，会不会把美国人打死呢？"当时，国民党军的营一级部队都配备有美国顾问。叶飞当即回

毛泽东视察海军舰艇，并在舰上题词："我们一定要建立强大的海军。"

答说："哎呀，那是打得到的啊！"听叶飞这么一说，毛泽东考虑了十几分钟，然后又问："能不能避免不打到美国人？"叶飞回答得很干脆："主席，那无法避免！"毛泽东随即宣布休息，自己作进一步的思考。

当天傍晚，林彪写了一张条子给毛泽东，询问是否可以通过正在华沙同美国进行大使级谈判的王炳南给美国透露一点消息。毛泽东对林彪的建议未置可否，最后下决心按计划炮击金门，并要叶飞留在北戴河指挥。

21日晚，参战的解放军陆军炮三师、二十八军、三十一军所属各炮兵团和福建省军区、二十军所属炮兵部队各一部，共36个地面炮兵营，以及海军的6个海岸炮兵连，隐蔽进入发射阵地。各部队均于23日拂晓前完成了一切射击准备。

参战的鱼雷快艇部队和航空兵部队，也于22日深夜秘密进入战位。459门火炮、80余艘舰艇、200多架飞机一齐盯住金门岛。高炮六十三、六十四师、空军高炮一〇三师和陆军军属高

驻扎在福建前线的炮兵部队

炮部队共6个团零5个营组成的高炮群，为莲河、厦门地区撑起了防空伞。从角尾到厦门、大嶝、小嶝到泉州湾的围头，解放军的炮兵阵地逶迤长达30余公里。

8月23日下午，福建前线天气晴朗，和风轻拂，海面上一片宁静。听到"一级战备"的命令后，炮手们脱下炮衣，装定好射击诸元，做好了一切射击准备。

17时30分，前线部队指挥员发了"开始突击"的命令。随着一串串红

色信号弹升上天空，解放军的数百门火炮一齐打响。顷刻间，炮声震天，地动山摇，金门守军阵地、码头、机场和营区都陷入烟雾火海之中。解放军的6个远程炮兵营重点轰击金门太武山，胡琏的司令部就设在那里。海岸炮兵则向料罗湾内的国民党军舰猛烈开炮。

金门守军对解放军的炮击毫无防备。当天下午5时，金门防守司令部正召集官兵利用聚餐的形式，听"国防部长"俞大维训话。解放军开始炮击的时候，太武山下翠谷湖心亭中的餐会已散，胡琏陪着俞大维在张湖公路的山下步行回司令部。金门防卫部副司令赵家骧、章杰和澎湖防卫部副司令吉星文则站在翠谷湖边的桥头上闲谈。突然间，一群炮弹嘶哮着掠过太武山，落入翠湖。紧接着是接连不断的爆炸声，整个翠谷烟雾弥漫，弹片横飞，站在小桥上的三位副司令官当即被炸死。

炮声突响，金门守军们纷纷隐蔽。在混乱中，俞大维被人背入路边山石下躲避。胡琏急忙跑回司令部，拿起电话想要下令金门炮兵全面还击，但岛上所有电话线都已被炸断，他只好用无线电对部队发号施令，并向台湾告急。20分钟后，国民党军炮兵开始还击，但很快招来解放军更猛烈的炮火。

在解放军海岸炮兵的猛烈轰击下，横宽万米的料罗湾内，被炸起一根根水柱，犹如林立的巨大喷泉。国民党海军的一艘大型运输舰"台生"号，被密集的炮弹击中甲板、舰身和指挥台，呆若木鸡地停在海面上。

8月24日，解放军与国民党军继续展开激战。解放军投入的兵力有36个炮兵营，6个海岸炮兵连，1个鱼雷快艇大队，两个护卫艇中队。

解放军数百门大炮一齐打响，金门陷入火海之中

台湾方面也派出多艘舰船，为金门增援兵力和物资，还有部分人员是来抢修被解放军击伤的"台生"运输舰的。

当日下午，国民党军在料罗湾内停泊的舰艇达17艘。为掩护这些舰艇的活动，金门炮兵以厦门、莲河为目标，发炮猛轰。解放军炮兵当即予以还击，近万发炮弹射向金门岛和料罗湾。

在纷飞的弹雨中，国民党军的"台生"、"中海"两舰先后中弹，其他舰艇也难以坚持。17时40分，这些舰艇开始向外撤逃。航行不远，即被解放军观察哨发现。解放军的6艘鱼雷艇在快艇大队参谋长张逸民率领下，犁波斩浪，驶向金门海域。

驻守金门南方东碇岛上的国民党军发现解放军快艇出动，急忙开炮拦阻，驻镇海的解放军海岸炮兵当即作出反应，成群的炮弹砸向东碇岛。在岸炮掩护下，6艘鱼雷艇继续前进。

进入金门海域后，解放军很快发现国民党军的"中海"、"台生"号大型运输舰、"美乐"号中型运输舰和几艘小型警戒艇正在慢速徘徊。国民党海军根本没料到解放军的鱼雷艇已经南下，认为总算逃到安全地带了，对于已逼至30链外的鱼雷艇毫无觉察。张逸民急令全队展开成两个突击群，直取"中海"和"台生"号。

双方相距4链时，国民党军发现了海面上的快艇，几名水兵竟打开信号灯联系，发现不是自己人，急忙开炮射击，但为时已晚，难以作出有效的转向规避。解放军的鱼雷艇冒着密集的炮火，直扑"中海"和"台生"两舰。张逸民一再传令："沉着，放近打！"鱼雷艇冲到至敌舰两链时，才向目标发射鱼雷。近距离的攻击，立即奏效，"中海"号被命中一雷，遭受重创。四千多吨的"台生"号被炸开两个大洞，渐渐下沉。

目睹敌舰中雷起火，解放军鱼雷艇转向撤出战斗。国民党军大小舰炮猛烈追射，正在施放烟幕的175鱼雷艇左机舱被击中起火。该艇坚持自航返航，但终因大量进水而沉没。12名艇员决心游回大陆，最后有5人生还，艇长以下7人失踪。

在两天的战斗中，国民党军损失不小。台湾当局岂肯善罢甘休，图谋使用空军进行报复。25日下午，国民党空军第五、十一大队的48架F—48型战斗机一起出动，飞临金门以东海域上空，摆开大战一场的阵势。为了引诱解放军飞机到公海上空作战，有8架F—86飞至漳州上空，充当诱饵。解放军空军出动68架米格—17和"五六式"飞机迎击。驻漳州的航空兵第九师一个大队起飞后，由于没有发现目标而奉命返航。因技术故障落在后面的刘继敏双机突与4架F—86相遇，刘继敏毫无惧色，立即下令攻击。两架"五六式"与4架佩刀式展开空中格斗。在失去僚机掩护的情况下，刘继敏单机拼杀14分钟，从1万米高空打到800米低空，两架F—86在他的炮口下报销。正当他追击另一架F—86时，解放军地面高射炮兵误以为敌机来袭，将刘的座机击落坠地，刘继敏不幸牺牲。

此次空战，解放军击落两架F—86，但却损失了一名优秀飞行员，暴露出空炮协同不好的严重问题。为此，解放军空军司令员刘亚楼上将和炮兵司令员陈锡联上将专程赶到漳州，研究解决空炮协同作战问题，并制定了空炮协同作战的四项原则。

在连遭打击之后，台湾当局于8月25日暂停对金门的海上运输，并决定从27日起改变海运方式，由"美"字号中型运输舰取代"中"字号大型运输舰，充当海运主力，起航地点也由高雄改为澎湖马公岛。为躲避解放军的炮火，这些舰只求助于夜幕遮掩，而且只行驶到料罗湾外海锚泊，然后用小艇小船向码头驳运。国民党空军运输机也不时飞抵金门，为其运送急需物资和修理人员。

8月26日，彭德怀根据中共中央的指示，要求福建前线部队，严密封锁大、小金门和大担、二担等岛屿，以炮兵打击在金门机场起降的运输机；海军要加强对国民党中、小型舰艇的打击；航空兵要坚决打击进入大陆上空的国民党军飞机，但不要越出领海上空作战。福建前线部队根据彭德怀的指示，以奉调入闽的炮兵二师、六师各一个团，分别加强厦门、莲河两个炮兵群，同时在围头方向建立一个远射程炮兵群。空军、海军也作了相应部署，封锁金门的力量大为增强。

经过数日炮战，金门守军阵地、营房、码头、通讯系统遭受很大损失。解放军急欲消灭岛上的炮兵阵地，却未获成功。因为金门守军的炮兵阵地多修筑在大陆方面无法目视瞄准的隐蔽地方，解放军隔海远射，难以校正弹着点，所以很难摧毁岛上的纵深炮兵阵地。

为了将金门的炮兵阵地彻底拔除，福州军区司令员韩先楚上将考虑用飞机轰炸金门。8月底，韩先楚在陪同刘亚楼、陈锡联到厦门视察时，向叶飞提出了轰炸金门的设想。叶飞考虑到毛泽东并没有即行解放金门的指示，炮击金门的作战方案也没有涉及空军轰炸，如果使用轰炸机作战，还需使用战斗机护航，届时将很难避免同美国空军发生冲突，所以认为不宜轰炸金门。出于对韩先楚的尊重，叶飞将两人的意见报告给中央军委和毛泽东。第二天王尚荣打电话给叶飞说："电报收到了，送给毛主席看了，毛主席完全同意你的意见。"

虽然解放军的炮火猛烈，但为了维持岛上数万名官兵的生计，台湾仍不断派出军舰为金门运送物资。9月1日夜间，国民党海军一艘"美"字号登陆舰，在"沱江"号、"柳江"号和"继源"号护航下，驶离澎湖马公港，试图对金门守军进行补给。22时48分，"美"字号出列驶往料罗湾，另外三舰在外海掩护。

解放军海军发现这支编队后，计划以3艘护卫艇掩护鱼雷艇队出击，主要攻击目标是"美"字号。由于雷达站引导失误，鱼雷艇队误向护航的"继源"号发起进攻。当时海空明月高悬，风急浪高，不利于鱼雷艇作战。

说起"继源"号军舰，其舰名的来历鲜为人知。该舰原名"永兴"号，是一艘近千吨级的美制猎潜舰，航速15节，装备有76毫米炮1门，40毫米机关炮4门，20毫米机关炮8门，以及火箭深弹、雷达、声纳等武器和电子设备。该舰曾于1949年5月在上海起义，在开往南京途中发生叛变，起义骨干牺牲，舰长陆继源也被击毙，军舰被劫持回上海，后开往台湾。台湾当局乃将"永兴"号易名为"继源"号。

此时，"继源"号借着月光，已发现解放军的快艇，舰炮一齐鸣，作拦阻射击。鱼雷艇冒着炮火发射10条鱼雷，但无一命中。在撤出战斗时，已经中弹的174、180两艇在混乱中相撞沉没，人员被护卫艇救回。

美国航母在台湾海峡巡弋

见鱼雷艇攻击失利，3艘护卫艇集中火力向"沱江"号发起猛攻，各艇上的机关炮一齐扫向"沱江"舰，弹如急雨，直打得"沱江"号甲板上空无一人，机舱起火，全舰官兵伤亡逾半。身负重伤的"沱江"号被前来救援的国民党军舰拖向马公港，结果在中途沉没。

此次海战结束后，为挫败国民党军利用夜晚向金门实施运输的活动，解放军部队将探照灯投入使用，每隔十几分钟对金门外海进行照射，发现目标，炮兵立即开火。灯炮协同，国民党军的海上运输一度陷于中断。

在封锁海上运输的同时，解放军炮兵还重点轰击金门的西村和沙头机场及起降飞机。虽然金门岛上的两座机场都修建在有山峰屏挡大陆方向视线的地方，但解放军的炮弹仍不时呼啸而至，颇令国民党军惊诧。原来，解放军炮兵在炮击前已根据投诚人员的情报和空军航侦照片确定了射击座标。台湾飞来的运输机更是难逃火网，解放军总是在其将要降落时向机场猛轰，仅仅一星期，国民党军就有4架运输机被击伤。到后来，两座机场跑道弹坑累累，飞机想降落也不可能了。

由于海空运输都被解放军封锁，台湾方面只好改用空投的方式为金门守军进行补给。但是受地理条件的限制，加之解放军炮火密集，空投的物资一部分漂落海中，一部分被解放军开炮炸毁，只有少部分为守军所得。到此，大金门守军处境日益困难，而周围几个小岛上的国民党军的补给更是难以为继，只能靠储备品度日。

解放军的大规模炮击活动，使金门频频向台湾告急。台湾当局则千方百计地想"驱使美国直接以军事行动介入，并肩作战对抗共军"。在美国，艾森豪威尔也被金门遭炮击一事弄得寝食难安，甚至无暇去打高尔夫球。美国对解放军的作战意图也不明了，认为中共有可能想用封锁来断绝沿海岛屿的粮食供应，也有可能对沿海岛屿、对台湾发动两栖进攻。为了显示对盟友蒋介石的关心与支援，艾森豪威尔下令对台湾给予一些有限的支援，将在地中海的第六舰队一半舰只调到台湾海峡，加强第七舰队的力量。金门炮击，终于促使中东局势有所缓和。除了从地中海、美国本土和菲律宾调来军舰外，美国的第四十六航空队、第一海军陆战队航空队的飞机也进抵台湾，所有在这个地区的美国部队都处于"戒备"状态。

台湾当局一心想把美国拖下水，借以共同对付中共可能发动的进攻。实际上，毛泽东并没有登陆金门或进攻台湾的具体设想，这是美、台所始料不及的。在毛泽东的心目中，金门、马祖是套在蒋介石和美国脖子上的绞索，没有必要帮助对手解开这些绞索。国外一些军事分析家也认为中共没有发动登陆作战的企图，其理由是："炮轰是在台风季节到来不久开始的，这时进行登陆作战将会遇到严重的困难。此外，进行登陆作战所必需的装备也从来没有集中起来。"

对于中共炮轰金门的意图，多年后台湾方面才有所领悟。当时担任蒋介石英文秘书的沈俞虹在撰写回忆录时认为："一九五八年，中共掀起台湾危机，其目的是试探《共同防御条约》及《台海决议案》的效能。"

响彻金厦上空的炮声持续了10天，金门守军的物资供应每况愈下，台湾当局更为如何阻挡解放军登陆而忧心忡忡，美国则为下一步采取什么对策煞费脑筋。就在这时，台湾海峡的局势又出现新的变化。

9月3日夜，毛泽东突然提出，福建前线自9月4日起停止炮击3天，以观各方动态。9月4日，中华人民共和国政府发表关于领海的声明，宣布中华人民共和国的领海宽度为12海里，一切外国飞机和军用船舶，未经中国政府许可，不得进入中国领海及其上空。

金门炮声虽然沉寂下来，但美国国内却在为采取什么样的对华政策而争论不休。9月4日，美国国务卿杜勒斯发表"新港声明"，宣称："国会的联合决议授权总统使用美国的武装部队来确保和保护像金门和马祖等有关阵地。"杜勒斯甚至认为"如果不得不出面干预，就得动用一些小型原子武器。这是一种令人不愉快而我们必须面对的前景"。

杜勒斯发表好战声明后，在世界各国引起强烈反应。9月6日，周恩来发表关于台湾海峡地区局势的声明，指出台、澎、金、马自古是中国领土。中国政府完全有权对盘踞在沿海岛屿的蒋介石部队给予坚决打击和采取必要的军事行动，任何外来的干涉，都是侵犯中国主权的罪恶行为。苏联当时虽然因"长波电台"，"联合舰队"事件而对中国不满，但仍对中国表示支持。赫鲁晓夫致信艾森豪威尔，警告说："如果美国发动对中国的核攻击，那么侵略者就将立即遭到应有的、同类武器的攻击。"英国首相麦克米伦对艾森豪威尔说："我们即将采取的行动也许会成为第三次世界大战的序幕。"力劝其不要对中国使用核武器。世界各国舆论纷纷警告美国必须悬崖勒马，美国公众也指责其现政府晕头转向。

面对国内外的谴责声浪，美国政府的战争叫嚣有所收敛，但又不愿在这场较量中甘拜下风，加之蒋介石多次乞求，遂作出派遣军舰为国民党军护航的决定。9月5日，美联社的一则消息称："不断有未经证实的"报道说美国第七舰队不久将开始为国民党的运输船护航。时隔一日，这些"未经证实"的报道即得到证实。

9月7日，国民党海军副总司令黎玉玺及美国顾问，亲率一支台、美联合编队向金门海域进发。在这支编队中，有国民党海军的"中"字号大型登陆舰和"美"字号登陆舰各一艘、作战舰5艘，还有美国"海纳伦"号重巡洋舰等7艘美国战舰。靠着美国军舰的护航，国民党海军以为安全有了保障，竟在大白天直驶料罗湾抢滩卸载。但面对解放军的炮口，国民党军还是格外小心，不仅施放了烟幕，卸载点也移至隐蔽的后湖、厝里山一带。金门守军为掩护其海军登陆舰抢滩卸载，不时向厦门地区开炮射击。

解放军前线部队发现海面上出现美国军舰，大感意外。由于不明确对这种情况的处理，各炮兵部队未敢擅自开炮。美国护航编队躲在国民党运输舰船之后3海里左右，摆出掩护的姿态，后来发现解放军未向其开炮，便渐渐驶入国民党的舰群中。内林·米勒在撰写《美国海军史》时承认，为国民党军护航是一种"冒险"行动。然而这种冒险行动并未能帮助金门国民党军摆脱困境，当天24时，中共中央军委电令福建前线部队，于9月8日对金门国民党军进行一次惩罚性炮击。

9月8日，解放军的炮击尚未开始，国民党海、空军抢先出动，拉开当日大战的序幕。上午9时26分，国民党空军机群兵分两路，向汕头方向袭来。一路是六大队的两架RF-S4侦察机和三大队的4架F-86战斗机，在执行侦察任务后飞返台湾。另一路则是"王牌"五大队的12架F-86，已飞到南澳岛上空。

9时42分，解放军空军十八师师长林虎令团长王保钧率8机起飞截击。9时57分，双方机群在东山岛上空遭遇。国民党空军飞机发现解放军后，12架F-86迅速调整高度和队形，摆成"鱼饵阵"。解放军飞机虽在数量、高度、速度上处于劣势，但并未放弃攻击。一阵扫射，即把对手的"鱼饵阵"打乱，双方飞机在空中往来追逐，展开激烈的空战。

在混战中，解放军1号长机王保钧的座机进入螺旋，退出后继续战斗。2号机领航主任孙辉远发现两架F-86咬住团长的座机，立即告警："后面有敌人，要注意，我反击它。"迅即扑向后一架F-86，将其打得带伤而逃。8号机张以林不愧是空战高手，再次显露出超群的技艺。在座机负伤的情况下，张以林突然减速，使1架F-86冲到自己前面，他随即推杆加速下降高度，咬住目标并连续3次开炮，这架F-86冒出一股黑烟，未及挣扎，就受到张以林的第4次攻击，一头扎进波涛汹涌的大海。战后，在张以林的射击胶片上，可以清晰地看到大海的浪花和礁石。在这次空战中，解放军同国民党空军"王牌"打成平手。

就在双方展开激烈空战的同一时间，国民党海军的"美乐"、"美珍"号等4艘登陆舰，在5艘美国军舰的护航下，由澎湖马公驶出，开进料罗湾靠岸卸载。当时解放军已做好了炮击国民党军舰的准备，见有美舰混杂其间，叶飞感到事关重大，立即请示毛泽东。毛泽东回答："照打不误。"叶飞又请示说："是不是连美舰一起打？"毛泽东回答："只打蒋舰，不打美舰。"同时交代叶飞，要等美蒋联合编队抵达金门料罗湾港口才打，并要每一小时报告一次美蒋联合编队的位置、编队队形、航行情况，到达料罗湾时，要等北京的命令才能开火。叶飞又进一步请示："我们不打美舰，但如果美舰向我开火，我们是否还击？"毛泽东回答："没有命令不准还击。"当时，毛泽东的指示是由王尚荣通过直达军用专线电话向叶飞转达的。叶飞听后极为吃惊，再问王尚荣："如果美舰向我开火，我是不是也不还击？"王尚荣回答："毛主席命令不准还击。"叶飞当即表示："明白了，我严格按照毛主席的命令执行。"

和北京通完电话，叶飞极为紧张，深恐炮击时错打美舰，酿成大错。他亲自向三十一军及各炮兵群下令：待美蒋联合编队抵达金门料罗湾港口，北京下了命令后才开炮，各炮群只打蒋舰，不准打美舰。如美舰向我开火，我不予还击！

中午12时，美国和国民党的混合编队抵达料罗湾港口，登陆舰开始在码头上卸下补给物资，美舰则停在外海。毛泽东接到福建前线的电话报告后，下令立即开火。从12时43分起，解放军43个地面炮兵营及6个海岸炮兵连，一齐开火，重点轰击国民党军的舰艇、码头和岛上其他军事目标，发射炮弹达2.17万发。在密集的炮火中，"美乐"号登陆舰被击起火，继而爆炸沉没。"美珍"号等3艘登陆舰也先后中弹，带伤逃向外海。

炮声一响，在厦门云顶岩前线指挥所指挥战斗的叶飞，即准备应付美舰参战。但在望远镜里看到，美舰并未开火，而是退到远处海面上，无动于衷地看着国民党军的登陆舰挨炮。见此情形，叶飞甚感意外。

解放军炮火猛烈，"护航"的美国军舰又逃之夭夭，金门守军和料罗湾内的国民党军舰纷纷向台湾告急。不少水兵跺脚大骂"美国人混蛋"。得此消息，台湾方面只好下令军舰返航。事过21年后，当时在台湾"国防部新闻局"任职的刘毅夫还撰文嘲骂了美国人的护航：

"我站在旗舰姚道义支队长身旁，悲惨地看着我4艘孤立无助的运补舰挨炮，再用无可形容的眼睛回头看美国兵舰，他们好像根本无动于衷，他们好像奉的命令就是来金门参观，而美其名曰'护航'，哎，狗臭屁的护航啊！"

金门激烈的海空大战令世界为之震惊，许多插曲也应运而生。9月9日，柬埔寨西哈努克亲王乘坐C-47专机，从金边飞往香港。途经川岛上空时，亲王想到中国人民解放军正在同敌人战斗，应该向官兵们表示慰问和致敬，遂令飞行员把飞行高度降到800米在空中盘旋示意。驻川岛的解放军雷达连发现空中出现不速之客，误以为国民军的C-41型运输机，立即用高射机枪射击，西哈努克座机险遭击落，急忙掉头飞去。事后，周恩来向亲王表示歉意说："亲王阁下，我们的士兵给您开了个军事玩笑，让您受惊了。"西哈努克说："我很乐意为中国海军当一次靶子，不过，对于机枪手的技术，我不敢恭维。"两人相视而笑。

9月11日，台湾当局与驻台美军拟定了名为"闪电"的运输补给计划，按此计划，4艘美国军舰、11艘国民党军登陆舰，又向金门驶来，周恩来亲自布置打击行动，准备进一步摸清美国的战备底盘。14时57分，按照周恩来的命令，解放军40个地面炮兵营又6个海岸炮兵连齐向国民党军舰和金门岛上目标发炮。见炮火袭来，国民党军舰吸取上次教训，不等美舰的掩护，急忙起锚向外海疾驶。美国军舰的表现依然如故，闻听炮声立即退向外海，作壁上观。在当天的炮击中，解放军共发射炮弹2.5万余发，摧毁金门军事设施10处，击伤运输机1架。

台湾当局见美国军舰参与护航同样无济于事，只好另想他法对金门实施补给。9月13日凌晨，国民党军两艘"美"字号登陆舰趁天色未明，偷偷驶向料罗湾。解放军监视严密，一顿炮火将两舰轰了回去。紧接着，国民党军又想用拖船拖带小型登陆艇航渡，再以抢滩卸载的方式运送物资，这一行动同样在解放军的炮火中夭折。

9月14日，国民党军又作新的尝试。当日中午，一艘"中"字号登陆舰和一艘"联"字号登陆艇，在作战舰艇的掩护下，驶入料罗湾以南水域，停在解放军火炮打不到的地方。17辆美制LVT履带式水陆输送车满载物资，从舰上下水，驶向金门。这种输送车，美军曾在第二次世界大战中大量使用，台湾军方称其为"水鸭子"。在航渡过程中，解放军的炮火将2辆"水鸭子"打入海底。傍晚，国民党空军又出动C-46运输机7架次，为

1958年10月3日击落国民党C-46运输机的米格-17战斗机

金门守军空投物资。在当天的补给活动中，国民党军虽然损失了两辆水陆两用输送车，但毕竟为岛上守军运去了部分物资，遂决定继续使用输送车航渡和运输机空投两种方式为金门实施补给。

为了扰乱金门守军各项活动，解放军不仅多次大规模炮击，而且还开展了零炮（每天打二三百发炮）射击。9月13日，毛泽东电令参战炮兵全面开展这一行动，要求做到白天黑夜打零炮，每天24小时，特别是对料罗湾3海里以内打零炮，使敌昼夜惊慌，不得安宁，以增强全面封锁的效果。由于零炮不时打来，金门守军只好整天躲在阴暗潮湿的坑道内。

15日深夜，中共中央军委决定进一步封锁金门，要求参战部队重点打击驶进料罗湾的运输舰艇及卸载点和空投场，空海军要寻机打击国民党军的飞机和舰艇。根据中央军委的决定，解放军陆军四十一、四十二军炮兵团和炮六师四十一团各一部分兵力，陆续入闽参战。解放军封锁金门的炮兵大增，地面炮兵达14个团另7个营又14个连，另有海岸炮兵8个连。双方都在调兵遣将，并继续展开炮战和空战。

金门炮战，美军亲自参与护航，与此同时，苏联也在考虑用何种方式支援中共的军事行动。9月16日傍晚，正在远离莫斯科一千多公里的克里米亚休假的赫鲁晓夫，会见了中国驻苏大使刘晓。赫鲁晓夫对

国民党用履带式水陆输送车向金门补给

刘晓说，美国插手台湾，使台湾海峡的局势骤然紧张，在这种情况下，苏联政府不能坐视不管，应当帮助中国应付这一紧张局势。美蒋的优势主要是海空方面，我们认为应在空军方面加强这一地区的力量，这样能够对蒋的海军起到威慑作用。赫鲁晓夫进一步谈到苏联的意图："如果中国政府认为需要而提出要求的话，苏联可派一批带导弹的图-16轰炸机到中国去，并配备苏联的飞行员。可借用中国的领海、领空，给侵略者以致命的打击。"最后，赫鲁晓夫希望刘晓把这个建议转告给中国政府和毛泽东主席，并能引起他们足够的重视。

刘晓返回莫斯科后，立即将赫鲁晓夫的建议急电报告毛泽东。刚刚拒绝赫鲁晓夫关于在中国建长波电台和"联合舰队"建议的毛泽东，对苏联的新建议同样抱有戒心。10月12日，中国向驻苏使馆发去电报，由刘晓转交给赫鲁晓夫，电报说：

"我们非常感谢您的好意……但我们觉得，目前整个斗争的形势不宜于这样做。因为我们目前并没有使用轰炸机出海作战的意图，同时，美国也在尽力约束蒋介石的空军，不许他们轰炸大陆，这样，就使图-16轰炸机没有作战的机会。相反，由于苏联空军在中国的突然出现，可能会使情况复杂起来……"

中国在婉拒赫鲁晓夫建议的同时，借机向苏联提出仿制图-16轰炸机的请求，希望苏联能够提供技术资料和样机。后来，图-16型獾式轰炸机在中国制造成功，被命名为轰-6，至今仍作为主力机种在解放军空、海军服役。

随着金门战斗日趋激烈，美国部署在台湾的战斗机数量不断增加。美国第十三航空队司令托马·穆尔曼公然声称：美国部署在台湾的F-100飞机"如果接到命令"，"可以用来跟中国共产党的飞机战斗"。9月17日驻台美军接替了台湾本岛的防空任务，并经常出动飞机在台湾海峡上空巡逻。但在实际上，美国也力求避免和解放军发生直接冲突，其空军特意在台湾海峡中线划定了一个分界线，地面管制站严禁其飞机飞越这个分界线。

有了美国空军保护台湾本岛，台湾国民党空军再无后顾之忧，每天出动飞机数量由100多架次增到200多架次，除了掩护金门补给行动外，还不断飞到闽、粤上空伺机同解放军较量。

9月18日，解放军空军十八师一个团刚刚由二线机场转至前线机场3天，团长沈科即率8架飞机作战区飞行。机群飞至福建漳浦东南上空时，国民党空军五大队的8架F-86偷施杀手，解放军的一架飞机当即被击落。在万分危急的情况下，解放军飞行员作出剧烈的摆脱动作，大速度俯冲、上升、盘旋，在被动中实行反击。副大队长朱有才在急上升转弯时，发现一架伺机攻击的F-86，立即靠上去，抵近瞄准射击，一顿炮火将其击落。7号机韩玉砚在飞机负伤后仍坚持战斗，将一架F-86击伤。在空战中，韩玉砚的座机中弹30余处，但他却以超人的毅力，驾驶伤机返航着陆。

9月24日，台湾当局发动了一场更大规模的空中攻势。出动F-86飞机126架次、RF-84飞机14架次，对北起浙江温州，南至汕头沿海的解放军空海军基地进行侦察。不少F-86还挂载了美国提供的"响尾蛇"空对空导弹。虽然早在40年代纳粹德国就研制出X-4空对空导弹。但在十几年时间里，世界各国空军还从未在实战中使用这种新式武器。

解放军对国民党的空中攻势早有准备，采取连续出动、区分梯队、层次配备的作战方法，起飞各型歼击机248架次迎击。看见解放军飞机源源而至，国民党空军未敢大批深入，只有小批飞机进到德化、三都澳、温州地区上空，并遭到解放军的截击。此次空战后，美国《航空杂志》将解放军的打法命名为"口袋战术"，声称其相当厉害。这一消息最先传到苏联，又从苏联传回中国，彭德怀听后亦非常高兴。

在当天的战斗中，国民党空军的24架F-86飞入温州地区上空。驻路桥的解放军海军航二师命令罗烈达中队、师臣胜中队、姜凯大队起飞迎敌，随后又令王万林大队升空掩护。9时42分，姜凯大队与12架F-86展开近距格斗。空战开始时，解放军并不知道国民党飞机携带了美国造"响尾蛇"导弹，仍按常规战术向其发起进攻。双方机群缠斗在一起。国民党空军飞行员始终未得到发射导弹的机会，只好撤回台湾。

　　在另一空域，因掉队而加速追赶编队的解放军飞行员王自重，单机与12架F-86遭遇。王自重奋不顾身，架机楔入敌阵，近战格斗5分钟，击落F-86两架。在王自重撤出战斗的时候，国民党空军飞行员趁机从背后发射"响尾蛇"导弹，将其击落，王自重壮烈牺牲。

　　国民党空军使用的"响尾蛇"空对空导弹，是由位于美国加利福尼亚州莫哈维沙漠中部的美国海军武器研究中心研制的。该弹长2.6米，直径0.135米，重70公斤，射程8~14.5公里，其采用的红外线制导系统与响尾蛇用以探找和攻击目标的红外敏感器极为相似。碰巧的是，在美国海军武器研究中心的所在地区，也经常有响尾蛇出没，于是科学家就用"响尾蛇"来命名这种新问世的导弹。"响尾蛇"导弹经不断改进，衍生出多种型号，总产量达15万余枚，至今仍在西方国家广泛使用。

　　"响尾蛇"导弹虽然初试身手，击落了一架解放军的飞机，但同时也暴露了自己的底牌，解放军根据该弹红外线的灵敏度不高，没有敌我识别系统的特点，很快制定出防范措施。此外，在空战中国民党军发射的"响尾蛇"导弹还有多枚坠地，有的还未爆炸，以致完好无损地成为大陆国防科研部门研制空对空导弹的样品。

　　闽、粤上空战斗频仍，而地面的较量同样激烈曲折。双方竭尽心智，都想在你死我活的角逐中占据上风。国民党军的补给活动仍是以水陆两用输送车航渡和运输机空投为主，但方式不断变化，以对付解放军的炮击。解放军针锋相对，各种新打法亦层出不穷。国民党军水陆输送车和运输机屡遭打击，空投、海运补给计划没有一天能如数完成。

　　为了增加对金门的空投，台湾当局与驻台美军反复计议，决定调集空军第六联队的全部飞机，从10月1日起，每天出动运输机120架次，以换人不换机的办法，昼夜不停地进行运输和空投，使日投物资达到600吨。解放军空军获悉这一情报后，决定组织歼击机利用美机掩护空隙，进入金门上空游猎国民党军运输机。10月2日，中央军委予以批准，但是重申飞机不飞出领海，不轰炸金门。

　　10月3日，国民党空军预定白天出动39架运输机至金门空投。下午3时以后，解放军发现有C-46型运输机24架飞至金门上空准备空投，同时有48架F-86随同掩护，美机则在公海上空巡行。15时40分，福州军区空军命令驻连城、汕头机场的部队各起飞米格-17型歼击机24架，飞至接近金门的同安、漳州、漳浦地区1.2万米高空，吸引和牵制国民党空军的护航机群。解放军声东击西的战术果然奏效，就在国民党空军注意提防解放军高空机群的时候，4架米格-17型歼击机已从晋江低空隐蔽出航，在解放军空军十六师四十八团副团长曹双明率领下，悄然飞临金门以南的海面上空。

解放军的4架米格战机飞至围头以北35公里处。2号机方洪义发现第一架C-46型运输机已接近金门上空。曹双明见该机已进入金门高射炮保护范围，遂将紧随其后的第二架C-46作为猎杀目标，在距离700米处开炮射击，将其击落。2号机方洪义、3号机余耀忠接连攻击另一架C-46，在突如其来的打击下，这架C-46同遭击落。4架米格战机即打即离，高速掠过大金门上空，返回基地。在高空担任掩护的国民党军F-86机群发现上当，为时已晚，解放军的机群早已得胜凯旋。

庞大的空投计划刚刚实施就被解放军的突袭所打乱，台湾当局大为震惊，认为这是解放军空军扩大攻击范围的不祥之兆。蒋介石权衡利弊，立即下令白天停止对金门的空投。

在解放军封锁金门的隆隆的炮声中，国民党军绞尽脑汁，使用各种手段为金门守军运送补给，但事倍功半，种种尝试或收效甚微，或以失败而

从金门碉堡射击口远眺国民党的水陆输送车在炮火下抢滩

告终。从9月14日到10月5日，金门平均每天到手的补给品只有171吨，仅能满足最低需求量的40%左右，长此以往，国民党守军将难以支撑下去。

在金门被解放军炮火有效封锁的情况下，解放军不少高级将领预计下一步的行动将是登陆解放金门。当时负责指挥炮击的叶飞认为："此时金门已被我军炮火封锁了一个多月，海上补给线已断。金门蒋军的粮食供应已发生危机，弹药也已消耗得差不多，金门的防御工事也已被我军炮火摧毁得差不多，可以说是已到了弹尽粮绝之日了。此时如果我军发动登陆，金门唾手可得。"解放军前线官兵摩拳擦掌，准备乘胜拿下金门，但北京却始终没有下达此类命令。

见金门遭封锁的状况难以改观，台湾当局和美国都想另找出路，解脱困境。蒋介石扬言为援救金门不惜扩大战争，要轰炸闽赣。同时仍乞盼美国伸出援手，认为美国绝不会"使我金门军民13万生命坐困待毙，隐于死地"。

美国政府则玩弄起制造"两个中国"的阴谋，要台湾国民党当局放弃金、马。9月30日，美国国务卿杜勒斯在记者招待会上说，如果在台湾海峡地区获得相当可靠的停火，国民党军队继续驻在金门、马祖等岛屿就是不明智的、不慎重的，美国将赞成国民党军队从这里撤出。美国的如意算盘是先促使国民党从金、马撤军，孤立台湾，然后实现"托管台湾"的图谋。已经吞下很多苦果的蒋介石急忙表态拒绝杜勒斯的建议，10月1日，蒋介石和美国记者谈话时说，台湾坚决反对减少外岛驻军，台湾没有接受停火的义务。围绕金门的撤守问题，美国和台湾国民党当局的矛盾开始公开化。

毛泽东审时度势，决定利用炮击金门的形式反对美国制造"两个中国"的阴谋，扩大美国与台湾当局的矛盾。10月5日，毛泽东指示福建前线部队："不管有无美机、美舰护航，十月六、七两日我军一炮不发，敌方向我炮击也一炮不还。偃旗息鼓，观察两天，再作道理。"中共中央军委根据毛泽东的意图，作出了"打而不登，封而不死"的决策。

10月6日，毛泽东亲自起草的《告台湾同胞书》以国防部长彭德怀的名义发表。《告台湾同胞书》指出："我们都是中国人。三十六计，和为上计。金门战斗，属于惩罚性质。你们的领导者们过去长时期太猖狂了，命令飞机向大陆乱钻，远及云、贵、川、康、青海，发传单，丢特务，炸福州，扰江浙。是可忍，孰不可忍！因此打一些炮，引起你们注意"、"归根结底，美帝国主义是我们的共同敌人。"《告台湾同胞书》宣布："从十月六日起，暂以七天为期，停止炮击，你们可以充分地自由地输送供应品，但以没有美国人护航为条件。如有护航，不在此例。《告台湾同胞书》还"建议举行谈判，实行和平解决"。

《告台湾同胞书》发表后，震天撼地的炮声暂时沉寂下来，解放军停止炮击的消息在金门岛上不胫而走，岛上十多万军民纷纷从阴暗潮湿的坑道和防炮洞里走出来，重见天日。不少士兵互相招手，高声叫好。合众国际社记者从金门发出报道说："这个岛上的气氛缓和下来了，每个人的心情都非常愉快。"

蒋介石获悉解放军停止炮击，急忙召开军政委员会议，说彭德怀的文告"完全是一种骗局"，表示"不予理会"，他要求美国同台湾当局一起"继续采取坚定立场"，不要"退却"。利用解放军停止炮击7天的时间，台湾军方调兵派船，马不停蹄地为金门运送补给品。国民党海军副总司令黎玉玺还亲率舰队将美国提供的203毫米重炮运抵金门，力图改变双方的炮兵火力对比。

在休战期间，金门守军一炮未发，但国民党空军却于10月10日"双十节"发动了一场空中攻势。当天，国民党空军出动飞机约400架次，活动于台湾海峡上空。其中由第五大队少校指导员路靖率领的6架F-86战斗机，于7时左右飞至福清、龙田地区上空。

发现国民党空军飞机来袭，解放军空军航空兵十四师副师长李振川率四十二团8架米格-17升空拦截。几分钟后，双方遭遇并展开空战。解放军飞行员杜凤瑞发现一架敌机向长机射击，忙提醒长机注意，并就势将敌机咬住，一顿炮火将其打得烟火缠身，坠落在福清牛宅地区以北。这时又一架F-86为躲避追击，从杜凤瑞座机侧方下滑而来。杜凤瑞一个急转弯，瞄准目标开炮射击。驾驶这架F-86的国民党空军五大队二十七中队少尉飞行员张乃军，只觉得机身猛地一抖，顿时失去知觉，当他醒来后，飞机已难以操纵，他只好跳伞逃生。张乃军刚一落地，就被民兵活捉。这时，杜凤瑞的飞机也受到攻击而失去控制，他在跳伞距地面1000多米时，被一架F-86击中牺牲。一直在跟踪国民党空军飞机的解放军高射炮兵一〇五师五二一团四连指战员当即开炮，将这架F-86击落坠海。

此次空战，国民党空军被打掉3架F-86，解放军仅损失1架米格-17，但台湾国民党中央社为欺骗舆论，竟发表消息称："在空战中，我击落中共米格-17型机4架，击伤米格-17型机两架，另外我机互撞坠毁1架"，"我机……除张乃军少尉所驾驶的军刀飞机1架撞毁共机1架后，壮烈牺牲外，其他5架军刀机都已安全飞回基地。"这一编造出来的"胜利"消息，曾由蒋介石在台北介寿馆主持的"四十七年国庆纪念大会"上宣布，到会的文武百官闻听后欢声一片。国民党空军出版的《中国的空军》也拟出一期张乃军的画刊，为其树碑立传。不久，大陆的《人民日报》登出了这位活"烈士"的照片，张乃军本人也于1959年6月30日被释，返回台湾。令人忍俊不禁的是，张乃军返台20年后，台湾"国史馆史料处"所编的一份"史料"中，居然还保留着张乃军"撞机"的所谓"事迹"。

10月12日午夜，炮击7天的限期已满，金门守军和当地居民重新钻入坑道和掩体，但是解放军并未开炮。13日凌晨，福建前线广播站播送了国防部长彭德怀对福建前线解放军的命令，从命令的语言风格即可看出其同样出自毛泽东之手。命令写道："金门炮击，从本日起，再停两星期，借以观察敌方动态，并使金门军民同胞得到充分补给，包括军事装备在内，以利他们固守。兵不厌诈，这不是诈。这是为了对付美国人的。……金门海域，美国人不得护航，如有护航，立即开炮。"

彭德怀的命令发表后，金门守军重新出洞活动，台湾驶来的运输舰放心大胆地开进料罗湾，登陆舰在运输舰和码头之间往来不断，把一批批物资抢运上岛。解放军继续暂停炮击的消息传到台湾，蒋介石却更添忧愁，一怕军心动摇，二怕美国趁机压他减少金、马驻军。为稳定士气，蒋介石于10月14日公开宣称，"不撤退、不姑息"。

金厦炮声再次沉寂，美国得意洋洋，说是美国的"强硬"政策带来台湾海峡的和平，中国再次停止炮击，将会变成"永久停火"。美国还将"奈克—赫尔克里士"地空导弹和大批坦克提供给台湾。为了试探解放军是否会"永久停火"，10月19日夜，美国派出"橡树山"号船坞登陆舰、"麦克凯恩"号、"汤马逊"号、"科洛斯威尔"号驱逐舰，侵入金门海域，为国民党军运送补给和护航。

台湾当局引进美舰护航，显而易见地违反了解放军暂停炮击的条件。对此，中华人民共和国国防部于10月20日发布命令恢复对金门的炮击。当天下午，解放军以32个炮兵营又5个海岸炮兵连猛烈炮击金门，共发炮8800发。国民党军3艘"中"字号运输舰，1艘大型货船、3架C-46运输机及多处阵地中弹。

为了要蒋介石听从自己的安排，美国政府派杜勒斯于10月21日赴台同蒋介石会谈。杜勒斯知道开门见山地提出让台湾脱离中国，蒋介石不会同意，于是就转弯抹角，试探着询问有无可能从沿海岛屿撤军。蒋介石气哼哼地回答："在我活着的时候不会撤军。"杜勒斯只好改变要蒋撤退金、马的打算，并许诺增加援助。蒋介石这才同意"减少金、马驻军"，对大陆"放弃使用武力"并签署了公报。23日下午，当杜勒斯说着"我感到非常非常的满意"的话登机离台时，蒋介石才觉察到中了杜勒斯的圈套。果不其然，《蒋杜联合公报》发表后，美国就在"放弃使用武力"上大做文章，说台湾当局将成为"事实上存在的政治单位"，蒋介石今后只有代表"自由世界"的权利。美国的所作所为，引起了台湾各界的忧虑和愤懑。

杜勒斯返回华盛顿的第二天，即10月25日，彭德怀又发表《再告台湾同胞书》，揭露了美国人第一步孤立台湾，第二步要托管台湾的新阴谋，重申"中国人的事只能由中国人自己解决，不许美国插手"的严正立场，并提醒台湾当局当心美国人的毒计。文告指出："一切爱国者都有出路，不要怕什么帝国主义者。化敌为友，此其时矣！"为了一致对外，文告宣布："逢双日不打金门的飞机场、料罗湾的码头、海滩和船只，使大金门、小金门、大担、二担大小岛屿上的军民同胞都得到充分的供应，以利长期固守。如有不足，只要你们开口，我们可以供应。"

10月31日，中共中央军委又决定："今后逢双日对任何目标一律不打炮，使国民党军人员能走出工事自由活动，晒晒太阳，以利其长期固守，逢单日可略为打一点炮，炮弹一般不超过200发。"

11月初，为揭露美国的阴谋，并使蒋介石得到拒绝从金、马减少军队的口实，中共中央军委决定于3日再次炮击金门。炮击前，福建前线部队司令部向金门同胞作了广播预告。3日当天解放军共发炮1.2万发，摧毁了金门的部分炮兵阵地。据传，蒋介石接到金门又遭炮击的报告时，立即笑逐颜开，连说："好！好！好！"在5日和7日，解放军又连续两次轰击金门。

1959年元旦刚过，金门国民党炮兵突然对大嶝岛狂轰滥炸，岛上31名儿童惨遭不幸，另有17人受伤。为了惩罚这一罪恶行径，中共中央军委决定对金门炮兵阵地实施炮击。1月7日下午，解放军以28个营又8个连的炮兵猛轰金门，共发射炮弹2.6万发，击中金门炮兵阵地12处、观察所15个，打死打伤一批国民党军官兵。此次炮战，成为金门地区最后一次真正的炮战。

金门守军遭到第七次沉重炮击后，气焰大有收敛，对大陆只维持零炮袭扰。1月9日，中共中央军委指示："今后单日不一定都打炮。"至此，为时4个多月的炮击金门行动正式结束，但象征性的炮击仍在持续。

1960年6月16日，美国总统艾森豪威尔由马尼拉前往台湾"访问"。为反对艾森豪威尔的"访问"，中共中央军委决定，于6月17日和6月19日，在福建前线举行炮击示威。17日下午5时，解放军福建前线广播站宣布了要进行炮击的消息，通知金门军民"务必躲在安全地带，千万不要出来，以免误伤。"金门守军闻听此讯大吃一惊，防卫部和美军顾问组争先将解放军文告内容抄报台湾，请示对策。在蒋介石的授意下，金门守军急作防炮隐蔽。停泊在料罗湾内的两艘军舰立刻开往外海，岛上的雷达也停止了转动，驻大担岛的国民党军甚至把猪也赶进了洞里。

金门炮战持续时间长达20年

17日20时，解放军420门火炮一齐开火，金门海空响起雷鸣。这时，艾森豪威尔乘坐的军舰正驶抵台湾火烧岛附近，一听说打炮，急忙加速驶向基隆港。艾森豪威尔无可奈何地指出"中共不加选择地炮击"。解放军炮火虽猛，但射击目标却是金门面向大陆的滩头、空旷无人地区和无工事的山头。炮战中，金门炮兵仅向大陆莲河地区打了28发炮弹，以示还击。美方对此大为不满。

19日早晨，艾森豪威尔即将离开台湾，解放军又于6时和8时半两次开炮示威。国民党军虽然进行了还击，但炮弹也是打在滩头和田野里。在两天的炮击中，解放军共发射炮弹6.8万发。双方却无一人伤亡。

1961年12月中旬，遵照中共中央军委关于保持台湾海峡局势稳定，不主动打击金门国民党军的指示，解放军停上了实弹射击，只在单日向金门打宣传弹。金门守军除了偶尔打点零炮外，也主要以宣传弹进行回击。这种局面一直持续到1978年。

1979年1月1日，全国人大常委会再发《告台湾同胞书》。国防部长徐向前亦于当天发表《关于停止炮击大、小金门等岛屿的声明》，宣布停止对大金门、小金门、大担、二担等岛屿的炮击。至此，解放军完全停止了对金门的炮击活动。

在解放军炮击金门过程中，整个金门岛落弹无数。战后，金门守军在岛上捡拾弹片，收集起来竟达一万余吨。这些弹片均装船运到台湾，按废铁价格卖掉，着实让废品商发了一笔横财。至于金门守军射向大陆的炮弹碎片，也没有白白浪费。解放军带领当地群众展开捡弹片竞赛，将大量弹片送进炼钢炉。美国人绝没有想到，他们越洋过海为台湾送去的军火，到头来却成了大陆炼钢的优质原料。

金门炮战，持续时间长达20年，其过程波澜起伏，颇具戏剧色彩。炮击伊始，解放军万炮齐轰，打得金门守军难以招架。据国民党的统计，在前44天的炮击中，金门共落弹44万余发。为了打破封锁，维持金门守军的生计，蒋介石曾数次前往澎湖，亲自指挥海上运补事宜。就在金门守军困境愈深之际，美国意欲制造"两个中国"的阴谋端倪已露。毛泽东高瞻远瞩，成功地驾驭战争，粉碎了美国的阴谋，从而使金门之战作为一场奇特的战争而载入史册。

第十一章

侦察袭扰，新一代美机太狂
妙计捉贼，"黑蝙蝠中队"喋血

国民党空军从大陆逃到台湾后，除了轰炸、扫射沿海城市外，还在夜间出动飞机袭扰大陆、执行空投特务、散发传单、接济潜伏在大陆的残余力量等任务。袭扰的地区除东南沿海省市外，还远伸到湖南、湖北、河南、河北、山西乃至东北、西北地区。最初几年常用的机型主要有B-24、B-25、B-26轰炸机和C-46、C-47等型运输机，

大陆解放伊始，解放军防空系统尚未完善，雷达、高射炮、歼击机的数量少得可怜。在苏联援助下组建的歼击机部队未及南调，即投入朝鲜战场。其他防空力量也大都集中在东北一带，以防美军的进攻。驻守东南沿海的航空兵部队廖廖可数，而且也不具备夜间作战能力，所以在最初，台湾国民党空军特种部队的C-46型运输机进出大陆空投特务及装备，有如进入一个不设防的地带。1950年，为配合在大陆的"总体游击战"，国民党先后派遣人员30多批近200人，携带电台、枪支、弹药潜入大陆，其中绝大部分由飞机直接空投到预定地点。此后，台湾飞机的袭扰活动呈递增趋势，1953年达120架次之多。

朝鲜战争结束后，解放军原先布防在东北一带的航空兵和高射炮部队得以增调到东南沿海，国民党空军一统天下的局面立即改观。起初，台湾的C-47型运输机偶尔还能在白天飞入大陆。到后来只能改在夜间贴着地面飞行，以躲避大陆米格机的截杀和防空炮火的轰击。国共双方的空军为此绞尽脑汁，都想在这场角逐中战胜对手。而美国方面的介入，更加剧了台湾国民党空军对大陆的侦察和袭扰活动。

朝鲜战争期间，美国空军经常出动侦察机了解志愿军的集结动态，美国中央情报局也积极参与这一活动。1953年11月，一架美国侦察机在东北上空被击落，飞行员费陶和唐尼被活捉。此后，美国中央情报局还出动C-47运输机，从日本厚木机场起飞，执行代号为"热带"的空投任务，以此支援东北境内的国民党潜伏特务。

费陶和唐尼被击落后，中央情报局感觉到不能再派美国飞行员深入中国内陆进行侦察，否则一旦失手，难以善了。当时朝鲜半岛停战协定即将签定，美国也不愿意节外生枝，影响全局。于是决定把这类危险的中国内陆侦察任务委托给台湾国民党空军特种部队，美国方面随后开始和台湾军方进行商洽。

经过一番讨价还价，1955年8月，国民党空军情报署成立"技术研究组"，对外称"第三十四中队"。由于该中队经常在暗夜出袭，人们亦称之为"蝙蝠"中队。第三十四中队实际上是由美国特务机关"海军辅助联络中心"控制的一个战略侦察单位，主要任务是帮助美国获取中国大陆的战略情报。该中队飞行员，从国民党空军中"思想纯正"、在多种飞机上飞行2000小时以上飞行人员中挑选。美国方面提供飞机、侦察照相设备、补给和维修。每次飞行的具体任务、飞行航线、飞行高度、大都由美国人指定。飞机返航后，侦察结果要向美国人汇报，并交出侦察资料。每次飞行，美国付给台湾5万美金。

为了帮助台湾"技术研究小组"掌握夜间航行时低飞的技巧，美国特地由日本厚木机场调来一架教练机和几位教官，训练台湾飞行员熟悉在月色下克服地形的险阻，躲避大陆空军的截击。早在第二次世界大战后期，美国就把重型轰炸机改装成电子侦察机，这种飞机能够通过电子仪器截获和分析敌方雷达的信号，它不仅可以确定雷达的位置，还能侦察军事和工业目标。当时在这种飞机上的工作人员被称为"渡鸦"。这些"渡鸦"的经验，为台湾的"蝙蝠"提供了很好的借鉴。

初期美国向台湾提供的飞机是在第二次世界大战期间纵横欧洲战场的B-17型空中堡垒式轰炸机。其弹舱设备已被拆掉，代之以各种电子侦察设备。这些电子装置可以截收到解放军地面指挥所传给空中米格机的指令，监听指挥所与前线部队例行的无线电通讯，有时候还可以利用截获的信号发出假的入侵信号，使解放军派出飞机拦截，或是开启全部的雷达网来搜索入侵的飞机，因而暴露解放军防空系统的电子设备和军用机场紧急起降的快速反应能力。

此外，美国还给"蝙蝠中队"配备了B-26型侵入者式轻型轰炸机，主要用来袭扰大陆。该型飞机是美国第二次世界大战后期发展的快速轰炸机。台湾技术研究小组将机上设备拆掉，根据弹舱尺寸，特别设计了一些挂载竹篓，内装传单、粮票、油票、归降证，用于向大陆投放。当时B-26经常光顾的地区，主要有上海、广州、厦门。除了例行的全月夜出击外，遇有重大"节日"，如"双十节"期间，台湾也会派"蝙蝠"到北京、上海一带空投传单。

在B-17，B-26等型飞机频繁入大陆侦察、袭扰的同时，大陆拦截夜间入侵"蝙蝠"的能力也在提高。1955年，解放军空军出动飞机246架次，拦截国民党空军夜航飞机。其中有20架

解放军空军加强在台湾海峡上空巡逻飞行

次发现目际，有的还开了炮。当时大陆雷达、通信和引导设备性能较差，用于夜间作战的飞机是米格－15、米格－17，没有机载雷达，在茫茫夜空中，全靠飞行员目力探索。地面领航人员也缺乏经验，引导准确性差。尽管敌机大都在月夜出来活动，搜索发现目标也十分困难。在这种情况下能够多次发现敌机并开炮攻击，确实说明解放军空军夜战能力在提高。

1956年，解放军空军防务部队进一步加强了夜间防空战备，经过一段时间的训练，大批飞行员掌握了夜间作战的特点和规律。通过调整雷达等措施，情报保障、地面引导也有所加强。

1956年6月22日夜，整个华东地区沿海一片宁静，位于台湾新竹市西北约两公里外的国民党空军新竹基地，却还有很多人在工作。这里是"蝙蝠"中队的大本营，停机坪上一架经过改装的B－17型飞机已作好出航准备。离停机坪不远的一间屋子里，国民党空军第三十四中队少校飞行员叶拯民等机组成员，正在美国顾问指导下，紧张地进行起飞前的准备。适于B－17出动侦察的月夜，一个月内只有几天，即农历十三到十九的全月夜。这天正是农历五月十四，新竹基地的有关人员忙得不亦乐乎，唯恐错过这一难得的侦察机会。

23时，叶拯民、聂经渊、韦盛和等人跨进B－17的座舱。随着发动机的轰鸣，这架飞机缓缓滑过跑道，升入天空。在机场上空，B－17依例绕飞一圈，让地面最后查核机上灯光是否完全熄灭。在地面人员的注视下，关闭了所有灯光的B－17在夜空中逐渐远去。

叶拯民等人驾驶的B－17很快沿闽江口进入大陆，随后向江西方向飞去，飞行高度约2000米。解放军空军的防空雷达发现目标后，迅速通报有关部门，驻衢州机场的解放军空军航空兵第十二师值班指挥员、副参谋长吴云山当即命令该师三十四团团长鲁珉驾驶米格－17型歼击机起飞拦截。鲁珉在抗美援朝期间任空军第十二师技术检查部主任，曾先后击落美国空军F－86型战斗机6架，空军政治部授予他"打F－86能手"称号，可算是大陆空军的王牌飞行员。

鲁珉驾机起飞后，即按地面的引导飞向战区。鲁珉驾驶的米格－17是一种白天型歼击机，没有机载雷达，在夜间很难发现目标。23日0时57分，按照领航员汤志耀的具体引导，鲁珉借着微弱的月光，隐约看到两公里外的目标。几乎在同时，B-17也发现了前来拦截的米格机，赶紧下降高度，在山谷间蛇行回避。一时间，B-17在鲁珉的视野中消失了。鲁珉立即降低高度，重新捕捉到目标，并立即跟踪瞄准。当距离缩短到400米时，鲁珉开炮射击，B-17机翼翼尖中弹。紧接着鲁珉修正瞄准，继续猛烈开炮，再次中弹的B-17带着熊熊烈火坠毁于江西省广丰县岭底乡溪后村，机上数名乘员全部死亡。这是解放军空军歼击航空兵在夜间防空作战中首次击落敌机。6月29日，国防部通令嘉奖空军这次在夜间无光空域击落敌机人员，并且着令各有功人员晋升一级军衔。

两个月后，新华社发表一篇新闻稿，宣布大陆空军又击伤一架国民党空军飞机。新华社8月23日讯："本月二十三日零点后在上海东南上空发现蒋军飞机一架，窜入我马鞍列岛上空。我空军飞机当即起飞，蒋机继续窜入嵊泗列岛上空，与我机在衢山岛以北之黄泽山上空遭遇，被我击伤，敌机当即向东南方向逃去。"实际上，这次解放军空军打掉的是一架美军侦察机。

在8月22日夜间侵入大陆领空的飞机是美军一架P4M-IQ型麦克托式电子侦察机。当时它在长江口外擦着大陆领海线时进时出，飞着"S"形路线，对沿海军事设施实行电子侦察。解放军空军航空兵第二师六团领航主任张文逸奉命驾机拦截。当这架P4M-IQ侦察机又一次窜入领海线时，在指挥所坐镇指挥的华东军区空军司令员聂凤智立即下令开炮。张文逸抓住目标，三炮齐发，当即命中敌机。敌机被击中后，挣扎着向公海方向飞去，随后坠入大海。

周恩来总理得到报告之后，为了避免扩大事态，也为了到时美国万一找上门来掌握主动，他亲笔改定了新华社的新闻稿。同时命令空军：美军如果借机挑衅，我们就坚决反击，既不示弱，也不逞强。

25日零点刚过，美国海军的一支庞大舰队在中国东海的领海线外摆开了挑战的架势。3艘航空母舰、30艘护卫舰、驱逐舰、巡洋舰和后勤补给舰列阵航行。从3艘航空母舰上起飞的200架飞机密布天空。

面对美军的挑衅，解放军空军只派出几架正常巡逻的飞机，在绝对领空之内巡弋，并不主动向美军攻击。美军也未敢向解放军战机开火，炫耀一阵武力之后，无功而返。

解放军空军航空兵十二师和二师在夜间击落入窜飞机，使其他航空兵部队大受鼓舞。11月10日夜间，航空兵三师领航主任张滋驾机在浙江肖山地区又击落一架国民党空军的C-46型运输机。

在遭受多次打击之后，从1957年开始，国民党空军"蝙蝠中队"改用经过改装的B-17G型飞机进行电子侦察，并改变了飞行方式，由月夜、中空活动，改为暗夜、复杂气象的低空活动。B-17G型飞机低空性能较好，活动高度通常保持距地面200到300米。续航时间长达17小时，航程增到5800公里。

B-17G型飞机超低空飞行，使大陆方面雷达探测、无线电通话距离大受影响，歼击机拦截也更为困难。1957年一年，国民党空军B-17G型飞机进入大陆侦察53架次，解放军空军出动9架次歼击机截击，无一成功。当时大陆空军各歼击师的夜航大队已开始装备有机载雷达的米格-17H截击机，但机载雷达只适用于3000米以上高度作战。低于3000米时，受地物回波的干扰，雷达难以正常工作。

这年11月20日夜间，一架B-17G型飞机低空飞越大陆福建、江西、湖南、湖北、河南、山西、河北等9个省，活动时间长达9小时，已接近北京地区。解放军空军航空兵部队先后起飞歼击机18架次，层层拦截。B-17G躲过追杀，扬长而去。

第二天晚间，周恩来总理作出指示："我们应用一切方法将蒋机击落。"副总参谋长陈赓大将立即召开会议研究对策，并在会后向中央呈报了关于加强夜间防空作战的措施和方案。国防部部长彭德怀元帅审阅后上报毛泽东。

12月18日，毛泽东在报告上批示："彭德怀同志，非常必要，请你督促空军全力以赴，务歼入侵之敌。"

解放军空军立即贯彻毛泽东的批示，首先实行防空作战的"专责制"，规定凡负有作战任务的指挥机关和部队，其军事首长必须有专人负责组织防空工作。其次是建立夜间作战点，将各歼击航空兵师的截击机大队，重点部署于敌机活动的主要地区，并以各作战基地为中心，改善低空作战的情报保障，增配雷达。同时，加快改进米格–17H飞机上的截击雷达。通过攻关，使机载雷达适用高度从3000米以上降至300~500米。通过上述措施，大陆夜间低空作战条件得到明显改善，并很快取得了成果。

1958年4月21日，国民党空军的一架B–17G型飞机，低空飞入江西地区。解放军空军航空兵十二师截击机大队飞行员李顺祥驾驶米格–17H，在指挥所的引导下，使用改进的机载雷达在300米高度发现目标，并将其击伤。B–17G侥幸逃生，赶紧掉头飞回台湾。

1959年1月9日19时10分，国民党空军B–17G型飞机一架，从沿海吉隆墟飞入大陆。解放军空军航空兵第十八师截击大队副大队长李爱萍于20时起飞迎敌。发现目标后，在距离450米处开炮射击，B–17G中弹受伤。李爱萍重定航向，准备实施第二次攻击。B–17G迅速转弯，降低高度作机动飞行。李爱萍极力搜索，仍不见其踪影。B–17G带伤挣扎着飞回台湾。

"蝙蝠"被击伤二次后，仍未停止对大陆的侦察飞行。5月29日夜，华南地区阴云密布，细雨濛濛，有的地区电闪雷鸣，天气恶劣。云高只有260~500米，能见度很差，低于出航条件。20时58分，国民党空军B–17型飞机一架，从新竹机场起飞，沿台湾海峡南下，取道东岛直奔雷州半岛。

B–17进入大陆后，飞到粤隆交界山区。当地山峰林立，B–17以200米左右的高度贴地飞行，借以躲避大陆雷达的追踪。虽然B–17不顾危险在山谷中穿行，解放军空军的雷达还是发现了目标。驻广州的航空兵十八师立即作好截击准备。副师长李宪刚命令中队长蒋哲伦起飞迎击。由于受天气和地形的影响，雷达掌握目标时断时续。根据以往敌机的飞行规律，十八师领航员五金彰、谭流光准确引导蒋哲伦飞向战区。到达截击区域后，蒋哲伦按照地面引导，把飞机从高度1800米下降到1400米，仅高于当地山峰146米，同时使用机载雷达进行搜索。

23时27分，B-17飞至蒋哲伦右前下方3.2公里处，其信号出现在米格一17H的机载雷达显示器上。蒋哲伦一面修正航向，一面降低高度接近目际。当两机相距两公里时，蒋哲伦捕获目标并开始瞄准。在距离800米时，蒋哲伦按下炮钮，3门机关炮一齐射击，持续时间达两秒钟。B-17当即中弹。

在漆黑的夜空里，米格机炮口冒出的火光闪得蒋哲伦一时睁不开眼睛。射击停止后，蒋哲伦看见右前方一团绿色的火光逐渐后移，中弹起火的敌机仍在飞行。蒋哲伦立即向地面报告，同时大坡度左转，咬住想要逃逸的敌机。当距离接近时，蒋哲伦对准燃烧的B-17，第二次猛烈开炮。然后，增速拉起飞机，向左上方脱离。地面指挥员获悉B-17尚未被击落，立即命令蒋哲伦："坚持攻击，直到击落为止！"蒋哲伦第三次开炮，气数已尽的B-17凌空爆炸，巨大的火光映红了夜空。

"敌机爆炸了！"蒋哲伦兴奋地向地面报告。他在暗夜、低空和复杂气象条件下，一举将国民党空军装有先进电子设备的低空侦察机击落，取得了使用机载雷达进行夜间空战的第一个战果。被击落的815号B-17飞机残骸坠于广东省恩平县那关山，后被运往北京军事博物馆展出。

国民党空军遭此打击后，其B-17飞机将近9个月未敢出动。在此期间，美方和台湾"技术研究小组"考虑到B-17滞空时间虽长，但只能低空躲避来自空中和地面的攻击，自身毫无反击的装备，飞行速度也不快，决定用洛克希德公司专门为美国海军设计的P-2V飞机取代B-17，执行对大陆纵深的侦察任务。从1960年开始，P-2V接替B-17频繁窜入大陆。

P-2V型海王星式飞机原是美国海军的反潜巡逻机，后被改装成电子侦察机。其低空性能、机载设备均优于B-17。不仅配备2台3500马力螺旋桨发动机，而且还装有两台涡轮喷气发动机。在低空时可以使用螺旋桨发动机，加之机上装有全景航行雷达，其飞行高度不受地形限制，可以距地面百米左右飞行，同时还可以像战斗机一样高飞。该机巡航时速240公里，续航时间15小时，航程达5000公里。经过加装电子侦察、警戒和干扰设备，不但可以侦察地面防空部署、雷达性能、空地指挥，而且能够进行空中警戒，干扰对方地面和空中的雷达设备，以达到自卫目的。它的两种干扰设备，一种是金属丝干扰，使双方机上雷达截获目标不稳，难以精确瞄准；另一种是回答式电子干扰，当截击机的机载雷达瞄准天线工作时，P-2V飞机上的干扰机收到信号后，经过自动调制，发射出一种高能量的反相信号，使截击雷达抓不到真实目标，而跟踪假目标。

P-2V自1958年4月17日夜间首次出动，到1961年10月共进入大陆84架次。解放军空军各夜航大队先后出动400多架次飞机截击，都未取得战果。P-2V依仗着先进的干扰设备，一次次逃脱了大陆军机的围追堵截。

为了打掉P-2V，解放军空军除了改进截击方式外，还研究了实施照明攻击的办法，包括在截击机上加装探照灯，以便在机载雷达受到干扰时进行目视攻击，用伊尔-28型轰炸机和歼-5型歼击机组成照明攻击队等。此外，还调遣陆、空军104个高射炮兵营、18个探照灯连，组成16个炮群，配置于P-2V飞机可能进出大陆的地点和主要航路检查点，进行机动设伏。

1960年1月27日凌晨，台湾国民党空军的一架P-2V飞机，以150米的飞行高度，躲过多道拦截，进入距北京东南不足200公里的河北省乐亭县大清河口。

凌晨2时48分，这架飞机临近解放军高射炮群。相距110公里时，高炮指挥员按常规命令炮瞄雷达开机跟踪。3时30分，P-2V突然转变航向，进入高炮射击死角，夺路而逃。

P-2V逃回台湾后，国民党空军觉察到大陆的防空能力已有所加强，其侦察活动变得更为谨慎。此后P-2V又数次进入机动设伏的高炮火力范围，但由于开灯、开炮时间过早等原因，而未能命中目标。1961年5月到10月，P-2V又窜入大陆17次，遭到218架次截击机的拦截。解放军在空中截获目标22次，开炮25次，虽未击落敌机，但却使对手大受震慑。

为了找出同P-2V飞机作战的有效手段，解放军空军高射炮兵司令员周彪中将下到部队和指战员们一起总结经验。半年后，周彪拿出一份有独到见解的报告，其中有这样一段分析："此类飞机有良好的电子侦察设备，能及时发现我方雷达跟踪。开机早它就跑，晚则打不到。只有采取近战歼敌手段，当飞机进入我高炮最佳射程时，突然开机、开灯、开炮才能奏效。"

这份报告得到上级的肯定。1961年9月中旬，根据部参谋部的指示，空军调整了机动高射炮兵的部署，采取堵口设伏和机动设伏相结合的办法，每个炮群组成宽6-12公里，纵深4-6公里的大网。同时压缩开灯、开炮的时间，实施近战歼敌，以对付P-2V的电子干扰和机动。

1961年11月6日17时53分，解放军空军高炮指挥部接到上级通报：国民党空军P-2V飞机一架，由南朝鲜群山机场起飞后向我东北地区进犯。我机不进入炮群上空作战，命令高炮部队全力以赴，务歼入侵之敌。

接到通报后，周彪中将立即向东北白城子疃地区高炮部队下达战斗命令：部队进入一级战斗准备，采取近战歼敌战术，待敌机进入高炮火力最密集空域时，突然开灯，果断开火。祝同志们胜利！

白城子疃高炮群由解放军空军高射炮兵第五○二团、探照灯兵第四○二团两个连和陆军高射炮一个团、6个营组成，炮群指挥员为空军高射炮兵第一○一师师长范震江。接到命令后，各个战位部作好迎敌准备。

18时49分，位于李家咀子的炮群目标指示雷达发现P-2V。3分钟后，P-2V到达探照灯开机线，指挥员依据上级近战歼敌的命令，打破开灯常规，诱敌深入，果断下令：压缩开灯时间。

18时55分，P-2V进入开灯线门内1100米，指挥员下令开灯。探照灯兵第八连的操作手动作敏捷，抢先于4公里之外照中敌机。P-2V未来得及改变航向，十几个炮连的高射炮一齐开火，带着红色曳光的炮弹直射向夜空。火网、光网纺织的巨大天网，把敌机束缚在空中，只听一声巨响，随着一团烈焰，被打断机翼的P-2V从150米低空一头扎到了地上，从探照灯照中目标到飞机坠地，仅用20秒钟的时间。

"打中了！打中了！"指战员们跳下炮位，欢呼着把钢盔抛向空中，纷纷奔向飞机坠落点。近战歼敌充分显示了威力，P-2V的残骸离最近的高炮阵地还不足250米。

这次战斗获得国防部很高的评价。罗瑞卿总参谋长亲赴现场向作战部队表示慰问，并指示将这架飞机机组成员的尸体，就近立碑埋葬，日后便于其亲属认领。再来犯者，照此办理。

P-2V被击落后，国民党空军暂时停止了这种飞机的活动，时间达7个月。在此期间，P-2V的机载电子设备进一步更新，安装了新的回答式电子干扰设备，增大了干扰作用的范围。随后P-2V重新开始进入大陆侦察。解放军空军贯彻总参谋长罗瑞卿关于"海底捞针，总不死心"的指导思想，继续下力气截杀敌机。

1963年6月19日晚，国民党空军一架P-2V飞机，从浙江路桥东北进入大陆，飞行高度200~500米。20日0时18分，这架飞机飞到江西新干地区上空。到此，这架P-2V已在大陆活动3小时50分，航程达1350公里。解放军空军驻杭州、衢州、南京、武汉、南昌的截击机大队先后出动装备有雷达的米格-17H和图-4飞机8架次拦截，对其连续跟踪410公里。P-2V多次施放干扰，并作机动飞行，摆脱了攻击。

看到解放军的追杀没有威胁，颇为得意的P-2V继续前行。飞临江西新干地区上空时，解放军空军航空兵第二十四师截击大队副大队长王文礼驾驶米格-17H歼击机升空拦截。P-2V见又有追兵，急忙施放干扰，王文礼座机雷达显示器上一片迷茫，无法抓获目标，只能依靠地面引导进行追踪。

0时32分，P-2V飞临江西临川上空。驾机追踪的王文礼于300米外，再次发现目标。P-2V也发现了这架米格机，凭借先进的航行设

被王文礼击落的国民党入侵P-2V型夜间侦察机

备，急剧下降高度，在山谷中机动飞行。P-2V不时对着山头直飞，企图诱使米格机撞山坠毁。王文礼不敢大意，将飞机减到最小机动速度，在对方强烈的干扰中，认准目标，紧跟其后。

按照机载雷达的标志，王文礼向前方开炮射击，但却未击中目标。他立即转入近距离目视搜索，于300米外再次发现目标。王文礼当即开炮射击，P-2V机身抖动，随即冒出火光和浓烟。飞行员竭力想控制住受伤的飞机，但其一线希望却被隆隆的炮声所击灭。王文礼驾机盘旋一圈，瞄准目标，给这架P-2V以致命一击。两次受创的P-2V终被击落，其残骸坠于临川县大窝坑。

6月28日，周恩来总理在北京接见了王文礼及领航员张健和航空兵二十四师师长王子祥，表扬了他们。同年9月，解放军空军授予王文礼以"夜空猎手"的荣誉称号。

在解放军空军打击P-2V取得多次战果的同时，解放军海军航空兵则取得了照明攻击，击落P-2V的

周恩来接见王文礼

胜利。在最初数次截击P-2V未能成功的情况下，根据P-2V飞机侦察的特点，海军航空兵参照空军部队作战的经验，决定用飞机投放照明弹捕捉目标，用歼击机进行攻击。为了选择合适的机型，北海舰队航空兵副司令员陈士珍命令有关部门迅速查明库存照明弹的性能和照明时间，综合各种数据进行反复研究，最后拟定了用伊尔-28型机投掷照明弹，用米格-15比斯型歼击机实施攻击的具体作战方案。

1960年9月，北海舰队航空兵开始进行照明攻击训练。1961年5月9日夜，国民党空军的一架P-2V飞机进入北海舰队防空区域，前往拦截的伊

尔-28型机投出照明弹照中敌机，可惜的是驾驶米格机的飞行员听错口令，飞到了P-2V前面，眼看到手的猎物溜出光区，隐没于夜空之中。

虽然首次照明攻击实战功亏一篑，但却证明了这种战术的可行性。同时，这次截击也使国民党空军领教了新打法的厉害。侥幸逃生的P-2V飞行员赵钦对于这套照明战法印象深刻："在黑漆漆的夜空，突然闪现好几颗照明弹，感觉上就像是做小偷的人暗夜动手脚，突然间却有好几支手电筒同时照到你身上一样。"

此次战斗之后，海军航空兵领导机关进一步详细审核了照明战术的根据，结论是只要照明机占位准确，将敌机照在光区中心，敌机逃离光区约需一分钟。在这一分钟内，只要攻击机动作迅速准确，完全有可能占据有利位置，及时发现敌机、实施攻击。海军副司令员兼航空兵司令员刘道生肯定了照明攻击战术，并向总参谋部呈送报告，要求组建专门的照明攻击部队。

1963年11月，总参谋部正式批准海军组建照明攻击大队，命名为海军航空兵独立五大队，归海军航空兵第四师建制。独立五大队组建后，立即开始演练照明攻击战术。在半年多时间内，共组织了357次模拟攻击，80多次空地合成演练。照明攻击战术日臻完善，指战员们翘首等待P-2V的再次到来。

1964年6月11日夜，北海舰队航空兵接到紧急通报：国民党P-2V型电子侦察机一架，从台湾新竹机场起飞北上，可能到山东地区进行侦察骚扰。独立五大队在航四师参谋长辛英元指挥下，迅速做好了迎击准备。

21点07分，设在山东半岛的解放军雷达站发现P-2V，并测出其方位、距离、航向和速度。P-2V飞到离青岛70公里处，突然改变航向南下。21时50分，该机又从新海连市北上。密切掌握敌机动向的辛英元根据P-2V以往活动规律，将截击地段选在平度、莱阳一线。在机场待命的陈根发、石振山双机滑出跑道，升空截击。

解放军海军负责截击任务的两架飞机都未装备雷达，只能依靠地面引导搜寻目标。在截击过程中，领航员徐守祖由于过度紧张，丢失了目标。

指挥员判断P-2V还可能出现，便命令空中和地面人员注意搜索，作好攻击准备，两架战机重新调整队型，待机而动。

过了一会，P-2V的信号重新出现。为了防止敌机机动逃脱，徐守祖大胆采用快速"切投"法，引导石振山、陈根发占据了有利位置。照明机飞至P-2V前方2100米、高于敌机1900米处，辛英元立即下令"照明弹一次投下！"霎时，12枚90公斤照明弹脱离弹舱，宛如一组天灯，将直径1.4万米范围空域照得如同白昼一般。此时，陈根发的飞机正位于P-2V的左后方，距离只有1600米。看到照明弹的耀眼光芒，陈根发眼疾手快，两秒后即发现目标，并立刻开炮射击。三次开炮，三次命中。P-2V冒出一团火光，拖着浓烟坠毁在莱阳以北25公里处。随后赶到现场的解放军从飞机残骸中搜获4枚"响尾蛇"空对空导弹和两部侦察原子试验情况的空气采样器。

"蝙蝠"中队损失惨重，多年后台湾《联合报》亦载文承认：

"在这一时期内，'蝙蝠中队'在历次任务中折损机员上百名，可以说是台湾空军损失最惨重的特种部队。数名幸存的中队队员中，有的人即使在事隔30多年的午夜梦中，偶尔也会被当年暗夜的漫天炮火惊醒。"

看到一批批"蝙蝠"队员去而不返，而美国人却坐收渔翁之利，台湾国民党空军开始有人提出质疑：三十四中队这样去为美国人"卖命"是不是值得？1966年，徐焕升接任台湾国民党空军总司令后，经过一番考虑，终于决定停止三十四中队的大陆飞行。从此，喋血"蝙蝠"在夜空中失去了踪影。

"蝙蝠中队"历尽艰险获取的多是大陆纵深战略情报，美国人很是喜欢，而台湾军方则更为关心解放军在沿海地带的活动。为了掌握解放军的军事情报，台湾国民党空军频繁出动当时最先进的RF-101型超音速侦察机，光顾大陆东南沿海地区，进行航空侦察活动。

RF-101型巫师式飞机是美国麦克唐纳公司研制的喷气式超音速侦察机，由F-101型远程战斗机改装而成。这种飞机最早装备于美国空军三六三战术侦察机联队，起飞于美国南卡罗来纳州的空军基地。该机低空和垂直机动性能好，加速快，最大速度达音速的1.65倍，每小时可飞行1800公里，飞行高度为15200米。机上装有6部航空相机，垂直、倾斜和高空、低空照相侦察均可实施。在以1600公里时速飞行的时候，飞机上的KA-53型侦察照相机在51秒内能拍摄20公里的地面图像。为了把照片拍得清晰可见，飞机上装有一部由计算机操纵的电子摄像活动调整器，它可以随着飞机的速度、高度来协调照相机的动作。美国人把这种飞机喻为"西方的战略眼睛"。解放军官兵则根据"101"谐音，称之为"妖洞妖"。

台湾国民党空军的RF-101于1960年1月8日首次出动侦察，到1961年7月，先后进入大陆沿海地区9次，侦察汕头、晋江、漳州、厦门、龙田、路桥、宁波等地的军事目标。这些地区大都建有空军基地，台湾军方竭力想窥探其机密。RF-101每次出动都采取了超低空飞行，以150米左右的高度穿越台湾海峡，进入大陆后大速度通过目标进行航空照相，在目标上空活动时间很短，等到大陆的歼击机和高射炮作出反应时，RF-101早已无影无踪。在一年半的时间里，只有驻守福建龙田的高射炮兵击伤过两架RF-101。解放军空军对"妖洞妖"的屡次进犯甚为恼怒。

为了有效地打击RF-101的侦察活动，驻东南沿海地区的解放军空军部队对RF-101飞机历次活动情况进行了系统分析，确定了"以快制快"的作战方法。同时，对沿海地区的一些雷达阵地进行了调整。

福州机场是国民党空军的重点侦察目标。RF-101多次前来侦察，而且每次都是顺跑道方向进入，一次性通过进行航空照相。负责防守福州机场的解放军空军高射炮兵第一○五师根据这一情况，在机场炮道两端增加了高炮数量，并在RF-101可能进入的方向派出3个对空观察哨，配备了报话机，时刻搜索躲过雷达、超低空前来侦察的敌机。为了减少射击前的准备时间，不错失战机，各炮连都按RF-101可能进入的方向、高度、速度，预先装好概略的射击诸元和修正量，并把对空射击指挥权限下放到连长一级。如果在近距离发现国民党空军飞机，来不及报告时，规定班长也有权下令开火。当时，在解放军的阵地上和营房里，RF-101型侦察机的图片和模型随处可见，以便于提高战士们发现和识别这种机型的能力。

1961年8月2日8时50分，国民党空军的一架RF-101型侦察机，由少校分队长吴宝智驾驶，以150米的高度，900公里的时速，由台湾径直向福建闽江口飞行，吴宝智对此次侦察福州机场并未感到紧张，他知道在超低空飞行，大陆雷达是发现不了的。

9时08分15秒，吴宝智飞临闽江口上空，他将飞机略微拉起，准备实施照相侦察。这时，解放军设在梅花镇的对空观察哨发现了这架RF-101，并在报话机上通报："4号（指正东方向）高度400（米）航向福州！"各级指挥所和所有炮连收到这一情报后，争分夺秒，做好了射击准备。9分26秒，各炮连在2.5万米到1万米距离分别捕捉到目标。10分30秒，位于前沿的高射炮兵第一〇五师五〇三团二连连长孙秉臣抓住战机，下令开炮。紧接着，其他炮连的各门高炮一同打响，天空中炸开一朵朵烟云。

闻听炮声的吴宝智正要做规避动作，多发炮弹已经击中机身，飞机随即失去控制。吴宝智不敢迟疑，赶紧跳伞逃生。RF-101在空中猛烈爆炸，残骸坠落在福州机场西南14公里的南屿镇附近。跳伞落地的吴宝智也被解放军抓获。

此次战斗从发现目标到飞机被击落历时3分20秒，充分体现了"以快制快"战法的威力。罗瑞卿总参谋长对参战部队的英勇善战给予了高度评价。战后，空军召开现场会议，推广了这次战斗的经验。

吴宝智被击落之后，台湾国民党空军改变了侦察方式，采取低空出航，150米的高度飞越海峡，接近大陆时突然升到1万米高空，一次通过目标进行航空照相，而后迅速俯冲增速，退出大陆。为了避免让解放军抓住规律，RF-101经常双机出动，一架入陆照相，一架在海峡上空佯动。为了打击RF-101，解放军在沿海机场增配了100毫米高射炮，并指定一些战术技术水平较高的飞行部队担负截击任务。但国民党空军吃亏之后，警惕性大为提高，只要发现解放军飞机起飞拦截，RF-101立即放弃侦察，中途折返。有时进入高炮火力范围内也超过高射炮的有效射高，难以将其击落。

台湾国民党空军的RF-101除了重点侦察解放军空军基地之外，对解

放军海军航空兵在沿海的布防情况也较为关注。解放军海军所属的浙江路桥机场被RF-101侦察袭扰数十次。对此，解放军东海舰队航空兵在航二师和航六师挑选技术优秀的飞行员组成尖刀分队，专打RF-101，但用亚音速的歼击机追击超音速的RF-101，实属鞭长莫及，难以奏效。

就在大陆空、海军为击落RF-101而想方设法的时候，沈阳飞机工厂已经制造出歼-6型超音速歼击机，这种飞机是由苏联米格-19型农夫式歼击机仿制而成的，该机装两台涡喷-6喷气发动机，最大飞行速度达音速的1.35倍。机上装备3门30毫米机关炮，机翼下可携带空对空导弹、火箭和炸弹。歼-6的飞行速度虽然不及RF-101，但毕竟使大陆空海军拉小了同对手的差距。

歼-6型歼击机装备部队不久，毛泽东主席亲自批准海军航四师派出装备歼-6的小分队越过长江作战。航四师师长周克林亲率歼-6小分队由青岛空转路桥。为了不使台湾发现歼-6型机南下，在飞行过程中，航四师采取了低空慢飞、无线电静默、着陆不用减速伞、歼-5飞机伴随佯动等隐蔽措施。

航四师歼-6小分队进驻路桥后，一连几天阴雨连绵，RF-101因天气不好未见出动。周克林师长和路桥基地副司令员刘建凯组织小分队认真进行战前准备，详细听取了歼-5分队与RF-101交手经过的介绍，查阅了RF-101历次侦察路桥机场的飞行数据，归纳绘制成图表，与歼-6型机性能作

解放军高炮部队令敌人胆寒

全面的比较。

在分析中，解放军找出了RF-101难以发挥速度优势的3个弱点，一是该机低空出航后向高空大仰角紧急爬高时，性能受到限制，无法作超音速飞行。二是该机爬高后转入平飞的短暂时间内速度也不快。三是该机在通过目标上空照相时速度也会减慢。这样，只要歼-6提前占据有利位置先敌开火，就可以抵消RF-101的速度优势，并将其击落。

为了在实战中稳操胜券，解放军海军航空兵优选了参战部队，将发现RF-101的任务交给了解放军海军雷达二团的警戒雷达连和引导雷达连。警戒雷达连是大陆海军中赫赫有名的雷达部队，在全军通信兵大比武时，叶剑英元帅曾观看他们的操作表演。接受此次任务后，这支部队向指挥所表示，一定在距离120公里之外发现敌机。担负歼-6机引导的是航四师机动作战小分队的领航员魏承超、谯伦吉。魏承超曾在山东担负过击落P-2V的指挥引导，而谯伦吉则参加过歼-6的改装训练。负责驾驶歼-6进行空中截杀RF-101的则是航四师十团副团长王鸿喜和飞行员高绍英、王相一。上述部队及人员在东海舰队航空兵领导下，多次进行了截击演练。

1964年12月18日下午，台湾海峡雨后天晴，国民党空军第五联队第四大队少校作战官谢翔鹤驾驶一架RF-101型侦察机直奔大陆而来。谢翔鹤曾多次驾机侦察大陆，获得过"飞虎"、"彤弓"、"宜武"、"云龙"4枚奖章。

下午2时，正低空北上的RF-101被解放军海军的警戒雷达连发现，此时，RF-101距路桥150公里。路桥基地司令员吴长武闻报后，立即调兵遣将。两架歼-5飞到大陈、琅矶山、三蒜山、莞吞一带空域佯动，以迷惑台湾方面的雷达。紧接着，王鸿喜驾驶歼-6紧急升空，在地面引导下前去"迎接"RF-101。

王鸿喜起飞不久，地面跟踪RF-101的引导雷达突然丢失了目标，在这决定胜负成败的紧要关头，技高一筹的谯伦吉果断采用"推测引导"的方法，引导王鸿喜占据有利位置，当引导雷达重新抓住目标时，RF-101的航迹正与谯伦吉的推测相吻合。王鸿喜按照地面的引导，率先发现了爬高上升的RF-101。看到猎物就在眼前，王鸿喜动作迅速，快速急转占位跟踪瞄准。谢翔鹤不知危险临头，正要将飞机拉平。王鸿喜看到RF-101正慢慢减小上升角，急按炮钮。歼-6的3门30毫米火炮一齐开火，RF-101当即中弹，机身抖动，冒出浓烟，一头扎进大海。谢翔鹤跳伞坠海，被大陆民兵活捉。他的这次侦察飞行未及抵达目标即告夭折，RF-101入陆仅65公里。此次战斗，大陆制造的歼-6战机首开纪录，国防部为此发布了嘉奖会。

1964年12月，大陆空军也在加强东南沿海的防空力量，专门打击RF-101的作战分队相继进驻福州、漳州、兴宁和连城机场，构成了汕头到福州一线的拦截网。刚刚装备歼-6飞机的航空兵第十八师作战分队也于此时进驻兴宁机场。

解放军空军航空兵十八师作战小分队进驻兴宁机场后，对RF-101历次侦察汕头机场的活动情况作了分析，发现RF-101侦察汕头机场有南北两条航线，因南航线便于隐蔽，RF-101多采用这条航线。根据这一情况，航空兵十八师制定了作战预案，并进行了75次图上作业和101次演练。

1965年3月18日9时44分，国民党空军的两架RF-101型侦察机从台湾桃园起飞，目标是汕头机场。此时台湾方面还蒙在鼓里，不知道兴宁机场早已驻有歼-6型歼击机。

RF-101起飞不久，大陆方面就获得了情报。10时12分，正在担任值班指挥员的航空兵第十八师副师长沈科命令副大队长高长吉驾驶歼-6飞到惠阳空域待战。10时23分，解放军雷达在汕头东南165公里处发现目标，高度500米。沈科判断RF-101可能由南向北从靖海入陆，命令高长吉从待战空域出航，高度1.1万米。10时34分，RF-101果然由靖海东南飞入大陆，其速度已接近音速，高度8500米，并继续爬高。一分钟后，居高临下的高长吉发现，几乎在同一时刻，对方也发现了埋伏在空中的歼-6，两名国民党空军飞行员无心恋战，决定放弃侦察。看到空中的RF-101掉头回窜，沈科急命高长吉"右转，动作快一点。"高长吉稳稳地转弯，咬住目标。敌长机飞行员看到后面追来的歼-6飞机，在无线电里狂傲地对其僚机喊道："我们和他赛跑，没关系！"一架歼-6和两架RF-101在万米高空展开了赛跑。

始终掌握空中态势的沈科继续施令："跟上去，狠狠地打，后面没情况。"高长吉的座机一个鹞子翻身扣下去，RF-101也急剧降低高度加速逃跑。高长吉打开发动机加力，以每小时1400公里的速度高速追击，终于追上后面的一架RF-101。在相距605米的距离时，高长吉3炮齐发，70多发炮弹射向RF-101，敌机凌空爆炸。另一架RF-101飞行员见状大惊失色，以为解放军飞机装备了新式武器，赶紧加大速度，飞回台湾，降落在公馆机场。

RF-101接二连三地被打掉，台湾国民党空军只好停止派这种飞机侦察大陆，而改用RF-104型侦察机对大陆沿海地区实施侦察，侦察时，常由F-104型战斗机担任护航。

1960年，美国为了帮助国民党空军对抗大陆空军，宣布向台湾提供F-104星式战斗机，随后又为台湾运去了RF-104侦察机。F-104型战斗机是洛克希德公司研制的单座超音速战斗机，飞行速度达二倍音速，机上有自动驾驶仪，自动惯导系统、塔康导航系统、大气数据计算机和敌我识别器。武器有一门20毫米六管机炮，并可携带响尾蛇空对空导弹、炸弹和火箭。RF-104型侦察机是在战斗机基础上改装的，两者性能基本相同，其飞行速度远远超过解放军的歼-6。

从1965年1月开始，在两年时间里RF-104对大陆沿海地区进行了11次侦察。解放军空军歼-6战机多次拦截，均未获战果。为了以劣势装备战胜RF-104，解放军空军歼击机部队加强了负速度差条件下的截击训练。

1967年1月13日13时许，国民党空军的一架RF-104侦察机在4架F-104战斗机掩护下，飞越台湾海峡，进入福建晋江上空。大陆空军反应迅速，驻漳州的航空兵第二十四师先后起飞两批3架歼-6战机拦截。

第一批歼-6刚刚升空，就遭到已飞到低空的4架F-104战斗机的偷袭，数枚响尾导弹呼啸而来。解放军3号机飞行员胡寿根听到地面的紧急呼叫后，立即一个180度大转弯，避开导弹的攻击，他刚转过头来，就与一架F-104正面相遇。胡寿根驾机以极限速度冲向敌机，F-104增速到1600公里/小时，双方飞机都以超音速呈斜对头状相对飞行。胡寿根毫无惧色，在两机即将相撞的瞬间，迅速开炮攻击。F-104冒着黑烟坠落下去。胡寿权仅用48发炮弹就将对手击落，创造了在负速度差条件下击落敌机的先例。

此后，国民党空军对大陆的侦察活动日渐减少。1968年6月以后，国民党空军即停止了昼间进入大陆的侦察，一场延续近20年的侦察与反侦察的较量落下了帷幕。

第十二章

九霄魔影，半壁江山"黑猫"窃
奋起直追，竹竿子捅下U-2

　　20世纪50年代后期，台湾国民党空军开始对大陆纵深进行高空侦察，美国从其自身战略利益出发，对台湾的这一行动大力支持，并不断向台湾提供先进的高空侦察机。

　　美国最先提供给台湾的高空侦察机是RB-57A型，这种飞机为亚音速双发喷气式高空侦察机。机型原为英国电器公司设计的坎培拉式轰炸机，美国对其进行仿制后改装为侦察机。该机最大飞行速度930公里/小时，飞行高度1.5万米，续航时间7~8小时。国民党空军第4侦察中队是世界上第一个装备该机进行实战侦察的部队。1957年12月，RB-57A开始对大陆进行侦察飞行。

　　1958年2月18日，是传统的春节。这天早晨，台湾北部地区阴雨连绵。桃园机场的跑道尽头，停着一架全身漆黑的RB-57A型侦察机，在昏暗的雨幕中，几乎看不清机上5642的编号。在地勤人员的帮助下，台湾国民党空军第4侦察中队的上尉飞行员赵广华跨进座舱，发动飞机，滑过跑道。这架RB-57A伴随着轰鸣升入天空，开始又一次侦察大陆之行。

　　上午10时45分，RB-57A飞至舟山群岛上空，高度8000米，距大陆海岸约150公里左右。解放军防空雷达发现这架正向华北方向爬高前进的国民党侦察机后，立即上报指挥机关。

接到敌情通报后，担负在既定空域执行截击任务的解放军海军航空兵四师指挥员立即命令值班飞机起飞迎敌。10时54分，在山东青岛流亭机场跑道上待命的海军航四师十团中队长胡春生和飞行员舒积成，驾驶歼-5型歼击机紧急升空。地面指挥人员不断通报敌机的方位，引导胡春生双机连转3个弯，修正11次航向，爬升到高空待命歼敌。

当RB-57A飞入山东半岛上空时，其飞行高度超过了15500米，这个高度已接近解放军海军航空兵歼-5型飞机的最大升限。为了对付国民党主军的高空侦察机，海军航四师于1958年初进驻流亭机场后，曾多次组织飞行员在高空试飞试炮。并针对RB-57A入窜侦察的特点，制定了各种作战方案。飞行员对打掉这种飞机充满了信心。

胡春生和舒积成双机飞至15000米高空，耳机里接连传来指挥所引导的声音。胡春生首先在前方发现一个黑点，并判明是敌机。他一面向地面报告，一面招呼舒积成向敌机扑去。这时，赵广华也发现了迎面杀来的解放军飞机，急忙将航向右转，企图逃跑。胡春生抓住机会，修正航向，切半径追赶上去，发起攻击，两次开炮射击，炮弹都在RB-57A的机身下掠过。胡春生第二次进入攻击时，没有急于开炮，待敌机的投影占满瞄准镜整个光环，才按下炮钮。从距离133米一直到到距离75米，RB-57A右发动机、机身和机尾都中弹冒烟，开始倾斜下降。这时胡春生仍想继续攻击，无奈炮弹已尽。僚机舒积成猛追上去，连

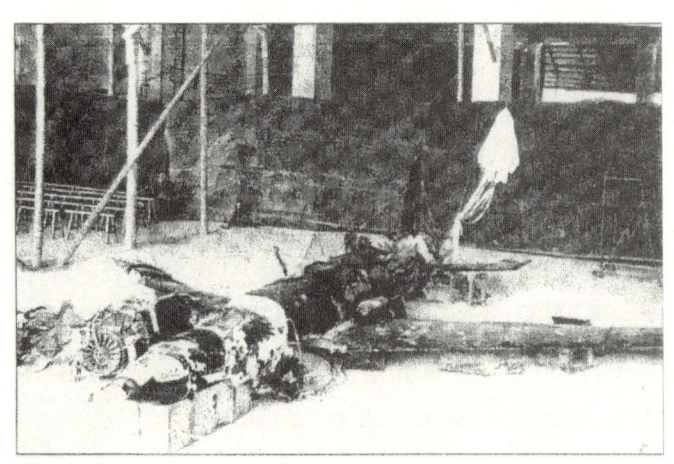
被中国空军击落的无人侦察机

续两次开炮命中。RB-57A的右翼折断，顿时由高空笔直下坠，残骸落在黄海中的千里岛附近沉没。胡春生、舒积成创造了世界上同温层高空歼敌的纪录。正在朝鲜访问的周恩来总理闻讯后非常高兴，立即打电话向海军表示祝贺。

RB-57A被击落后，台湾国民党方面连忙否认，说RB-57A没有出动，还在台湾机场。美国国防部空军发言人当天宣布，根本没有把这种飞机送给台湾。两种说法，自相矛盾。实际上，解放军海军不仅拥有RB-57A被击落的照片，而且派潜水员将其残骸打捞出来，并在青岛中山公园向群众公开展览。

RB-57A葬身在歼-5炮口之下，使国民党空军对该机失去信心，诅咒其为"黑棺材"，不愿再派飞行员驾机侦察大陆。台湾当局和美国军方共同分析了RB-57A被击落的原因，并磋商制定新的对策。参与决策的美台军方人士已认识到RB-57A与中共战机相比并不占优势。它的实用升限只有15000余米，正处在米格机的飞行高度之内。要想继续对大陆进行高空侦察，必须换新的机种，保证在升限上超过解放军的歼击机。基于这番分析，美台军方决定，立即对台湾国民党空军现役的首批高空飞行员进行改装训练，同时选拔两名飞行军官加入高空侦察飞行任务小组。

当时，台湾国民党空军第四侦察中队由RF-100A和RB-57A各1个分队组成。为了接收美国提供的新型RF-101型侦察机，飞行员卢锡良、林佐时和张育保分批前往美军冲绳基地，接受新机种改装训练。为了加强RB分队的力量，台湾国民党空军挑选了两名飞行军官，即上尉作战长田建南和中尉飞行官王英钦留在桃园基地进行高空飞行训练。

当时，美国已决定向台湾提供RB-57D型高空侦察机，为了便于飞行员训练，美国空军特地从日本调遣两架B-57C型双座机供桃园基地使用。田建南和王英钦由美国教官带领，先在台湾进行了初步训练然后前往美国，在德克萨斯州德尔里奥城的洛林空军基地接受改装RB-57D的全套技术培训。

在田建南和王英钦接受改装训练期间，美国为了掌握中国大陆的军事情报，派遣其空军飞行员直接驾驶U-2型高空侦察机进入中国境内侦察。对此，中国政府多次向美国提出抗议。

1959年初，美国提供的两架RB-57D型高空侦察机运抵桃园基地，由结束改装训练的田建南、王英钦驾驶，重新对大陆进行高空侦察飞行。RB-57D与RB-57A同属一个系列，但换装了更为先进的发动机和侦察设备。该机装有4部航空相机，在1.85万米高度实施照相侦察时，可摄取长约4000公里，宽70公里地幅的地面目标。它的飞行高度达20000米，当时解放军空军最先进的苏联制造的米格-19农夫式超音速歼击机与之相比，在高度上也处于劣势。

1959年1月14日，台湾国民党空军的RB-57D型侦察机首次出动，飞至江苏、浙江、安徽等地上空进行侦察。解放军空军歼击航空兵部队先后起飞多架米格-17、米格-19进行拦截，均因飞行高度不及RB-57D而无法攻击。在以后的两个月内，RB-57D又先后入窜大陆9次，活动范围遍及福建、浙江、江苏、上海.江西、广东、湖南、湖北、安徽、贵州、四川、河南、山东等13个省市。在拦截过程中，解放军空军歼击机106架次发现目标，眼看着RB-57D在高空飞行，却只能望敌兴叹。至于各种口径的高射炮，则更是无能为力。同年6月，RB-57D还两次飞到北京上空进行侦察，穿过由歼击机、高炮群组成的防空网，顺利返航。

RB-57D的侦察飞行屡屡得逞，而建国十周年的盛大节日又即将来临，加强首都的防空力量已成当务之急。为此，中共中央调遣最精锐的歼击机和高射炮部队，在北京周围进行部署，并将进行改装训练仅4个月的地空导弹部队投入使用。

地空导弹部队是解放军空军的一张王牌，其核心机密鲜为人知。早在1956年8月，中国政府就作出了从苏联引进导弹技术的决定。1957年9月，中国方面派聂荣臻、陈赓、宋任穷等率代表团前往莫斯科，同以别尔乌辛为首的苏联代表团谈判。10月15日，双方达成协议，签订了苏联在火箭和航空等新技术方面援助中国的协定，其中包括向中国提供萨姆-2地对空导弹。

1958年，解放军空军着手组建代号为"五四三"的地对空导弹部队。10月6日，在北京清河镇空军高级防校小礼堂，举行了中国人民解放军空军地空导弹兵第一营成立典礼。空军司令员刘亚楼庄严宣布：中国空军地空导弹第一营正式成立。在同年年底以前，由北京军区、南京军区空军抽调精锐人员，组建了地空导弹第二营、第三营。上述工作，都是在极其保密的条件下进行的。

同年11月23日，地空导弹第一营营长张建华等人在满洲里接收苏制萨姆-2兵器5套、导弹62发。萨姆-2盖德莱式地空导弹是苏联第一代地空导弹，最大射程92公里，最大射高24公里，采用无线电指令制导，动力装置为一台液体火箭发动机和一台固体助推器。萨姆-2在当时是非常先进的防空武器。解放军空军接收导弹后，即在苏联帮助下，进行改装训练，并于次年4月在宁夏中卫靶场进行了实弹射击。

根据中央军委的命令，空军主管国土防空的副司令员成钧中将组织人员对导弹的作战部署和阵地勘设作了研究。1959年8月初，副总参谋长杨成武上将乘直升机对勘选的阵地进行了复查。

9月5日，解放军空军5个地空导弹营进入阵地，撑起了保卫北京的防空伞。其中一营进驻大兴县东枣林，二营进驻通县张家湾机场，三营进驻丰台区槐树岭，四营进驻昌平县沙河机场，五营进驻顺义县河南村。

10月1日，建国十周年庆典活动如期举行。天安门广场贵宾纷至、游人如潮，盛大的国庆阅兵又一次展示了解放军的强大阵容。担负防空任务的歼击机、高射炮和地空导弹部队高度戒备，但台湾国民党空军的飞机并未"光临"。

转眼到了10月7日。这一天虽然是星期日，但台湾桃园机场仍是一片忙碌。国民党空军上尉飞行员王英钦在地勤人员的注视下，驾驶着RB-57D高空侦察机，飞入晴朗的天际。他做梦也不会想到，自己会成为世界上第一位被地空导弹击落的飞行员。

9时40分，福建前线一雷达站的荧光屏上，出现了这架RB-57D的信号。雷达兵很快判明情况：台北市以北50公里上空，RB-57D高空侦察机一架，正向大陆飞来。

10时03分，雷达站继续报告，敌机从浙江温岭窜入大陆，高度18000米。北京空军地空导弹群指挥员张伯华向各营下达命令："敌机可能到达北京地区，注意做好战斗准备。"

此时，解放军空军驻南方的歼击机开始起飞拦截。王英钦驾机飞至1.92万米高空，经杭州、南京，找到了津蒲铁路，以它作为地标，一路向北京飞去。

11时15分，RB-57D距离北京700公里，5个地空导弹营进入一级战斗准备，35分钟后，地空导弹第二营打开制导雷达天线，在115公里距离上捕捉住目标。群指挥所下令：我歼击机已经退出战斗，二营坚决消灭敌机！

12时04分，RB-57D进入萨姆-2导弹射程之内。随着二营营长岳振华的"发射"口令声，3发萨姆-2导弹喷吐着火焰，从发射架上腾空而起，直向高空的目标射去。王英钦措手不及，立遭灭顶之灾。断成几截的机体拖着熊熊大火，一头扎进通县东南的玉米地里。

停泊在东海上的美国情报船也在密切注视着王英钦的飞行动态。船上的远程雷达突然测出这架RB-57D的飞行高度有所下降，然后竟然在3分钟内由18300米急剧降到9510米，并且就此失去了踪影。在场的美国情报专家依据这种下坠速度断定，王英钦和他的座机已被击落。

确认敌机被击落以后，地空导弹二营保卫干事任永清、技术处主任王照明立即驱车上路，向着雷达标示的敌机坠落方位开去，执行保护RB-57D残骸现场的任务。

通县之战，中国人民解放军空军导弹部队首开世界防空史上运用地空导弹击落敌机记录。早在1941年，纳粹德国就开始研制地空导弹，其后的18年间，美苏等国先后装备了地空导弹，但只是在靶场上大显神威。台湾国民党防空部队装备地空导弹的时间几乎和大陆同步。1958年10月，美国就宣布向台湾提供"奈基"（即胜利女神式）地空导弹，由于大陆军机从未到台湾上空作战斗飞行，台湾地空导弹部队始终未获战果。靠着台湾空军的"协作"，解放军空军轻而易举地获得世界级的殊荣。

RB-57D的去而不返，导致国民党和美国军方再次对这种飞机的使用价值进行评估。当时，他们还不知道中共空军已装备地空导弹，只是以为解放军换装了新型歼击机，且性能已超过RB-57D，于是决定该型机退出现役。在此后的两年3个月内，台湾方面停止了对大陆纵深的战略侦察。

进入60年代，中共发展核武器的迹象愈加明显。美国急待了解中国大陆核计划的进展情况，于是又打起台湾空军的主意，想利用台湾国民党空军飞行员驾驶U-2型高空侦察机"穿幕"，深入大陆内地侦察照相，系统地搜集中共重要工业设施、军事部署等情报，全程监控中共核弹和远程导弹发展过程。为此，美国特派中央情报局高级官员克莱恩专门同台湾军方会商合作事宜。

当时在台湾担任"国防部长"的俞大维，对美国的这项计划持反对态度。他认为美国要用U-2侦察大陆，就应该由美国空军去冒险，而不应"看好"台湾空军。况且U-2所搜集的情报大多涉及中共的核计划，对台湾益处不大，台湾所需要的是中共在大陆沿海的军事动态，用国民党空军的侦察机就可以胜任，而无需动用U-2这样的高空侦察机。在俞大维的强烈反对下，克莱恩只好去找蒋经国帮忙。得到蒋氏父子的首肯后，台湾空军只好无奈地接受此项计划。

1960年7月，美国向国民党空军提供的两架U-2运抵桃园。台湾军方挑选6名飞行时间在2000小时以上、具有空中侦察经验的人员，组建了"第三十五气象侦察中队"，隶属国民党空军总部情报署，但实际上由美国人直接控制。飞机的维护、看管都由美军担任，停放U-2的木制机棚，连国民党空军的联队长、大队长都进不去。

U-2是美国洛克希德公司为美国情报机关特制的高空侦察机。该机由加利福尼亚州帕达尔的"臭鼬"工厂生产。1956年4月，美国以全国航空咨询委员会发布新闻的方式，宣布U-2试制成功。为保密起见，谎称该机将用来研究湍流及气象方面的情况。从1957年起，美国中央情报局即把它当作对其他国家进行空中侦察间谍活动的工具。时至今日，U-2仍未退出历史舞台，在海湾战争中，美国多次使用该机侦察伊拉克的军事部署。

U-2问世后，它的性能颇受美国军方青睐。该机最大飞行速度800公里/小时，最大航程7000公里，续航时间高达9个小时，实用升限达22870米。机载侦察设备包括夜航系统、电子对抗系统、电磁波探测系统及多台侦察相机。它在20000米高空拍摄的照片，可供判读的横向范围达150公里，并具有很高的清晰度。

经过一年多的改装训练，台湾空军的三十五中队于1962年1月13日开始出动U-2执行大陆侦察任务。由于三十五中队的队徽是红色底漆加一个黑猫头，所以人们称这个中队为"黑猫"中队。对于神秘的U-2飞机，台湾人则称之为"黑猫小姐"。据美国掌握的情报，中国大陆的核工厂和试验场区分布在甘肃、新疆、内蒙等地。这些地方距台湾都有上千公里。U-2机在这么远的距离上执行侦察任务，如果在途中发生故障，根本无法返回台湾的基地。为了加大U-2出航的保险系数，美台双方曾考虑在大陆周围国家中选择一处供U-2起降的机场，经过一番选择比较，认为只有泰国和印度为佳，但在当时这些国家都不愿扮演这个不光彩的角色。在别无选择的情况下，"黑猫"中队只好以台北桃园为基地深入大陆内地作战略侦察飞行。

在半年时间里，U-2对大陆的侦察飞行达11架次之多，除新疆、西藏外，其航迹遍及全国各地。在此期间，美台之间因情报的使用权问题产生了矛盾。U-2每次起飞执行任务，都由美国人直接下达指令，指定侦察目标、航线和飞行高度。飞机返航着陆后，美国人直接将侦照胶片等情报取走，用专机转送日本解析判读。看到自己出生入死换来的情报被美国人独占，台湾空军很不满意，几次同美方交涉。但美方都以技术问题来搪塞，事实上，当时台湾也确实不具备解析这类情报的能力。

在台湾军方的多次强烈要求下，后来美方总算答应在桃园基地设立侦照底片的冲洗站，省略了专机转送日本的麻烦。另外还同意帮助培训台湾的空照判读人员。对此，台湾空军大喜过望，赶紧在松山军用基地一间密室内设立"新生小组"，专门判读由美方所提供的高空侦测照片。实际上，由于技术的差距和情报需求的不同，台湾所获得的有价值情报相当有限。

U-2的飞行高度令解放军空军各型歼击机望尘莫及，担负防空任务的兵器中，只有萨姆-2导弹才能对付它。当时，解放军空军的地空导弹部队仍在北京布防，自从王英钦被击落以后，台湾国民党空军再不光顾北京。要想打掉U-2，必须选择新的作战地点。经中央军委批准，解放军空军作出决定，将保卫首都的地空导弹部队撤出北京，在U-2侦察机经常活动的航路上机动设伏。

在广阔的国土上用数量有限的几个地空导弹营伏击U-2，无疑是大海捞针。两个月后，未获战果的解放军空军重新调整了导弹部队的部署，8月29日，在夜幕掩护下，导弹二营由湖南长沙转至江西南昌向塘设伏。在U-2以往的11次飞行中，有8次飞经南昌，解放军空军判断此地是U-2飞行的一个检查点，因而在这里布下罗网。

为了诱使U-2出动侦察，解放军空军略施引蛇出洞的小计，命令驻南京的轰炸机部队进行佯动。因为在福建方向的航空兵一有调动，U-2多会出来侦察。

9月7日，解放军空军一个大队的轰炸机从南京起飞，抵达南昌某机场。第二天，又有一架大型轰炸机从高空飞往南昌以南。上述飞行活动都被东南沿海岛屿上的国民党军雷达所掌握。台湾军方随即和美方协商，决定出动U-2前往侦察。

9月9日6时，一架全身漆黑的U-2从桃园机场起飞，驾驶这架飞机的是国民党空军少校飞行员陈怀。

6时13分，U-2飞至桃园以北40公里处，被解放军远程雷达发现。7时32分，陈怀驾机飞至平潭岛上空，高度20000米。随后，这架进入大陆的U-2经福州、沿鹰厦铁路，过顺昌、光泽，一路向江西境内飞来。解放军空军的多部雷达紧盯住U-2的航迹，地空导弹部队进入临战状态。

U-2飞过九江，进入湖北省境内，然后又突然左转180度逼近南昌，一步步接近毁灭。

8时32分，南昌向塘导弹阵地，3发萨姆-2离地而起，U-2一头撞进

3600块弹片编织的死亡之网。

北京空军指挥所的大型图板上，标示U-2航迹的蓝色铅笔线停止了前进。看到目标已被消灭，空军司令员刘亚楼高兴得跳起来。紧接着，击落敌机的正式报告也通过电波传至北京，刘亚楼立即将这一消息报告给中央首长。

南昌之战获胜，震惊国内外。新华社9日发布消息："美制蒋匪帮U-2型高空侦察机一架，于九日上午窜至华东地区上空，被我中国人民解放军空军部队击落。"周恩来总理闻讯后，高兴地说："很好，这是一个伟大的胜利。"9月15日，首都各界人士1万人在人民大会堂举行盛大集会，庆祝击落U-2型飞机的胜利。

被大陆击落的国民党 U-2 飞机残骸

当时，大陆方面对如何击落U-2守口如瓶。台湾及西方的军事专家和新闻界人士一直在挖空心思地猜测解放军空军使用何种武器击落U-2。虽然U-2早在1960年就被苏联国土防空军的导弹击落过，但美国却认为是苏联克格勃在U-2飞机上作了手脚。国外许多人士对解放军空军能拥有击落U-2的手段更表怀疑。在一次记者招待会上，有外国人又提出这个问题。当时担任外长的陈毅，用风趣的语言巧妙地回答，"我们是用木棍桶下来的。"

1962年12月，美国又将两架U-2提供给台湾空军。原有的两架U-2除了陈怀座机之外，另一架已在训练飞行中坠海爆炸。经过一段时间的侦察，美国人已经掌握了萨姆-2导弹的导向系统的工作频率，在新提供给台湾的U-2飞机上，已经加装了电子预警系统，在飞临地空导弹阵地时，该系统可捕捉到导弹的信号，并向飞行员发出警报，通过飞机晃动摆脱导弹的追踪。由于大陆的核计划在加紧进行，建有核工厂的兰州、酒泉、包头再次成为U-2重点侦察的目标。

1963年3月28日，一架U-2从南朝鲜群山机场起飞，经包头、乌鲁木齐后飞至甘肃某基地上空。在该地的国防科委所属地空导弹第四营两次捕获目标，由于U-2已加装预警系统，未待地面发射导弹，都及时转弯脱离。1963年6月3日，又一架U-2前往兰州侦察，地空导弹第四营再次失利。U-2飞机故伎重演，逃之夭夭。

再次失利之后，中央军委副主席聂荣臻元帅指示："将4个营统一部署，组成大面积有机结合的火网。"按照这一指示，地空导弹部队调整部署，进行集团设伏，但仍无法打击U-2。9月25日，又一架U-2在地空导弹火力网中穿行而过，安然归巢。

打击U-2接连失利，解放军空军觉察到敌机已拥有对付导弹的手段。通过分析战例，人们发现U-2每次都在地空导弹制导雷达开天线的20秒钟后开始机动，如果能在20秒内发射导弹，仍有可能击落敌机。

按照苏联萨姆-2导弹作战的规定，打开雷达天线一般在100公里以外，从打开制导天线到发射导弹需7~8分钟。为了有效地打击U-2，地空导弹二营的干部和技术人员反复进行研究，经过数十次开机试验，终于将打开制导雷达天线的距离减至38公里，发射准备时间压缩到10秒以内，创造出"近快战法"。这样，U-2即使接收到导弹的制导信号，也来不及转变逃脱。

萨姆-2导弹

根据U-2入窜的特点，空军司令部将4个导弹营重新进行集团布置。一营驻弋阳，二营驻上饶、三营驻江山、四营驻衢州，组成160公里的拦截正面。上述4个营于11月1日开始正式进入战备状态。

1964年1月1日清晨，一架U-2侦察机从桃园起飞，驾驶飞机的是国民党空军少校飞行员叶常棣。在U-2飞向大陆的同一时刻，解放军空军副司令员成钧正在上饶召开作战会议。成钧根据以往U-2的飞行规律，判断敌机回航时还会通过导弹设伏地域。命令参战部队作好打击回窜之敌的准备，同时强调各营一律在距离37公里以内打开制导雷达天线。二营营长岳振华的吉普车一路尘烟，开回设在赵家凹的营指挥所。岳振华简单讲明作战意图："近快战法，37公里开天线。"

全营官兵立即作好发射准备。

回窜的敌机飞过九江，直奔上饶，再一次为二营创造了立功的机会。二营作战参谋陈辉亭根据敌机航速推测U-2已到35公里处，已超过作战会议要求的37公里。岳振华毫不犹豫地命令："开天线！"

天线打开后，3个跟踪显示器都无目标出现。"就是它！"高低角引导显示器右下边缘半个米粒大的信号露了出来，操纵手赶紧打手轮锁住目标，转入自动跟踪。3发导弹紧跟着射向天空，从开天线到发射导弹，整个过程只用了8秒。

警报声响，已意识到危险临近的叶常棣急作转弯机动，躲过第一枚导弹的攻击，第二发导弹接踵而至，一口咬住目标。随着"轰"的一声巨响，飞机被炸解体，在劫难逃的叶常棣被甩出座舱，失去知觉。U-2残骸坠落在广丰县东山人民公社万罗山。

叶常棣毫无知觉地在空中坠落了两三分钟，才苏醒过来，他赶紧打开降落伞，降落在一个小山丘上。着地后的叶常棣想站起来逃跑，但却动弹不得，刚才空中飞射的弹片已将他的双腿和手臂击伤。"完了，真要被共产党剥皮抽筋了"，解放军和民兵包围过来，叶常棣束手就擒。一位解放军告诉他："不要怕，我们不杀你。"又转身对一位民兵说："先给他弄些水喝，马上送医院。"随后，叶常棣被解放军用一副简易担架送进了当地医院。

叶常棣被击落的当天下午，台湾国民党空军总部宣布："我空军高空侦察飞机一架于十一月一日下午在匪区上空执行例行侦察任务时失事。"矢口否认叶常棣是被大陆空军击落的。5个月后，国民党空军在"青年节"正式文告中，称叶常棣"壮烈成仁"。国民党军队出版的《忠烈传》形容叶常棣"忠心可问天"。

此后不久，"黑猫"中队的另一位飞行员梁德培少校驾驶U-2在台湾外海进行高空训练，由于转弯时操纵失控而坠入海中。

进入1964年，解放军仍在寻机打击U-2。5月8日，屡立战功的地空导弹二营奉命撤出内蒙古土默特旗。风尘仆仆，南下千里，赶往福建漳州设伏。

6月6日，中华人民共和国国防部发布命令，授予二营"英雄营"称号，高度评价了二营的功绩。

就在大陆空军张网待猎的同时，美台方面也在策划新的侦察行动。6月间，台湾国民党空军派出"头号王牌"飞行员李南屏，驾U-2转飞菲律宾库次角空军基地待命。李南屏受领的主要侦察任务是，大陆第一次核试验进入最后现场组装阶段的有关情报和大陆军援北越的补给情况。李南屏在台湾军界赫赫有名，早在1957年即驾驶RF-84F侦察上海，被解放军战机击伤，侥幸逃命。因此由中尉晋升上尉，后任国民党空军第六大队四中队少校分队长。1963年2月，与叶常棣一起到美国接受U-2训练。回台湾后，12次驾U-2侦察大陆，并安全返回。

7月7日，李南屏驾驶U-2飞向大陆。为了配合他的行动，台湾方面先后出动一架U-2和一架RF-101侦察机，窜入大陆，借以分散解放军防空部队的注意力。这些飞机的行踪，都被解放军的雷达所掌握。

在漳州导弹阵地上，已升任副师长兼师参谋长的岳振华端坐在指挥车里。这位解放军空军地空导弹指挥官是大陆第一个100毫米高射炮团的首任团长，担任导弹营长后，战功卓著，半年前，被国防部授予"空军战斗英雄"称号。这时的岳振华正全神贯注地捕捉着战机。

12时25分，李南屏驾U-2飞入大陆，直奔漳州而来。12时36分U-2飞至导弹阵地32公里处，3发萨姆-2升空"欢迎"。

U-2飞机上的预警系统发出警报，看到仪表盘上高频重复脉波信号灯急闪不停，李南屏一边向台湾惊呼："12号高频灯亮起，"一边操纵飞机以30度的大坡度转弯脱离，但为时已晚。解放军空军在上饶击落叶常棣后，已在其座机残骸中发现电子预警装置，并根据装置的工作方式，制定了反预警措施。未待李南屏逃脱，近在咫尺的导弹轰然爆响，U-2应声坠落。

漳州之战结束后，解放军空军给中央军委写了战斗报告，毛泽东阅后，在报告的一侧写下一行大字："此件看过，很好，向同志们致以祝贺。"7月23日，毛泽东在人民大会堂接见地空导弹第二营的全体官兵。毛泽东说："你们是二营嘛，你们什么时候再打下一架飞机呀？"他还饶有风趣地对刘亚楼说："为什么你不让别的营也去打仗，都锻炼一下嘛。蒋介石就那么几架飞机，不够打的嘛。不要老叫二营去，别的部队也可以去嘛。"

1964年10月16日，大陆在新疆罗布泊成功爆炸了第一颗原子弹。美国空军亲自出动，搜集核尘样本。为了更准确地掌握中国的核情报，美国人认为有必要加强对兰州和包头核原料制造工厂的侦测，并决定给U-2装备红外线夜间摄影设备和新的欺骗回答式干扰系统，即"13系统"。

1965年1月10日18时，桃园机场夜色笼罩，"黑猫"中队的少校飞行员张立义驾驶着3521号U-2侦察机升入茫茫夜空。

19时56分，U-2从山东海阳进入大陆上空。虽然张立义在起飞前被告知："这次是按照最新情报定下的航线，航线上绝没有共军的飞弹部队。"事实上，解放军早在张立义出航前就已获得情报，并做好了截击U-2的准备。

U-2飞机经黄骅、大同，很快进入内蒙地区上空，张立义看了一下表，再过一刻钟就可以返航了。他没有想到，化装成"地质勘探队"的解放军空军地空导弹第一营正在内蒙古萨拉奇恭候他的到来。

21时15分，3发萨姆-2导弹喷射的火舌划破萨拉奇的夜空，张立义大难临头。

在20000米的高空，张立义始终没有接到"13号系统"的报警。解放军的"反电子预警2号"装置，已经使U-2的护身符失灵。面对显示器上出现的乱糟糟的小亮点，张立义有些迷惑不解，如果遭到导弹攻击，显示器应该是一条稳定的亮线。他正在犹豫要不要打开"13号系统"电子干扰开关，一团炽烈的火球已蹿到机翼下，四溅的弹片在夜空中发出亮光，整个机身，剧烈抖动，密封座舱内一片漆黑。

张立义意识到座机已被飞弹击中，迅疾拉下自动弹射装置的开关，然后，他就失去了知觉，降落伞带着他落向冰冷的地面。

当一阵刺骨的寒风将张立义吹醒时，他已经躺在茫茫雪地上。U-2飞机座舱温度始终是20多度的恒温。只穿着单薄的高空飞行服的张立义，在零下26℃的雪地里冷得浑身颤抖。他想站起来跑步取暖，刚一动弹，便感到腰部和踝关节彻骨疼痛，只好又瘫坐在雪地上。

U-2飞机被击落后，解放军和当地民兵紧急出动，有的去飞机残骸现场，有的在荒野中搜寻国民党空军的跳伞飞行员。汽车声、人的喊声响成一片，各种灯光在远处频闪。张立义赶忙晃动随身携带的电筒，希望人们能够发现他。虽然有人发现了灯光，但却误以为是其他搜索者，而没有靠前。

很快，各种声音和灯光都没有了。"躺在这里，只能等死"，不甘心坐以待毙的张立义想起在美国的野外生存训练，决心爬出绝境。

11日天明，在雪地上爬行了8个小时的张立义饥寒交迫，已感到难以坚持。正在绝望之际，突然看到前面有几座土房冒着炊烟，他赶紧爬进第一家的屋门。

"我冷……让我暖和一下。"屋内，一位农妇正在做饭。

"不要烤，冻伤不能烤"，农妇拿出一件大衣给想要烤火的张立义穿上。"吃的东西在桌上，你自己吃，我出去办点事。"张立义的服装打扮，已使农妇猜到了其身份。

不一会，这位农妇带着几名民兵回来了。张立义被用毛驴车拉到了公社，成了解放军的俘虏。

在北京宣布击落这架U-2之前，台湾国民党空军已知道张立义再难返

台湾人称 U-2 为"黑猫小姐"

回桃园。由于高频通讯在夜间接收状态极差，张立义从山东沿海进入大陆不久，在桃园的地勤人员就接收不到U-2电子仪器发出的信号，最后竟完全失去了联系。借助监听大陆防空系统所获得的资料发现，张立义的座机"穿幕"之后，大陆空军雷达早就盯住了U-2。飞机飞到北京以南不久，追踪就停止了，5分钟后，防空警报宣告解除。这些迹象表明，张立义已被击落。

十一日，台湾方面宣布"空军少校张立义不幸于十日夜驾U-2侦察机到大陆执行任务时殉难。"当天中午，台湾国民党空军总司令徐焕升上将专程前往东港，慰问张立义家人。此时，张立义正在内蒙古土默特旗沙海子公社的一间屋子里吃着热乎乎的鸡蛋面条。

在此之后，大陆方面又接连试爆了数颗原子弹，氢弹的研制也获得重大突破。1967年7月5日，"黑猫"中队又一位飞行员庄人亮驾驶U-2从泰国泰克里基地起飞。U-2在死寂的暗夜里升空，越过缅甸、西藏，到达罗布泊时正是最适合拍照的清晨。庄人亮拍了好些图象清晰的照片，然后循原路返航，来回将近9个小时。

12天后，大陆第一颗氢弹试爆成功。又有一名"黑猫"中队队员深入新疆侦测搜集核尘样本。由于U-2途经的喜马拉雅山东部伊尔瓦弟山谷没有解放军的导弹部队，"黑猫"得以平安归巢。

在两年多的时间里，U–2未受任何打击，美台方面甚为得意。有人甚至认为中苏关系恶化，中共空军已失去导弹来源，无力同U–2抗衡。殊不知，在此期间，大陆航空工厂根据资料和样品，成功地对萨姆–2导弹进行了仿制，并在此基础上，制造出新型的红旗–2地空导弹，解放军空军随即组建了更多的地空导弹部队，张网等待U–2号的再次到来。

1967年9月8日，一架U–2侦察机从桃园机场起飞后直线北上，从苏北启东入陆，经松江、杭州湾，准备侦察嘉兴机场。

驻沪空军地空导弹部队接到敌情通报后，很快作好了迎战准备。U–2很快飞临嘉兴机场，并不断向地面制导雷达施放干扰。当U–2与导弹阵地相距32公里时，解放军空军地空导弹第十四营副营长夏存风一声令下，3发国产红旗–2导弹将这架U–2击落。

进入1968年后，台湾国民党空军停止使用U–2对大陆进行纵深侦察。

第十三章

高度机密，美蒋合谋遭破产
难成大计，特务频繁邀功忙

　　1959年，中苏关系恶化加剧，自然灾害也开始肆虐大陆。不甘心偏安一隅的蒋介石自以为有机可乘，准备不失"良机"，实现其"反共复国"的美梦。1960年2月，国民党当局在台北召开一届三次"国民代表大会"。蒋介石在会上宣称，"台湾卧薪尝胆10年之久，已具备反攻大陆的基础"，他甚至为与会代表开出了时间表，要在6年内完成"反攻大业"。此后的事态发展证明，蒋介石并非纸上谈兵，而是积极将反攻大陆的设想付诸于行动。

　　1960年初，蒋介石密令台湾国民党军副总参谋长执行官唐守治中将，精选优秀军官，和参谋本部若干人员一道，专门研制拟定反攻大陆的具体作战方案。最初制定的计划，代号为"国光"。

　　为了保密起见，"国光计划"的制定只有极少数人参与和知晓，并专门在台湾三峡成立了一个作业中心。美军顾问团对此事也一无所知。1960年夏季，国民党军调集一个步兵师和一个陆战团，到澎湖演练"国光"计划中的"两栖作战案"，直到此时，美军顾问团才如梦初醒，得知台湾方面的举动。

1954年台湾和美国签订的《共同防御条约》中曾规定："台湾方面对中共若欲施行军事行动，须先通知美国。"台湾单方面制定反攻大陆的军事计划，显而易见地违反了这一规定，这是美国人所不能容忍的。当时在台湾的美军顾问团团长博克少将，闻听此事后不禁勃然大怒，立即向台方抗议，并要求台湾提供"国光计划"的细节和进展情况。

台湾当局见天机外露，干脆一不做，二不休，拉美国人入伙。台美双方共同参与制定"国光计划"后，设在台湾国民党军参谋本部的"国光室"即取代了三峡的作业中心，该项计划也随之易名为"旭光作战计划"。

"国光"易名为"旭光"后，台美双方的主管将领都有所变动，1960年9月，达伦少将接替博克少将出任美军顾问团团长。台湾方面新调国防部司令官朱元琮中将，担任作战助理次长执行官，协助唐守治中将完成"旭光计划"。

半途而废的"国光计划"很多构想并不成熟，内容也不完备，其后出笼的"旭光计划"则臻于完善。该计划由10余项子计划组成，主要有空降、两栖和后勤作战三部分，分别命名为"鹏程"、"凯旋"、"长虹"。

"鹏程作战"的全称为"联合空降作战案"，其构想是出动运输机群，在战斗机掩护下，于福建漳泉地区及广东潮汕地区空降伞兵，攻占莆田、宁洋、上杭、五华、海丰一线，建立闽南粤东进攻基地，然后向内陆扩展。按照该方案的设计，台湾空军需大规模扩编，其具体构想是，到1964年底，台湾空降步兵团扩充为空降师，战斗机、战斗轰炸机、侦察机、运输机联队的数量亦将大增。联合空降特遣部队指挥部预计设在台湾公馆空军基地，空降师则置于台中成功基地。为了增强空军的远程作战能力，台湾要求美国提供大型运输机和16架轰炸机。美国担心蒋介石固执己见，会不顾后果地发动大规模进攻大陆的行动，只勉强同意提供3架C-123型运输机，至于台方要求的16架轰炸机，则婉言相拒。C-123型供应者式运输机虽然性能优于台湾拥有的C-46型运输机，但区区3架，对于反攻大陆的需要来讲，简直是杯水车薪。扩编空军的宏愿难以实现，"鹏程作战"只好束之高阁。

"凯旋"则是"联合两栖作战案"的代号。其战术设想是在闽南粤东地区登陆，抢占滩头阵地，建立桥头堡，策应后续部队上岸，然后攻占福州、南平、永安、连城、上杭、平远、龙州、紫金、海丰一线，建立进攻基地，先声夺人挺进内陆。

"凯旋作战"内有"登陆潮州"、"登陆厦门"、"登陆福州"三个方案。由于赣江流域多山且无重兵防守，不利大兵团作战，可将解放军优势兵力的威胁减至最低，所以"登陆潮州"成为台湾方面的首选方案。其他两个方案，因种种原因都有不尽人意之处。

"登陆厦门"虽然可以得到金门守军重炮火力的支援，后勤路线也最短，但这一地区集结有解放军最精锐的部队，即使登陆成功，也要付出惨重的代价。通过1953年的东山岛战斗，国民党军对福建驻军的出色表现记忆犹新，不敢等闲视之。"登陆厦门"有此顾虑，方案变成了备案。

至于"登陆福州"方案，也同样不为台湾军界高级人物所赏识，因为该地解放军驻有重兵，补给线长，又有武夷山作为天然屏障，战略纵深有限。

无论是实施"鹏程"作战，还是进行"凯旋"进攻，都离不开后勤支援。为此，台湾方面制定了"联合后勤作战"方案，代号为"长虹"，其最终补给点设于上海。

从整个"旭光计划"的内容来看，台湾方面实际构想的作战区域只限于长江以南，只能称得上是一个局部反攻方案。在"旭光计划"中，对长江以北地区的战术构想只字未提，其内容本身也反映了国民党图谋反攻大陆，实属自不量力之举。

在制定反攻计划、培训突击队员的同时，台湾方面更希望美国能对其反攻助一臂之力，协助国民党军横渡台湾海峡。抱此目的，只要一有美国要员来访，蒋介石总是不厌其烦地向对方宣讲一番反攻大陆的想法。蒋介石津津乐道，而听者却并不热心。

为了让美国人了解台湾当局反攻大陆的决心和准备，蒋经国也频繁活动，除了接受美国新闻界采访之外，还经常安排一些参观访问活动，希望美国人对反攻大陆能大力相助。

1960年4月间，蒋经国打电话邀请美国驻台协防司令斯奈德到某地参观。满身戎装的斯奈德乘上蒋经国的座机，经过两个小时的飞行，最后在台湾中部某地着陆。走下飞机的斯奈德发现，这里的景色优美宜人，犹如一座广袤的死火山。首先映入眼帘的是成列的军用帐篷，面积相当辽阔。

次日清晨，斯奈德用毕早餐，即和蒋经国搭乘吉普车前往帐篷相连的平原，校阅台湾的特种部队。阅兵完毕，国民党军的一位中将对斯奈德夸耀说："这里每顶帐篷住着20名队员，每个队员都接受过完美的游击训练，装备也不错。他们骁勇善战，积极主动，随时待命准备空投到大陆打游击战。"这位中将还吹嘘说，在中国大陆南部的大山谷里，像这样的据点有三四百个，可以说是一股相当坚实的游击力量。

在当时，美国驻台"大使"和美军顾问团的高级将领，都知道蒋介石非常急于反攻大陆，但也清楚台湾凭自己的力量，不太可能有建立滩头基地的机会。虽然美方参与了"旭光计划"的拟定，但在"务实"方面，却

蒋介石视察国民党残军

第十三章

难成大计，特务频繁邀功忙

高度机密，美蒋合谋遭破产

始终不见动作。斯奈德参观完台湾的特种部队后，向美国海军参谋长汇报了这一神秘之旅，其上司的回答直截了当，充分表明了当时美国的态度："他们在中国大陆有特殊的据点，我们不要求他们放弃，但是如果蒋先生要求任何援助的话，就明白地告诉他，我们不支持！"

台湾当局除了积极筹划在台湾海峡发动进攻之外，还寄厚望于滇缅边境的国民党残军，幻想这支藏身密林之中的部队能在云南打开局面。然而好景不长，1960年初，中国和缅甸签定了关于两国边界问题的协定，为大陆消灭国民党残军提供了良机。经过解放军的两次扫荡，台湾岛外的"复兴基地"土崩瓦解。

早在1954年，数以千计的国民党残军从缅北撤往台湾，但还有1万多人原地未动。这些残军失去统一的归属，形同散沙，台湾曾一度撒手不管，停止了物资供应。缅军借机大举进攻，国民党残军无心恋战，纷纷逃散，更有大批官兵回国投诚。到1954年6月，缅北国民党军骤减至5800余人。

此时，台湾当局又觉得缅北的"复兴基地"不应放弃，忙派原残军副总指挥、曾当过蒋介石侍卫官和第八军副军长的柳元麟从台湾返回缅北，收拾残局。柳元麟是黄埔军校第四期毕业生，颇受蒋介石的赏识。他返回缅北后，搜罗旧部，招兵买马，将残军改称为"云南人民反共志愿军"，自任总指挥。经过一番整顿，残军重新编为一、三、五、七军。为了向台湾邀功请赏，柳元麟不时派出小股兵力袭扰云南。

1957年10月，台湾国民党召开"八全"大会，强调对大陆进行"政治反攻"。在此背景下，台湾制定了所谓的"安西计划"，指令滇缅边境的国民党残军加紧对云南进行情报、心战、策反等活动，并适时组织暴乱和进袭。1958年8月，柳元麟奉台湾当局的命令，率1400人进犯云南。出师不利，入境后即遭到云南边防军的截杀。

1959年初，西藏上层少数分子发动暴乱，台湾当局希望柳元麟也能够在云南方向有所进展。2月，蒋介石在台湾日月潭亲自召见柳元麟，面授机宜。继恢复对残军的空投后，台湾情报局副局长任剑鹏也潜往缅北，和柳元麟策划再次进犯云南。

云南境外国民党军的种种蛛丝马迹，显示出一种更大的冒险行动在酝酿之中，中共中央领导人对此极为关注。5月4日，毛泽东指示中共云南省委和昆明军区：应立即加强有关地区的工作，派得力人员去各地调查情况，研究对策，千万不可马虎大意，轻易相信下面太平无事的书面报告，中央军委亦应派员去云南布置对策。

中共中央军委根据毛泽东的批示，于5月5日作出关于加强边防对敌斗争的部署，副总参谋长杨成武上将亦专程赴滇，检查指导工作。昆明军区雷厉风行，迅速调整了边防部署。各路边防军枕戈待旦，整个边境高度戒备。国民党军察觉到这一情况，未敢贸然行动。

1960年1月28日，中国政府和缅甸政府在北京正式签订了边界协定。双方随后开始进行边界勘察和树立界桩工作，而国民党残军却不时破坏这一工作。为此，中缅两国政府商定，中国人民解放军进入缅甸境内作战，双方联手消灭缅北的国民党残军。

国民党残军对于中缅两国间的行动毫无觉察，还在不遗余力地作进袭云南的准备。1960年7月，台湾特种部队一个大队400余人，由台湾空运到缅北，同时给残军带去了大批武器装备。蒋介石还派台湾特种作战部队中将司令夏超、第六军中将政治部主任徐汝辑，到残军担任副总指挥和政治部主任。到11月，残军兵力增至9400余人，编为5个军、15个师、6个纵队、6个独立团、3个独立支队和1个军区。残军还在其总部修建了飞机场，大有长期在缅北安营扎寨之势。

缅北国民党残军的种种袭扰计划未及实施，解放军的进攻首先打响。11月，昆明军区成立了前线指挥部，由云南省军区副司令员黎锡福、陆军十三军副军长崔建功分任正副指挥。同月，由季昂准将率领的缅甸军事代表团飞抵昆明，两国将领共同商定了协同作战的有关问题。一场给国民党残军以致命打击的丛林战斗，悄然拉开了序幕。

11月22日，解放军5个团又1个营的兵力越过国境，向国民党残军发起猛攻。残军在解放军强大攻势面前不堪一击，纷纷钻入密林逃遁。解放军随即拉网清剿。到1961年1月20日，解放军共歼灭残军467人，残军第二师少将师长蒙宝业、上校副师长蒙显、第五师上校师长李泰命丧密林。第三师上校师长李光芳、上校副师长叶永强被解放军俘虏。4门60毫米迫击炮、27挺机枪、247支长短枪成为解放军的战利品。

按照中缅两国协议，解放军进至缅境内20公里"红线"处，不再前行。缅甸国防军则由南往北进攻国民党残军。受到两面夹击的国民党残军不甘束手待毙，采取"避中击缅"的战术，对战斗力较差的缅军大打出手。在进攻受挫的情况下，缅方主动提出请解放军深入其境内纵深进行作战，中共中央军委遂令昆明军区前线指挥部，继续攻击缅境内的国民党军队。

1961年1月25日，解放军跨越"红线"，攻击矛头直接指向柳元麟的总部所在地。柳的总部设在孟白了，是一座位于湄公河北岸的小镇。该镇北距中缅边境100公里，东邻老挝，南临泰国，属于泰缅老三国交界地域，即人称"金三角"之处。国民党残军在此苦心经营10余年，构筑了坚固的防御工事，物资储备也较为丰富。

解放军4个团的部队克服热带丛林地带作战的诸多困难，所向披靡，先后攻占巴西里、叭吹亮、索永、南昆、孟白了等据点。国民党残军见大势已去，无心抵抗，丢盔弃甲，渡过湄公河，逃进老挝和泰国境内。2月9日，解放军出境作战部队班师回国。在此第二阶段战斗中，解放军又歼灭国民党残军274人，缴获迫击炮10门、机枪21挺、长短枪330支、电台4部。

国民党残军老巢被端，处于走投无路的境地。台湾不好袖手旁观、坐视不救，忙派遣两架P4Y飞机对溃散在密林中的残军空投物资。由于在1953年台湾曾公开声明："台湾无权将缅北游击队全部撤回，也无能力控制这些游击队。"并宣称自此不再与滇缅残军发生联系。所以为了掩人耳目，空投活动只能在暗中进行。当时，台湾空军数架C-46型和P4Y型运输机都加装了远程油箱，并以"中华航空公司"名义作为掩护。几名飞过P-2V的"蝙蝠"队员也改换门庭，从事支援残军的秘密飞行。

1961年2月15日，一架台湾空军的P4Y飞机刚刚飞抵残军活动地域上空，就被3架缅甸战斗机发现。行动笨拙的P4Y极力躲闪，最终还是被缅机击落。根据缴获的美式武器和飞机残骸，缅甸不仅抗议台湾"蓄意侵入缅甸领空"，而且一状告到联合国，指控美国与台湾合作，支援其境内的国民党军残部。受到池鱼之殃的美国处境十分尴尬，只好表示愿协助残军返回台湾。

面对各方压力，台湾方面权衡利弊，迫不得已作出决定，将滇缅残军全部撤回。3月17日到4月14日的27天中，台湾共出动飞机356架次，通过泰国喃邦机场，将4296名残军官兵运回台湾。

柳元麟撤台后，"云南人民反共志愿军"随之烟消云散。5000余名残军穷家难舍，不愿去台，分由段希文、李文焕等统领，各霸一方，自谋生路。台湾方面也停止了对他们的一切供应。60年代后期，这些残军撤至泰缅边境地区，最终投靠泰国。

1988年10月，英国国家杰米奈新闻社以《狼奔豕突盼旧主，漂泊多年日途穷》为题，向全世界各大通讯社发出了一篇特稿，披露了当年残军的状况。以下是这篇特稿的摘录：

在缅甸、泰国和老挝三国交界的"金三角"地区，至今仍散居着一支国民党的残余土匪武装，他们在这里已经呆了将近40年了。

在他们简陋的房屋顶上，依旧飘扬着青天白日旗。屋内墙上的蒋介石画像已经早就褪了颜色，装饰在周围的兰花也已经枯萎。这支曾经有1万5千人的队伍，现在最多只有1千人。

"台湾国民党当局把我们甩了！"一名原国民党军官说道，"我们保护了他们的利益，在那样艰难的情况下，根据蒋委员长的指令，坚持在大陆打游击，和中共作战。后来逃到这里又替他们种海洛因，他们后来怎么就这样把我们给甩了呢?!"

这支队伍的好日子是在六十年代。当时，美国中央情报局参与了海洛因走私。他们作为美国的反共联盟，台湾国民党当局所创立和指挥的游击军，在这里获得巨利。贩毒的利润不仅使他们成为"金三角"的霸王，生存下来，而且还不时又重新返回中国境内骚扰中国大陆的边境地区。然而好景不长，自从后来美国从越南撤军，他们与台湾方面又几乎完全断了来往，他们在这里的日子便一天比一天糟糕。如今，这些年纪都在六七十岁左右的人，只能在这里苟延残喘，眼巴巴等着他们最后的末日来临，葬身在这他国异域的陌生土地上了。

滇缅边境的"复兴基地"被解放军一举摧毁，为蒋介石的反攻计划蒙上了阴影。然而到了1962年春天，台湾当局准备真的动手了。以蒋介石、陈诚为首的所谓"反攻行动委员会"刚刚成立，就下达了"征兵动员令"，提前开始征兵，同时无限期地延长服役期限。4月30日，蒋介石下令征收相当于6000万美元的"国防临时特别捐"，为反攻大陆筹措经费。设在台湾北部的国民党政工干校更是想得长远，开设了"战地政务班"，培训准备在大陆沿海登陆后建立"政权"的党政干部。国民党军队还多次进行以反攻大陆为目标的海空侦潜、扫雷、登陆等军事学习。

此时，蒋介石仍迫切渴望得到美国的支持，但是美国国务院助理国务卿哈里曼和国务院的一位情报官员在台北会见蒋介石时，对其提出的反攻计划不表支持，认为不符合美国的利益。蒋介石并不罢休，又决定通过中央情报局向美国表露反攻大陆的决心。中央情报局台北站站长克莱恩与蒋经国关系甚密，愿意从中帮忙。他带着台湾的反攻方案，专程返回华盛顿，向肯尼迪政府登门"推销"。随后，美国国防部、国务院和中央情报局召开联席会议，结果再次否决了蒋介石的计划。

虽然美国不愿支援台湾的反攻大陆行动，蒋介石还是全力在准备"光复河山"。各种前期工作紧锣密鼓，大有箭在弦上之势。国民党军不仅大量购买新式武器，改装飞机，增加载油量，而且还从日本大量订购血浆。士兵一律不准离开营房，随时待命，官兵的鞋子和腰带都印上了"光复大陆"的字样。蒋介石亲自出马，在一军事基地接连召开军事会议。台湾国民党陆军总司令刘安琪为迎合蒋介石，报告说："一切准备就绪，反攻圣战绝无问题。"蒋介石大喜过望，下令三军集结待命，准备以高雄港登船向大陆进军。许多士兵甚至写好了遗书，随时准备"殉死"。台海大战，一触即发。

台湾方面磨刀霍霍，引起大陆的高度警惕，1962年5月，中共中央军委向全军发出紧急战备指示。6月10日，中共中央发出准备粉碎国民党军窜犯东南沿海地区的指示，要求全党全军全国人民提高警惕，从各方面作好准备。

为粉碎国民党军的冒险，解放军开始在东南沿海大量集结武装部队，著名的雷锋所在连队亦抽调战车配属其他部队，从抚顺南下福建，执行战备任务。除了加强陆上防御力量外，解放军空海军部队也严阵以待。海军进入紧急战备状态，确定以东海舰队为主、南海舰队协同配合，抽调北海舰队部分兵力参战。空军重点加强对海上目标的轰炸训练，由于当时国民党空军已装备F-100型超佩刀式战斗机，而且其性能比F-86有很大提高，解放军歼击航空兵还着重进行了模拟对F-100的空战训练。

在外交方面，中国政府亦作出有效努力。周恩来让正在国内休假的驻波兰大使王炳南赶回华沙，找机会了解美国的态度。在此之前，中美双方已多次在华沙举行大使级会谈。

6月23日，返回华沙的王炳南与美国特使卡伯特举行会谈，提请美国政府注意台湾海峡的紧张局势。王炳南强调说，美国政府完全清楚蒋介石集团准备窜犯大陆沿海地区的情况，王炳南还警告说，蒋介石窜犯大陆之日，就是中国人民解放军解放台湾之时。

卡伯特则向王炳南保证，在目前情况下，美国决不会支持蒋介石发动对中国大陆的进攻。在会谈结束时，卡伯特甚至说，如果蒋介石硬要行动，我们两家联合起来制止他。

至此，美国政府愈加看清台海对峙的严重性，认为对大陆采取大规模的进攻过于冒险，可能会使中苏重归旧好，甚至引发第三次世界大战，把美国给卷进去。美国从自身利益出发，要求台湾当局切勿轻举妄动。美国总统肯尼迪也在记者招待会上发表声明，称"国军如对大陆采取军事行动，那等于自杀"。

肯尼迪发表声明后，台湾驻华盛顿"大使"叶公超赶紧将美国的态度报回台北。蒋介石急忙把美国"大使"和美军协防司令找来询问，证实肯尼迪政府确不赞成反攻大陆之举。蒋介石出于无奈，在凤山再次召开军事会议，以美国不赞同和遵守《共同防御条约》为由，宣布暂缓军事进攻。费尽不少心机拟定的"旭光计划"胎死腹中，只能在台湾三军大学战争学院的期末学习中偶露真颜。

台湾当局在反攻大陆计划破产之后，又热衷于派遣小股武装袭扰大陆。其目的是造成反攻大陆的声势，扩大政治影响，以鼓舞民心士气。国民党对这种袭扰行动给予很高评价，称其为"反攻之当前目标"。

对于台湾当局的这种小打小闹，美国也较为赞同，认为不仅会使中共不得安宁，而且会得到一些有用的情报。对此专门指示驻台军事顾问团成立"游击小组"帮助台湾实施小股袭扰活动。美国中央情报局驻台湾的"海军辅助中心"不仅为台方代训特务，还派出飞机，直接空投特务到大陆。

为了实施小股袭扰行动，台湾最高情报机构成立了"特种行动组"。特种军事情报室、陆军情报署特种军事情报队和金门防卫部两栖侦察队则是策划派遣小股武装特务的主要单位。一时间，"班超"、"海威"、"长风"、"太武"等袭扰计划纷纷出笼。"海威"、"昌明"等训练班和"神斧"、"曙光"等训练队也接连开办。至于偷渡的工具，更是五花八门，大到渔轮、机帆船，小至胶舟、橡皮舟、竹筏，都成为这些特务的专用装备。

1962年秋，美台"中美联合情报中心"和台湾当局

前台湾情报督察室主任谷正文是当年"海威计划"的原始构想者

"国防部情报局"一起开始组织实施"海威"、"班超"计划，对大陆进行"武装渗透"。上述计划的设想是，以小股武装特务从海上偷渡登陆，上岸后迅速消灭痕迹，化装成解放军、地方干部和民兵，潜往预定地区，建立游击根据地，为反攻大陆奠定基础。设想虽美妙，出师却不利。

1962年10月1日至12月6日，首批执行"海威"、"班超"计划的9股武装特务，分由台湾高雄和东沙乘船出发，在广东沿海登陆。解放军早已制定了"放进来打，断其海上退路，在陆上包围歼灭，在确有把握的情况下，则在海上消灭"的作战原则，正恭候其到来。未费多大力气，解放军就将9股特务全歼。

在围歼武装特务的过程中，解放军海军护卫艇部队也初获战果。10月28日，台湾国民党海军"乐平"号军舰自东沙启航，3天后与从香港九龙驶出的"M1545F"特务船会合，将26名特务交给该船。"M1545F"于11月2日接近大陆时，被4艘南海舰队的护卫艇一举击毁，船沉人亡。此后不久，台湾的"协进8号"、"祥顺1号"特务船也遭同样命运。

9股特务有去无回，为了掩饰失败，台湾《中央日报》赶紧发表了一篇"粤境反共游击部队……不但未被消灭且继续发展"的所谓新闻，欲盖弥彰。背地里，台湾方面也不得不承认"武装渗透"损失太大。

"武装渗透"难以成功，台湾当局又变换方式，试探进行"两栖突击"。派遣小股武装特务在大陆海岸突出部，孤立岛屿等处，偷偷登陆，抓人、摸哨、抢东西、破坏设施，抓一把就走。1963年2月，一股武装特务偷偷登上厦门附近的屿仔尾，两根小树和一段电线杆成为这股特务的战利品，被带回台湾，借以标榜偷袭的成功。此后，台湾特务又有几次得手。台湾当局借此宣传说，大陆海岸"并非不可进入的铜墙铁壁，可以广泛地搞两栖突击"。

为了打击台湾当局的"两栖突击"，解放军于1963年5月召开了海防、边防作战会议。会议在总结经验教训的基础上，制定了"放上陆来打，断其退路，包围歼灭，同时在海上把其运输船打掉"的作战方案。根据台湾特务的袭扰特点，会议还确定建立健全从海上到陆地、从前沿到纵深、从公开到隐蔽的4道防线。会议结束后不久，罗瑞卿等高级将领也到海防前线督促落实战备工作。

解放军布下天罗地网，台湾小股特务仍源源不断送上门来。6月21日到28日，台湾特务6股69人分别在广东、福建、浙江沿海登陆，除12人未敢登陆逃往澳门外，其余全部被歼。此后的4个月中，台湾又派出15股武装特务进袭大陆。其中6股47人不辨路径，误在越南登陆，被越军歼灭。其他9股90人则分别在东南沿海找到"归宿"。

台湾当局对这些特务寄予很大希望，但这种"十几个人，七八条枪"的偷袭，无疑是以卵击石。"山东省反共救国军独立第十二纵队"临出发时，刚从美国访问回台的蒋经国亲临训话钱行，并预祝"胜利成功"。这股特务在山东海阳登陆后，即被数千名解放军和民兵包围，8艘舰艇也将其海上退路截断。这些特务或死或降，16人组成的"纵队"全军覆没。在福建莆田登陆的"福建省反共救国军独立第九纵队"，5名成员上岸不久，上尉队员陈金木借机逃走，向当地政府自首，纵队司令吴国英和其他3名队员随即束手就擒。

为了在海上把特务输送船打掉，解放军海军调整、增加了对海雷达，为高速护卫艇配备了75毫米无后坐力炮、照明弹，在岸上配置了机动探照灯，为艇炮指示射击目标，这些措施收到明显效果，在实战中，东海舰队将台湾"成功1"特务船击沉，南海舰队则将"T3166M"特务船捕获。

"两栖突击"多次受挫，台湾当局仍未停止这种徒劳的行动。1964年3月，"国防部情报局"在台湾安平港成立"神斧大队"，专门训练"两栖突击"人员，继续对大陆实施袭扰。

1964年4月9日夜晚，金门防卫部两栖侦察队派出小股特务，乘坐挂机胶舟沿礁石密布的水道驶向厦门，企图上岸进行破坏活动。大陆守军监视严密，特务一出动就被雷达发现。岸上探照灯也扫向海面，将目标抓住。东海舰队的556号护卫艇高速赶到，一顿猛烈炮火将挂机胶舟轰入海底。

一个月后，台湾又派出"海鲸两栖突击队"进驻马祖，伺机突袭大陆。5月15日晚，这支突击队的特务乘坐"华兴1号"和"华兴2号"挂机胶舟驶离马祖，向闽江口北侧牛头山方向进发，解放军发现敌情后，派出两艘护卫艇插到挂机胶舟的侧后，由外向里进行搜索。此时，两条挂机胶舟已接近大陆海岸，船上特务见势不妙，急忙掉转航向回撤。马祖守军的岸炮也向解放军护卫艇开火，岛上守军还打开探照灯，为海上的挂机胶舟指引方向，这一举动弄巧成拙，正好为解放军护卫艇提供了方便。借敌灯光，解放军穷追猛打，将落在后面的"华兴2号"俘获。"华兴1号"在弹雨中奔逃，船上的汽油桶也被打得起火燃烧，特务们赶紧将其扔入海中。看到海面上有物体在熊熊燃烧，解放军以为敌船已被击中，立即停止了射击，"华兴1号"得以死里逃生。

大陆海上防线难以突破，国民党又想出了新的招法，采用伪装的方式运送特务。特务输送船在执行任务的途中，改变船体颜色，更换船名，交替悬挂日本、南朝鲜、南越、英国国旗，有时甚至挂上五星红旗。想使解放军误判为渔船或外国船，借以蒙混过关。

1964年7月8日晚，台湾两艘特务输送船"满庆盛1号"和"满庆升2号"，伪装成日本渔船，从淡水港启航北上。在两条船上，载运着"江苏省反共救国军十九纵队一支队"的51名武装特务，准备对江苏省吕泗港附近进行两栖突击。临行前，台湾情报局的要员亲自布置任务，命令特务们"一定要上陆，一定要抓人，拿东西，搞文件、武器"，"摸一块门牌回来也好"。

两条特务船出航不久，其动向就被大陆方面察觉。贺龙元帅得知这一敌情后，指示海军："打击海区可在领海线外。要打好，打狠，要打就打掉它。"东海舰队于翌日命令正在海上训练的"衡阳"、"长沙"号护卫舰和执行扫海任务的"长辛店"、"沙家店"号扫雷舰截杀敌船。

11日19时左右，正在海上巡弋的"衡阳"舰远远发现有两个可疑目标在向东北方向行驶。由于距离较远，无法判明其身份，"衡阳"舰当即开炮警告。远方目标发出"我是日本渔船"的信号，继续前行。"衡阳"舰半信半疑，决定靠前看个究竟。23时，"衡阳"舰接近"满庆盛1号"，在

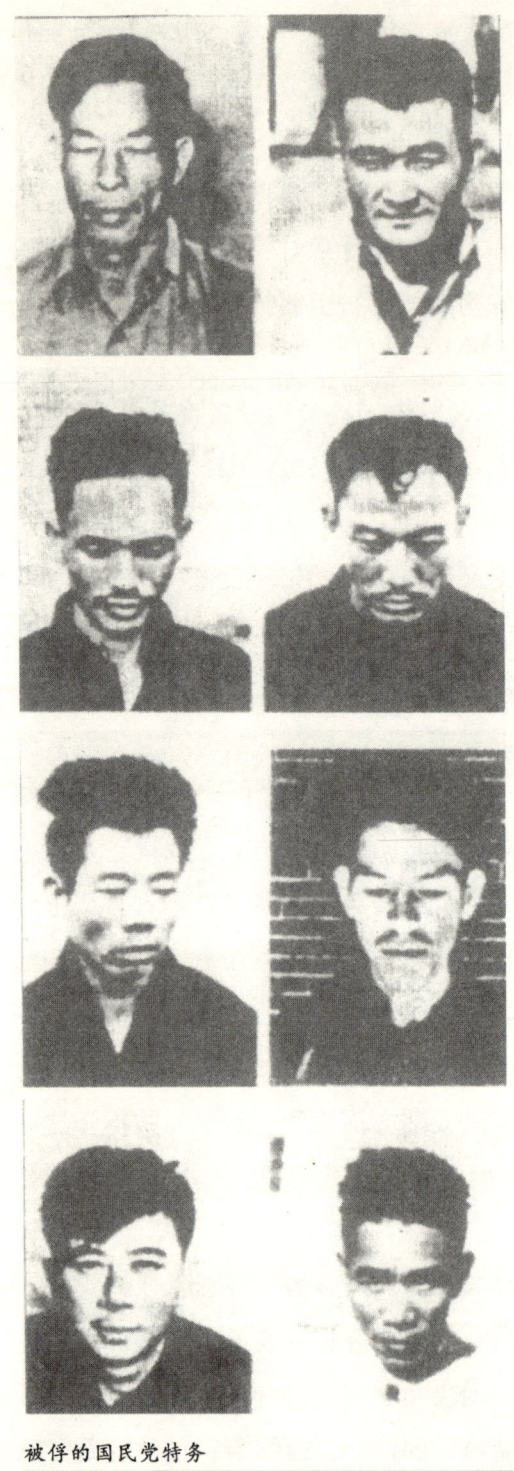

被俘的国民党特务

探照灯的照射下，发现该船船舷确实漆有日本国旗和"庆盛丸"的字样，但解放军并未轻信，经过一番仔细观察，终于发现了破绽。"满庆盛1号"企图夺路而逃，被"衡阳"号的舰炮打成重伤。面对解放军的炮口，无计可施的特务们只好举手投降。被俘获的特务船因破损严重，在拖带航行时沉入海中。

"满庆盛1号"被迫投降，"满庆升2号"同样未能逃脱。该船在伪装时更为疏忽，顾头不顾尾，船舷改成"庆升丸"，而船尾仍标着原名，解放军的"沙家店"号扫雷舰将其截住后，当即识破伪装，命其投降。该船的特务拒不从命，"沙家店"舰立即开炮，将"满庆升2号"击沉。

无独有偶，台湾当局不仅在东海进行伪装进袭，在南海也采用同样的手法。当然，其结局也差不多。

7月5日傍晚，台湾情报局所属的"大金1号"、"大金2号"特务输送船，运载着"神斧大队"第九分队的45名武装特务，从高雄出发，沿国际航线西行，驶向南越岘港，企图转往广西北海市附近海区进行袭扰。11日，这两条特务船突然改变计划离开岘港，准备沿原路返回台湾。

南海舰队获悉敌情后，决定以猎潜艇护卫艇和鱼雷艇组成三个突击群，对敌实施拦截。正在榆林港内试航的"泉州"号猎潜艇被指定为指挥艇。

"泉州"号是中国自行研制的第一艘猎潜艇。由于苏式猎潜艇存在很多缺点，50年代后期，大陆开始自行设计了这种后来被外国称为"海南级"的037猎潜艇。1961年，舰艇设计院完成了全部图纸设计。当时，蒋介石正在东南沿海发动反攻，南海舰队急需补充战斗舰艇，新型猎潜艇随即交给南海舰队使用。可是华南地区造船厂无力建造此艇，而在北方造好后又难以通过国民党海军封锁的台湾海峡。最后，采取了先在大连造船厂加工部件，然后用火车运往南方装配的办法，终于在1963年12月将"泉州"号建成下水。该艇刚刚开始试航，就赶上了实战的机会。

12日8时，"大金1号"和"大金2号"驶入榆林港东南海域，南海舰队当即决定，对敌进行拦截追击，以求速战速决。13时，岸上指挥所获得敌船准确位置，遂令各艇群直扑目标区。

在榆林基地副司令员田松的率领下，"泉州"号、"泸州"号、"扬州"号猎潜艇，149、151、155号鱼雷艇和538号护卫艇，分头向榆林港东南方搜索前进。

14时47分，"扬州"号和"泉州"号几乎同时发现目标，迅即前往检查。

在距离可疑船只19链时，"泉州"号发出"停船受检"信号，对方却不予理会。538号护卫艇驶近目标300米处，看清两船外形确系"大金"1、2号，只是船体已由浅蓝改深蓝，"大金"字样也改成了"欧渔"，桅杆上挂着英国旗。

田松判明对方即是敌船后，命令538护卫艇高速开回来，以便于艇队开炮攻击。这时，"欧渔1号"想趁机逃离险境。田松大喊："扬州艇瞄准1号船，泸州艇瞄准2号船，射击！"

随着田松口令的发出，海面上立刻滚动起隆隆炮声。"扬州"号首发命中，"欧渔1号"驾驶台腾起浓烟，电台也被炸毁。"泸州"号也将"欧渔2号"打起了火。正在这时，"扬州"号上一门37毫米炮炸膛，火力稍有减弱。"欧渔"1号用机枪还击。"泉州"号艇长刘喜中大尉忙请示田松，要求开炮。田松说："你完成好指挥，让538打。"

538护卫艇对准"欧渔1号"水线以下一阵猛打，5分钟后，两条敌船都被击沉。船上的74名特务和船员，有14人被击毙，60人被俘，无一漏网。战后，总参谋部、总政治部通报嘉奖了参战部队，并给"扬州"号猎潜艇和538号护卫艇各记集体二等功一次。"泉州"号艇长刘喜中，70年代出任猎潜艇大队长，曾参加西沙海战，80年后期任南海舰队副司令员，获少将军衔。

台湾国民党除了实施"武装渗透"和"两栖突击"外，还使用竹筏向大陆沿海派遣单个或两个特务。这种竹筏大多靠人力划行，有的安装挂机。高速行驶时，在雷达上显示的信号和海鸥、长浪差不多，很难被发现。虽然使用竹筏便于隐蔽，但在解放军的严密防范下，照样无济于事。1962年至1966年，台湾方面使用竹筏派遣特务30余人，均被大陆歼灭。

解放军的海上防线日益严密，尤其是护卫艇部队多次大显身手，使台湾当局很伤脑筋，认为给小股武装特务"开辟海上通道"已成当务之急。在此情况下，"海上袭击队"应运而生。

1963年6月开始筹建的"海上袭击队"又称"海狼队"，该队的装备是一种速度快、火力强的塑料胶舟。这种"海狼艇"长5.6米，排水量2~2.5吨，安有85马力挂机一部，航速达25节，可载4~5人，艇上武器包括57毫米无后坐力炮一座或90毫米火箭筒一具，机枪一挺、卡宾枪两支、手枪二支、手榴弹每人两枚，1.5瓦报话机一部。国民党希望这支队伍能像第二次世界大战中纳粹德国的潜艇一样，在海上扭转局面。在"海上袭击队"成立大会上，台湾情报局局长叶翔之扬言："海狼队要到处打，打得共军炮艇和武装机帆船不敢在夜间活动，在海上打出一条道路来，为渗透部队和登陆部队创造条件。"

1964年3月，"海狼队"先后由台湾进驻金门、马祖。经过一段准备之后，5月1日，7艘"海狼艇"编为两个分队从东引出航，攻击目标是浮鹰岛至飞龙岛之间航行的解放军艇船和在北礵岛锚泊的护卫艇。

0时54分，"海狼艇"刚一出动，位于闽北某地解放军海岸对海雷达即发现一群小目标的信号。当时正是春夏之交，海上飞鸟不断，雷达兵以为目标是一群海鸥，没有上报。过了25分钟，这群目标再次出现，引起观通站的警觉，经仔细辨认，确定目标是"海狼艇"，该站立即上报指挥所。

10分钟后，东海舰队三都澳水警区命令正在海上待机的565、566护卫艇出击。2时14分，"海狼艇"混入渔船群，两艘护卫艇全力搜索。与此同时，指挥所又抽调4艘护卫艇到南礵岛附近警戒，并命令护卫艇二十九大队大队长马干率领572、576、577艇赶赴南礵海区参战。马干被授权指挥这一战斗。

6时45分，正由北向南搜索的544、546艇在北礵岛西南4.4海里处发现4个快速目标，两艇鸣枪示警，对方开枪向护卫艇射击。两艘护卫艇的火炮立即反击，位于最后的一艘"海狼艇"被击伤，护卫艇赶上前去将其抓获。另外3艘敌艇高速驶出护卫艇的火炮射程，奔向东引岛方向。

3艘"海狼艇"正在庆幸逃出虎口，没想到冤家路窄，正与马干率领的3艘护卫艇狭路相逢。马干立即指挥艇队向目标开炮。炮声一响，东引岛立即驶出国民党海军的"丹阳"号驱逐舰和"北江"号猎潜舰，企图用舰炮火力掩护"海狼艇"逃回东引。577艇见敌舰来援，单艇出列，与"丹阳"号驱逐舰展开对射。另外两艘护卫艇则全力攻击"海狼艇"。一场炮战过后，两艘"海狼艇"被击沉。解放军毙俘12名"海狼队员"，缴获57毫米无后坐力炮一门、90毫米火箭筒一具、机枪两挺、长短枪五支。护卫艇队大获全胜，凯旋而归。

台湾的"海狼队"遭此打击后，奉命撤回台湾整顿。1964年10月，"海狼队"卷土重来，再次进驻马祖岛，准备同解放军护卫艇一决雌雄。解放军获悉后，将两艘护卫艇伪装成商船，作为诱敌出击的鱼饵，同时调集兵力，设下海上陷阱。利用伪装商船作战，早在第一次世界大战时就已出现，英国著名的"Q船"就是伪装的商船，这种神秘之船曾给德国潜艇以沉重打击。

11月18日傍晚，1艘"海狼艇"驶离马祖岛，慢速向黄歧半岛方向开去。在该艇的艇尾，还拖带着1艘装有200公斤炸药的爆破艇。不一会儿，又有两艘"海狼艇"驶到南竿圹与四姆屿之间，准备找机会攻击解放军的船艇。发现"海狼艇"出动后，解放军海军福建指挥所即令在闽江口待机的两艘护卫艇出击。19时，"海狼艇"驶近大陆沿岸，解放军护卫艇开始跟踪目标。"海狼艇"几次想诱使对方追随它的航速行驶，以便投放爆破艇。解放军早有预料，未让其阴谋得逞。伪装的两艘"商船"这时也脱去伪装，露出了炮口。"海狼艇"大吃一惊，急忙将爆破艇引爆，高速逃逸。护卫艇循声追击，将一艘"海狼艇"轰成碎片。另外两艘"海狼艇"乘隙逃回马祖。

台湾的"海狼"队屡战屡败，受其影响，台湾情报局局长叶翔之和特情室主任徐人隽相继去职，以负领导不力之责。1965年，"海狼队"被编入情报局的"两栖行动大队"。在配备了用以对付大陆海军船艇的特种水雷之后，"海狼队"跃跃欲试，准备再同解放军放手一搏。

1966年9月，"海狼队"再度抵达马祖后，接连三次出动，企图用特种水雷攻击解放军护卫艇。由于解放军早有防备，"海狼队"无功而返。

10月15日，"海狼队"再次出动。1艘M-6型艇和1艘M-4型爆破艇在前，两艘M-5型艇在后，排成三角队形，于18时30分驶向四姆屿方向。解放军出动4艘护卫艇，兵分两路截击"海狼"。20时35分，574、575护卫艇发射照明弹照中敌艇，随即向目标开炮，两艘"海狼"艇被击伤。在龙牙石以东4海里处，护卫艇将M-6型艇抓获。21时32分，继续追杀的574、575护卫艇将另一艘受伤的M-5型艇击沉。"海狼队"惨遭大劫，只有一艘M-5型艇逃回马祖。从此，元气大伤的"海狼队"一蹶不振。国民党寄予厚望的袭扰活动，最终也以失败而告结束。

台湾国民党实施的小股偷袭计划，付出了惨重的代价。在4年间，有

43股武装特务被歼。1962年10月至1965年1月，大陆就歼灭国民党武装特务40股计594人，击沉和缴获各型船艇24艘，缴获长短枪400余支，弹药数万发。60年代初期担任台湾情报局督察室少将主任的谷正文在1990年承认，在5年内，台湾方面共派出1800余名武装特工人员，最后只有不到1/3生还。曾担任过台湾情报局局长的张式琦也公开承认，这类突击并没有产生太大的效果。在香港作家唐人的笔下，亦有对台湾特务偷袭大陆遭失败的生动描述。以下是《蒋后主秘录》中的一个片段：

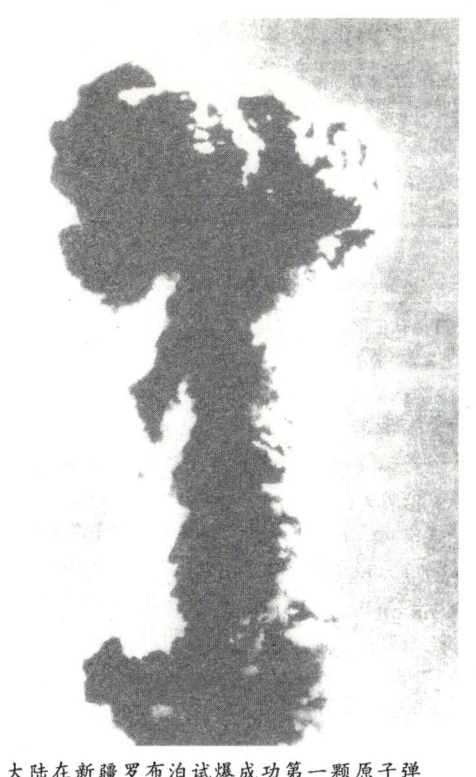

大陆在新疆罗布泊试爆成功第一颗原子弹

这43股特务到得大陆，尚未"登高一呼"，却见"人民响应"，当地人民四面八方捕捉蒋特，43股或死或伤或俘或降，无一漏网，无一"成功"……不少人固然早就获释，不少人却"墓木拱矣"！

60年代前期的台海局面，没能像蒋介石希望的那样出现转折。1964年10月16日，大陆在新疆罗布泊试爆成功第一颗原子弹，其冲击波远涉台岛。蒋介石闻听此讯，长叹一声说："完了！我们反攻大陆已没希望了！"台湾虽然发誓要在大陆核弹投射系统完成以前反攻大陆，但只能是说说而已，反攻大陆无望，蒋介石甚至担心大陆会对台湾发起进攻。他认为中共最可能采取的作战方式，是派遣破坏力强、速度快的轰炸机对台湾进行袭击，对此，应该有所防范。根据蒋介石的旨意，台湾在1964年至1965年间，在台北士林官邸下面"深挖洞"，建设了"战时最高指挥中心"。这项称之为"衡山计划"的工程耗资巨大，构筑坚固。该"中心"由许多大小山洞组成，内有一套完整的"通讯、指挥、管制、情报"系统。遇有战事发生，蒋介石即可在此遥控三军。

在确认军事反攻无望之后，台湾开始以"七分政治、三分军事"，"七分敌后、三分敌前"，"大陆为主战场，台海为支战场"的理论，作为对大陆政策的最高战略指导原则。至此，台湾当局意欲反攻大陆的"雄心壮志"丧失殆尽。

第十四章

海上迷雾，"心战"部队来洗脑
围追堵截，海军舰队展雄威

20世纪60年代初，台湾国民党当局反攻大陆的声浪甚嚣尘上，除了派遣一股股武装特务登陆骚扰外，还别出心裁，组建了一支海军特遣部队，专门在海上对大陆渔民进行"心战"活动。

国民党海军的这支部队代号为"六二一"特遣支队，通常由1艘大型坦克登陆舰、2~3艘作战舰艇组成，其具体行动由国民党政治作战部一手策划。许多60年代出海捕鱼的福建渔民至今还记得，每逢夏秋渔讯和端午、中秋节日期间，闽南、闽北渔场上，时常会出现国民党海军"心战"部队的舰艇编队。其"作战"方式是，由战斗舰艇将大陆渔船驱赶围堵到坦克登陆舰旁，然后诱逼渔民登上登陆舰，参加所谓"海上反攻复国学校"的"学习"。具体内容包括请吃饭、送物品、看电影、参观图片和"宣抚慰问"等。

台湾的"六二一"特遣支队不仅大肆进行反共宣传，还借机搜集大陆军事、政治、经济情报。大陆方面对其深恶痛绝，急欲予以打击。但国民党的这支"心战"部队行踪诡秘，远离海岸活动，且活动十分频繁。仅1964年，就抓大陆渔船210余艘次。

1965年5月1日，解放军海军总算等来战机，在福建台山海区将国民党海军的"东江"号猎潜舰重创。为了鼓舞士气，5月5日，蒋介石嘉奖参加海战的军舰，不久又为该舰官兵晋级。在此之后，解放军海军继续加强对台海的监视，力求给对手以更大的打击。

1965年8月5日5时，国民党海军的"章江"、"剑门"两舰从台湾左营港隐蔽出航，驶向广东沿海。舰上除了海军官兵外，还载运着一股武装特务。这些特务奉命执行台湾"国防部情报局"的"海啸计划"，准备向福建渗透。在航渡过程中，两艘军舰为免被解放军发现，始终保持无线电静默，两舰电台只收不发。同时还利用渔船群作掩护，借以躲避大陆雷达的搜索。

"剑门"号原系美国"海鸦"级舰队扫雷舰"巨嘴鸟"号，排水量1250吨，航速20节，装有76毫米炮两门，40毫米炮4门，20毫米炮4门。此外，还有三联装反潜鱼雷发射管1座、24管反潜刺猬炮1座。1964年该舰被国民党海军接收后改作猎潜舰，并为第二巡防舰队选作旗舰。"章江"号同样是一艘美国造军舰，属小型猎潜舰。满载排水量450吨，航速18.5节，装有76毫米炮1门、40毫米炮1门、20毫米炮5门。该舰曾参加过"六二一特遣支队"的"心战"活动。

位于广东省北部一个山头上的解放军海军某雷达站，正像往日一样，执行着正常的搜索任务。午后15时12分，全神贯注的雷达兵捕捉到奇特信号，他立即大声报告："方位，137度，距离，76海里，发现美国军舰一艘。"闻讯而至的雷达站站长来到雷达屏幕前，只见几十个目标中，有两个亮点向渔场移动，行迹可疑。他屏息观察，发现不像是美国军舰，而可能是国民党海军军舰。雷达站站长和其他雷达兵一同"会诊"判明两舰是国民党海军的"永"字号和"江"字号。

军情火急，这一情报很快报至解放军海军南海舰队。舰队司令部侦察处同其他雷达站和观通站反复进行核定，最终为两舰验明正身：一艘为"章江"号，另一艘为"剑门"号。

17时45分，南海舰队判断这两艘敌舰可能到东山岛海域进行偷袭或实施"心战"，为不失良机，将敌舰予以歼灭，舰队迅即制定出"放至近岸、协同突击、一一击破"的作战方案。抽调护卫艇四十一大队护卫艇4艘、鱼雷艇十一大队鱼雷艇6艘组成海上突击编队，以161号炮舰和另外5艘鱼雷艇为支援兵力。海上指挥由汕头水警区副司令员孔照年和参谋长王锦负责。作战指导思想是：护卫艇和鱼雷艇协同作战，集中优势兵力，各个歼灭敌人，力争全歼。战术手段是：由护卫艇首先攻击，杀伤敌舰舱面人员，压制对方火力，然后由鱼雷艇实施攻击。考虑到"剑门"号既是指挥舰，又刚从美国接回来，舰员军事素质和训练水平肯定不如"章江"号，而且它的目标也比较大，便于鱼雷艇攻击，所以确定先打"剑门"号。一作战区域预定在南澳岛以东、东山岛以南，或南澳岛以南、南澎岛以西海域。

由于时间紧迫，南海舰队一边上报作战方案，一边命令汕头水警区参战部队进入一级战斗准备。18时05分，作战室的通知发至汕头港内各艘战艇。当时，汕头水警区的战艇半数处于修理和保养状态。接到命令后，各战艇突击抢修保养，在两小时内完成了战前准备工作。

21时许，汕头水警区副司令员、本次海战指挥员孔照年所乘的吉普车驶上码头。孔照年登上"海上先锋艇"，命令艇队起航出发。"海上先锋艇"是解放军南海舰队的一艘著名舰艇，它的前身是曾参加过万山海战的"先锋一号艇"。此次战斗，该艇被选作指挥艇。

21时24分，4艘高速护卫艇在夜色掩护下，排成单纵队，驶向大海。22时43分，鱼雷艇第一梯队的6艘快艇也由海门起航，以33节的高速，排成"人"字队形向南澳岛的云澳进发。

23时10分，北京总参谋部回电批准南海舰队作战方案。要求把敌舰放进来打，越近越好，争取在晚上打，拂晓前撤回原地。同时指示参战部队：一、作战不受海区限制；二、切实掌握情况，不要打错目标；三、不要顾虑空中情况，总部已采取措施。此时，"剑门"、"章江"两舰已到达兄弟屿东南3.5海里处，正向西南方向航行。

8月6日0时31分，护卫艇队与鱼雷艇队分别到达会合点附近。为了隐蔽起见，两个艇队之间没有进行联络。岸上指挥所误以为两个艇已经会合，便引导他们高速接敌。由于敌舰转向航行，解放军没有形成对"剑门"编队的拦击势态，反而拉大了同敌舰的距离。

看到海上形势发生变化，海上编队指挥员孔照年随机应变，决定放弃原定护卫艇和鱼雷艇协同作战方案，亲率护卫艇编队攻击敌舰，鱼雷艇编队则自行寻找攻击目标。

1时42分，解放军护卫艇雷达发现目标，各艇指挥员和枪炮兵开始在漆黑的夜色中搜索海面。当艇队与敌舰相距50链时，"剑门"、"章江"两舰发现情况异常，当即向艇队来袭方向打出两发照明弹，刹那间，整个海区如同白昼。在照明弹光亮照射下，解放军艇队立刻暴露在敌舰炮口下。"剑门"、"章江"两舰抢先开火，一串串炮弹在艇队四周爆炸，激起一股股水柱。

"怎么办？我们还不还击？"指挥艇艇长石天定赶忙请示孔照年。

孔照年见目标相距还远，用艇炮还击对敌舰根本构不成威胁，他对着报话机说："各艇注意，准备射击。"

601艇前主炮炮手求战心切，误以为孔照年发出的是"射击"命令，当即向敌舰开炮。炮声一响，其他各艇也一齐向敌舰火光方向开炮射击。孔照年急忙高喊："不准射击！"并通知各艇，"没有命令不准打，看不清目标不准打，瞄不准不准打。"停止射击的护卫艇冒着炮火威胁，犹如4支利箭逼向敌舰。

解放军海军鱼雷艇

海上交手即将开始，高速航行的558艇突遭变故，由于锚链制止器插销脱落，艇锚掉落海中而无法前进。孔照年遇事不慌，果断决定"海上先锋艇"、601艇和611艇先行投入战斗，命令558艇弃锚后快速跟上。

对敌舰拦截炮火毫不理会的3艘战艇继续向前疾驶。渐渐地，"剑门"、"章江"两舰的舰体和桅杆已清晰可见，眼瞧着解放军攻至近前，两艘军舰上的20毫米机关炮也加入射击行列，拦截火力更加凶猛。目标近在咫尺，孔照年发出开火命令。3艇上的全部火炮一齐打响，集中射击敌舰的驾驶台和炮位。

解放军3艘战艇追射敌舰，航速未减，不一会就冲到敌舰前面，各炮炮手只打了几个点射就失去了目标。孔照年见状，急令各艇转向，与敌舰平行，继续猛烈射击。

经过两次猛烈射击，敌舰队形被打乱。由于"剑门"号是解放军的首选攻击目标，遭受的打击尤重。该舰见势不妙，丢下"章江"舰，向东逃去。"剑门"舰一边逃，一边用76毫米炮向解放军艇队射击。情况有变，孔照年当机立断，放弃先打"剑门"的预定方案，集中全力围歼"章江"号。"剑门"号先行逃走，势孤力单的"章江"号对付3艘护卫艇已感困难。不一会儿，558艇也赶至战场，与其他艇合力攻击"章江"号。"海上先锋艇"在艇长石天定指挥下，冲到"章江"号近前，猛烈射击。该艇指导员徐寿棋在甲板上往来奔走，作宣传鼓动工作。4艘战艇与"章江"号仅相距200米，小口径火炮的优势发挥得淋漓尽致，打得"章江"号难以招架。

面对解放军海军护卫艇的猛烈攻击，"章江"舰亦全力反击。在对射中，4发炮弹击中解放军的601艇。正在指挥战斗的艇长吴广继被弹片击中头部，仍连声喊"打"，最后倒在血泊中。在该艇跟班见习的北海舰队护卫艇副中队长王端昌，见吴广继牺牲，立即跨步向前，站在艇长的指挥位置上，大声喊道："现在我代理艇长，注意我的口令！"601艇虽然伤亡了12人，但火力并未减弱，前后炮和机关炮将一串串炮弹径直射向"章江"舰。

在激战中，解放军发挥艇小灵活、火炮射速快的优势，集中火力射击"章江"舰舱面目标。不久，就见"章江"舰上腾起团团浓烟，各炮位人员死伤枕籍，舰桅的雷达天线也被炮火掀掉。由于解放军护卫艇高速冲击，又一次脱离了目标，使得"章江"舰得以喘息片刻。但解放军艇队很快又杀了回来，密集的炮火再次轰向"章江"舰，其甲板和水线附近频频受创。

面对解放军海军的凌厉攻势，"章江"号自知恋战下去凶多吉少，遂改变战术，准备逃走。只见"章江"号掉转航向，加速冲向解放军艇群，想插乱对方攻击队形，乘隙逃跑。解放军的"海上先锋艇"、601艇立即加速迎上去截击。

此时，611艇正好驶到"章江"舰前方，处于己方艇队与敌舰之间。混战中，611舰不仅被"章江"舰击中，而且还挨了自己人的炮弹。坚守战位的轮机兵麦贤得发现主机舱后右机突然停车，立即跑过去启动机器。一枚炮弹打过来，呼啸的弹片正中麦贤得的右前额，他顿时失去知觉，跌倒在机舱里。艇上的副指导员跑过来给他包扎，苏醒过来的麦贤得想说什么，嘴里却发不出声音。他要站起来，腿也不听使唤。看见麦贤得左手指着机器，战友们领会了他的意思，马上把机器启动起来。听见熟悉的机器声，麦贤得以惊人的毅力站了起来，从后舱走到前舱，不停地检查着机器。在此次战斗中，麦贤得所在的611艇表现出色，该艇编入战斗序列只有两天，人员也是临时配备的。在艇体中弹17处，人员伤亡60%以上，3部主机被打坏，8个舱室进水，预备弹药库中弹起火的情况下，该艇仍坚持战斗。击沉"章江"舰之后，611竟然靠自航返回基地，创出了海战的奇迹。

在解放军4艘护卫艇的猛烈打击下，"章江"未能逃出包围。看到敌舰仍未沉没，孔照年命令艇队继续实施打击。由于"章江"号已失去抵抗能力，解放军护卫艇大胆靠前，在50~30米的距离上，直接瞄准目标，用穿甲弹射击敌舰水线以下要害部位。8月6日2时51分，遍体鳞伤的"章江"号连续两次爆炸，在东山岛东南24.7海里处葬身海底。

　　"章江"号被击沉之后，"剑门"号仍在外海徘徊。南海舰队决心扩大战果，在得到"章江"号"确已沉没"的消息后，根据总参谋部的指示，命令在云澳待机的鱼雷快艇第二梯队5艘艇和161炮舰投入战斗，同时，命令护卫艇队连续作战。

　　4时08分，孔照年接到追歼"剑门"的急电："航向90度，高速接敌。"护卫艇队3艘战艇立即组成单纵队，向东追击。岸上指挥所随即又发来急电："继续追歼'剑门'，另有5艘鱼雷艇配合。"

　　4时40分，天近拂晓，护卫艇队首先接近"剑门"号。在相距约60链时，"剑门"号上的76毫米炮开始射击。3艘护卫舰艇不予理会，继续追击。指挥员重申："没有命令不准开炮。"在追至距敌舰40链时，"剑门"号上的各种火炮同时开火，曳光弹在各艇周围乱窜。解放军艇队进行反炮火曲折运动，当逼近"剑门"号5链时，各艇遵照命令开炮射击。

　　在攻击过程中，解放军护卫艇根据击沉"章江"号的经验，注意降低艇速，与"剑门"号同航向平行运动，始终保持在有利阵位上。各艇从敌舰右舷角猛烈开炮，集中射击"剑门"号的炮位。交战4分钟，"剑门"号中弹起火，炮火沉默。

　　5时19分，解放军鱼雷艇大队政委刘维焕、副大队长张寿瀛率领的5艘鱼雷艇，以42节的高速，风驰电掣赶到战区。护卫艇队配合默契，当即驶向"剑门"号舰首，用小舷角继续射击，掩护鱼雷艇占领发射阵位。

　　在护卫艇的掩护下，解放军5艘鱼雷艇步步逼近"剑门"号。在2~3链的距离上，5艘快艇向敌舰射出10条鱼雷。很快，海面传来"轰隆隆"三声巨响，水柱直喷向空中，"剑门"号被3条鱼雷击中。5时22分，"剑门"号带着浓烟烈火沉没于东山岛东南38海里处。从护卫艇开炮到"剑门"号沉没，历时仅12分钟。

　　早晨7时，台湾国民党空军出动4批16架次飞机，飞临正在返航途中的解放军艇队上空。但这些飞机未及实施攻击，即遭到大陆空军的拦截。国民党机群见难以讨得便宜，只好悻悻地掉头回返。

　　此次海战后来被称作"八六海战"，是解放军海军60年代打得最漂亮的一次海战。战后，国防部通令嘉奖参战部队，赞扬"这一仗打得坚决，打得干脆，打得漂亮。"8月12日，解放军海军司令员肖劲光、政委苏振华发布命令，授予611护卫艇"海上英雄艇"称号，授予119鱼雷艇"英雄快艇"称号。

此次海战，解放军海军装备不久的新型护卫艇也经受了实战的考验，显示了优异的性能。60年代初，解放军海军急需高速护卫艇，以抗衡美国援助台湾的同一类装备。经过科研和造船厂等方面的努力，0111型高速护卫艇很快装备入列，其航速超过了美国的同类型护卫艇。这种护卫艇至今仍在建造，并出口到朝鲜、巴基斯坦、坦桑尼亚等国。

8月17日，毛泽东、周恩来、刘少奇、邓小平等领导人在人民大会堂接见了参战部队代表，并合影留念。毛泽东面带微笑，称赞这次海战打得很好。周恩来听完代表的汇报后非常高兴，一边做着手势一边说，这次海战所以打得好，小艇所以能打沉大艇，主要是打了近战、夜战、群战。把敌人分开，先打弱的，先打小的，后打中的，孤立大的、强的。

"八六海战"对国民党军内外震动极大。国民党的《中央日报》在海

"八六海战"中被俘瞄的蒋军官兵

战后的第3天，以无可奈何的口气报道了失败的经过。上任不到一年的海军总司令刘广凯，也因此空前大败而下台。刘广凯早年曾任"长治"号军舰舰长和第一舰队司令，曾参加过舟山登步岛、东山岛战斗及撤退大陈守军等行动。刚刚熬上海军总司令的宝座，就成为"官运不济的替罪羔羊"。

"八六海战"刚刚过去3个多月，解放军海军东海舰队又创战绩，一举击沉国民党海军护航炮舰"永昌"号，击伤大型猎潜舰"永泰"号，为60年代海战光荣榜再度锦上添花。此次海战亦称"崇武以东海战"。

毛泽东接见"八六"海战有功人员

11月13日13时20分，国民党海军南区巡逻支队以旗舰"永泰"号，率领护航舰"永昌"号，由澎湖列岛的马公隐蔽出航，驶向乌丘执行任务。"永泰"号是一艘大型猎潜舰，标准排水量600吨，满载排水量903吨，装有两门76毫米炮，3门40毫米炮，6门20毫米机关炮。"永昌"号则是一艘护航炮舰，标准排水量650吨，满载排水量945吨，装有两门76毫米炮、两门40毫米炮、6门20毫米机关炮。两舰吨位、火力相差无几。

两舰从马公启航后，采取了许多隐蔽、伪装手段，但仍未能躲过解放军的搜索。14时10分，即两舰出航后50分钟，解放军海军东海舰队某观通站雷达在最大探测距离上就将其捕捉到。东海舰队获悉敌情后，命令驻福建沿海各部队认真掌握附近海域国民党海军的全部动态。

解放军海军福建指挥所见敌舰送上门来，决心组织兵力予以打击。在制定作战方案时，首先对敌情进行了全面分析。根据各雷达站的侦测，敌舰编队正以11~12节的航速驶向乌丘，而金门岛停泊着大型猎潜舰、猎潜

（页眉）

艇各一艘，马祖列岛停泊运输船一艘，东引岛停泊护卫舰、猎潜艇各一艘。在外海，还有美国两艘驱逐舰在活动。考虑到上述敌情，福建指挥所决定将作战海区定在正南8海里处。由海水警区副司令员魏垣武指挥护卫艇二十九、三十一大队6艘高速护卫艇和鱼雷艇三十一大队6艘鱼雷艇，组成突击编队，对敌舰实施截击，为保障海上作战部队侧翼安全，另派4艘护卫艇进至崇武东南15海里处担任警戒和海上救援，派3艘护卫艇至西洋岛以东海域佯动，以钳制东引的敌舰。

根据敌舰航行速度，预计"永泰"、"永昌"两舰将于23时左右抵达乌丘。为争取时间，福建指挥所迅速向东海舰队、福州军区上报打击方案，同时命令各参战部队立即由驻地向闽中海坛岛娘宫集结。

当时，解放军护卫艇和鱼雷艇分驻3处，其中4艘护卫艇远在娘宫120海里之外。按照作战部署，航行时间只有3.5小时，这4艘护卫艇争分夺秒，经高速行驶，终于提前赶到集结点。

各路战艇相继驶抵娘宫，编队指挥员魏垣武命令各艇靠拢到一起，召开作战会议，向各艇艇长交待任务，进行战斗编组。其中以573、574、576、579护卫艇为第一突击群，负责攻击敌编队前导舰"永泰"号；以588、589护卫艇组成第二突击群，负责牵制敌编队殿后舰"永昌"号；以6艘鱼雷艇组成第三突击群，待护卫艇攻击之后，向敌舰实施鱼雷攻击，以扩大战果。

作战会议结束后，艇队驶向靠近战区的东沙屿。在航行途中，接到福建指挥所发来的电令，指定576艇为预备指挥艇，在该艇的护卫艇大队长马干、政治委员龚定高为编队代理指挥员。

海上编队到达东沙屿时，总参谋部批准了打击敌舰方案。周恩来亦作出5点指示：要抓住战机；集中兵力先打一条；要近战，发扬英勇顽强的战斗作风；组织准备工作要周密一些，不要打到自己；天亮前撤出战斗。这些指示，均及时传达到各参战艇。

22时16分，解放军突击编队由东沙屿出击。航行58分钟后，指挥艇573艇雷达首先发现目标，雷达兵当即报出敌舰方位和距离："右舷10度，距离105链，发现两艘敌舰！"此时，"永泰"、"永昌"两舰间隔7~8链，正以12节的航速前行。

编队指挥员魏垣武下令护卫艇成右梯队展开攻击队形，准备按预定计划分别攻击"永泰"和"永昌"舰。6艘鱼雷艇编成3个冲击组，伺机而动。

23时33分，"永泰"舰驶近解放军编队，与573艇仅相距5链。魏垣武见时机已到，下令战艇将航速减至10节，集中火力攻击"永泰"舰。炮声响彻夜空，遭到突然袭击的"永泰"舰大吃一惊，急忙发炮还击，同时向西规避。紧随其后的"永昌"舰看到旗舰遭受攻击，大小火炮也一齐开火。魏垣武所在的573艇正处于敌两舰之间，见"永昌"舰炮火轰来，当即掉转炮口反击。原定的重点打击"永泰"舰的计划，因瞬息万变的战场形势而延误。

炮战伊始，"永泰"、"永昌"两舰稳住阵脚，集中炮火射击解放军的指挥艇。双方对射两分钟，573指挥艇就被敌炮击中，一发炮弹正中驾驶台，解放军护卫艇大队副大队长李金华、中队政治委员苏同锦当场牺牲，魏垣武也身负重伤。573艇不仅人员伤亡严重，艇上的罗经也被打坏，影响到战艇的正常航行。预备指挥艇576艇同样遭到敌舰的重点攻击，数发炮弹击中机舱、弹药库，人员亦有伤亡。

解放军2艘指挥艇遭到敌舰轰击，但各艇仍全力对目标实施攻击。胸部负重伤的魏垣武苏醒后继续指挥战斗。573艇上的作战参谋刘松涛多处受伤，仍不离战位。他看到操艇的副艇长中弹倒下，立即挺身而出，接替副艇长参加战斗。

双方激烈的炮战又持续了7分钟，两艘敌舰人员大量伤亡。由于双方舰艇都在运动之中，很快就脱离了接触。编队指挥员魏垣武感到难以坚持下去，命令转交指挥关系，同时让人发出2发信号弹，召唤鱼雷艇编队投入战斗。忙乱之中，573艇和预备指挥艇未能及时沟通联系，加之该艇罗经已被打坏，战艇背向敌舰驶离战场，其他各艇不明情况，也同样背道而驰。"永泰"号抓住这一可乘之机，开足马力高速驶向不远处的乌丘。

正在战区附近待机的鱼雷艇编队看到命令"出击"的信号弹后,立即在编队指挥员、鱼雷艇第六支队副参谋长张逸民的指挥下,分3个小组驶向敌舰。

临近目标,张逸民命令第二小组131、152艇实施攻击。两艇高速驶向"永昌"号,相距9链时,"永昌"舰突然转向,并以舰炮进行拦阻射击。131、152鱼雷艇左右分开,准备从"永昌"舰两舷进行夹击。"永昌"舰同时转向,使两艇无法形成夹击之势。131、152艇重新调整队形,抢占阵位,"永昌"号故伎重演,成功地进行了规避。这两艘鱼雷艇第3次进入发射阵位,对"永昌"舰实施鱼雷攻击。"永昌"舰反应及时,躲过了射来的鱼雷,一边向解放军鱼雷艇开炮,一边向南逃去。

参加此次战斗的鱼雷艇部队曾多次同国民党海军交手,创下过击沉击伤敌舰5艘的战绩。指挥战斗的张逸民亦曾多次参加海战,具有丰富的实战经验。他看见敌舰炮火猛烈,忙通过报话机要求护卫艇编队再打一个航次,但对方毫无反应。张逸民不再犹豫,亲率另外4艘鱼雷艇追向南逃的"永昌"号。

14日0时21分,4艘鱼雷艇逼近敌舰,与目标相距18链。"永昌"舰继续向袭来的艇队开炮,同时注意转向规避。鱼雷艇两次抢占发射阵位,都未能成功。

张逸民见攻击不成,立即改变战术,命令一、三组左右展开,由两舷同时攻击。由第一组实施攻击,第二组进行牵制。4艘鱼雷艇第3次进入战斗航向,在相距"永昌"舰5链时,各艇艇长瞄准目标,喊出"预备"口令。胜利在望之际,"永昌"舰再次转向,解放军鱼雷艇只好又一次撤出。

此时,海面上的炮声震天,巨大的水柱此起彼伏。国民党军设在乌丘的岸炮和已经脱离险境的"永泰"舰,不断向解放军鱼雷艇队开炮,以支援"永昌"舰。面对敌炮威胁,解放军鱼雷艇队仍未轻易实施攻击。

根据敌我态势的变化,张逸民再次改变决定。他命令第三组主攻,第一组牵制。第三组的126、145艇迅速接近"永昌"号,第一组124、132艇也死死咬住"永昌"号，逼其转向，为第三组攻击创造条件。"永昌"号自知难逃厄运，紧急向台湾呼叫："我舰1000码以内都是共军的快艇，情况非常紧急！"恐慌之中，方寸已乱的"永昌"舰仍在竭力躲闪招架。

0时30分，解放军145艇艇长谈遵树指挥战艇，冒着敌舰密集的炮火，接近到"永昌"号左舷90~100度、距离4链处。张逸民抓住战机下令："单艇攻击！"145艇逼近到"永昌"舰300米距离时，以15度提前角发射两枚鱼雷。"永昌"舰在劫难逃，尾部被一雷击中，当即失去机动能力，开始缓慢下沉。

就在鱼雷艇攻击"永昌"号的时候，解放军护卫艇大队参谋长王志奇率领第二突击群588、589艇，也向炮声方向赶来。0时42分，两艘护卫艇接近"永昌"号5链时，开炮猛轰正在下沉的"永昌"舰。攻至目标100米时，两艇集中炮火射击"永昌"舰的水线部位，直打得敌舰油舱起火，弹药库爆炸，下沉速度加快。1时6分，"永昌"号沉没于乌丘以南15.5海里处。解放军突击编队捕捞9名国民党水兵后，于14日3时5分遵令返航。

此次海战，解放军以牺牲两人、伤17人、轻伤护卫艇和鱼雷艇各两艘的较小代价，打沉了国民党海军的"永昌"舰，但却放跑了"永泰"舰，参战部队甚感遗憾。海战当夜，在北京的周恩来、贺龙始终守在指挥位置上，关注着整个战斗的进程。直至14日凌晨，周恩来亲自签发新闻战报方才离去。正在北京参加海军党委三届二次全会的东海舰队司令员陶勇，也急飞前线指挥战斗。

11月15日，国务院副总理陈毅受周恩来委派，乘飞机亲临福建前线，看望从海上归来的参战部队。11月26日晚上，周恩来和罗瑞卿在上海锦江饭店接见了参战部队的代表，询问了海战的情况。周恩来勉励大家认真总结经验，不骄不躁，去争取新的胜利。

1966年11月13日，国防部发布命令，授予海军东海舰队588护卫艇以"海上猛虎艇"称号，以表彰该艇在"崇武以东海战"中的卓著战绩。

在两次海战中，国民党海军战舰三沉一伤，遭受空前惨败。"崇武以东海战"后不久，国民党海军舰艇又在台湾新竹近海发现疑是大陆"威士忌"级潜艇的水下目标，10多艘猎潜舰发射近百枚深水炸弹，一无所获。面对解放军海军的威胁，继刘广凯之后出任国民党海军总司令的冯启聪，大力主张添购多艘大型护航驱逐舰作为其海军主力，以此来对付大陆快艇和潜艇部队。此后，美国开始向台湾提供为数不少的驱逐舰和反潜飞机，以替代原有陈旧的装备。

在此前后，大陆方面也在大力发展海军，033型攻击潜艇、65型护卫舰、051型导弹驱逐舰等源源不断地加入海军序列，从而在台海对峙中更具主动权。

大陆与台湾发展海上军力各有成效，但双方在海上的对抗反而逐渐减弱，演变成严阵对峙的局面，从而使得"八六海战"和"崇武以东海战"成为国共海上交锋的"压轴戏"。

第十五章

台海对峙，明争暗斗手段多
驾机投诚，策反行动始见效

    1949年之后，国共双方在台湾海峡展开了激烈的战斗，与此同时，另一场较量也在隐秘地进行着。解放军方面努力策反台湾国民党军事人员驾机、驾艇来归，开辟了"第二战场"，从而为台海对峙增添了更加丰富的内容。

    首次从台湾驾机起义投奔大陆的国民党空军飞行员是国民党空军轰炸机第八大队上尉分队长杜道时和运输机第二十大队中尉机械员郝子仪。他们开辟了台湾到大陆的新航线。

    国民党空军八大队是抗日战争后期组建的轰炸机部队，下辖三十三、三十四、三十五中队。1943年秋，该大队空地勤人员前往美国受训。1945年接收27架B-24型解放者式重轰炸机回国，进驻上海大场机场。八大队回国后不久，即开始为发动内战效力，频繁运送作战物资，国民党报纸吹嘘八大队是："中国空军轰炸部队的基石。"国民党当局未曾想到，其空军首次驾机起义及首次从台湾起义飞返大陆的飞行员都出自这个部队。

    1946年6月26日，国民党30万大军开始围攻中原解放军。就在这一天，国民党空军八大队上尉飞行员兼飞行参谋刘善本，在驾驶B-24型轰炸机从成都前往昆明途中，突然改变航向，飞到延安，成为国民党空军驾机起义的第一人，受到中共方面的热烈欢迎。刘善本加入解放军空军后，历任航校副校长、师长、军训部副部长、空军学院副教育长等职，1964年晋升为空军少将。

1948年12月16日夜间，八大队三十三中队中尉飞行员俞渤、郝桂桥、陈九英、中尉领航轰炸员周作舟、张祖礼共谋起义。他们驾驶一架载有5枚炸弹的B-24从南京起飞，计划先轰炸大校机场和总统府。因投弹系统发生故障，炸弹偏落于南京城外燕子矶附近，正在南京国民党空军俱乐部慰问和嘉奖驻宁飞行员的蒋介石闻听爆炸声大吃一惊。俞渤等人随后驾机飞往石家庄。

淮海战役结束后，八大队于1949年1月28日从南京大校机场转移到台湾新竹机场。2月3日，该大队在上海执行任务的中尉飞行员张雨农、任永荣、黄友寿、中尉空中射击员黄文刚驾驶一架B-24轰炸机起义飞往北平。

一时间，八大队的起义事件令国民党当局十分难堪。国民党空军不仅仅痛惜失去3架B-24型重轰炸机，更害怕这种起义的势头继续发展下去，赶紧采取一系列防范措施。许多被认为不可靠的飞行员被调离机组，军中特工活动也大为加强。杜道时作为刘善本的同乡、同学和挚友，也受到上司的怀疑，被调到大队司令部情报资料科"帮忙"，失去了接触飞机的机会。在此期间，刘善本辗转来信，催促杜道时早日驾机飞往解放区。这时的刘善本并不知道杜道时的处境。

一个星期天，心情苦闷的杜道时陪着妻子女儿到海滩上散心。在海滩，他与故友郝子仪邂逅相遇。郝子仪是国民党空军二十大队的中尉机械员，他所在的运输机部队于1948年底撤至台湾，与八大队同驻新竹机场。两人略作寒暄，都表露了想飞回大陆的心愿，并决定设法搞到飞机，尽快行动。

4月16日，正在机场值班的郝子仪突然接到机械长的通知，叫他到中队部领受去上海换三十中队驻防的任务。郝子仪内心非常高兴，终于等来了搞到飞机的机会。他回到机场后，立即和其他地勤人员为15架飞机检查加油。停在跑道头上的那架333号C-46运输机被郝子仪选中,暗地里加满了油,并悄悄地把飞机钥匙拿到了手。333号飞机是毛尚贞中队长的座机,它的停放位置非常有利于起飞。一切准备好后,晚10点,郝子仪找到杜道时,约定了行动时间。

第二天凌晨3点,郝子仪和化装成机务人员的杜道时乘着夜色,直奔机场而去。两人刚要走进机场,一名荷枪实弹的警卫出现在面前,"干什么的?"郝子仪掏出证件回答道:"我们来工作的,给毛中队长准备飞机。"警卫不再盘问,看着两人登上跑道边上的飞机。

杜道时、郝子仪进入驾驶舱后,立即作飞行前的准备工作。C-46型突击队员式运输机是美国寇蒂斯公司制造的一种活塞式运输机,1942年开始装备美军,最大航程4140公里,可运载50名武装士兵。C-46在当时是比较先进的运输机,操纵也很复杂,按规定需要3名飞行员共同进行。杜道时虽然具有十多年的飞行经验,但却从未接触过这种飞机,郝子仪也只会维修,不会驾驶。两人对于能否驾机顺利升空毫无把握,杜道时甚至作了最坏的打算。他拔出手枪递给郝子仪,指着自己的太阳穴说:"万一起飞时出了问题,你就冲我这儿打,别让他们捉活的!"郝子仪接过手枪,表示了同样的决心:"明白!我也不能让他们捉活的!"

凌晨5点,新竹机场处在浓雾的包围之中。杜道时发动飞机滑出停机坪,他全神贯注地操纵飞机,加大油门,飞机经过一段滑行,终于离地升空。

"你们是几号飞机?"揉着睡眼的机场高度员发现了这架起飞的飞机,感到莫名其妙。在当天的飞行计划中,并无这个时间的飞机起飞。

杜道时毫不理睬机场的询问,继续操纵飞机爬高。为了迷惑地面,他转弯向南飞去,随后又降低高度,贴着海面飞行,以躲避地面雷达的追踪。到了沙门上空,杜道时转向面北,飞过金门、马祖岛,到达厦门上空。

国民党空军获悉这架运输机飞往大陆后,立即部署驻扎在长江以南的战斗机进行截击。当时解放军尚未渡过长江,江南还全部是国民党统治区。杜道时对于可能出现的危险早有预料，驾机钻入万米高空的浓云中，避开了追杀的国民党飞机。国民党飞机丢失目标后，对解放区内的一些机场进行了侦察扫射，试图找到杜道时的飞机并将其击毁。徐州机场首当其冲，遭到两架国民党飞机的攻击，地面有3人被射杀。

躲过国民党飞机之后，杜道时降低高度钻出云层，沿铁路线直飞徐州。到了陇海路与津浦路的交叉点上空，杜道时又一次降低高度，直奔徐州机场，准备着陆。

守卫徐州机场的解放军防空部队刚把两架敌机逐走，突然又发现一架飞机临空，以为还是前来轰炸扫射的国民党空军飞机，立即猛烈开火。见此情景，杜道时知道地面误会了自己的来意，赶紧摇摆双翼。郝子仪也向机外丢出降落伞，并放下起落架，向地面发出联络起义的信号。可是地面解放军被国民党飞机诓骗过，并未停止射击。

杜道时冒着弹雨在空中盘旋一周，看到跑道基本完好，决定强行降落。他驾机对准跑道，按下机头，缓缓降落在徐州机场上。此时，航空表指针指在12点30分上，杜道时、郝子仪一共在空中飞行了7个半小时，终于成功地完成了从台湾起义归来的壮举。

在徐州，杜道时、郝子仪受到中共中央军委空军接管部人员的热烈欢迎。4月23日上午，杜道时、郝子仪应党中央和解放军总部的邀请，驾驶这架C-46运输机降落于北平南苑机场。当晚，中共中央邀请原国民党陆、海、空军起义人员代表开欢迎会。朱德总司令在会上致词，热烈欢迎杜道时、郝子仪起义归来。杜道时、郝子仪不久被分配到中央军委航空局所属单位任职，后来都成为解放军空军的师级军官。

杜道时、郝子仪起义成功，首开飞渡台海之先河。在他们的影响下，相继有大批国民党空军飞行员从海峡彼岸驾机归来。

1949年10月16日，国民党空军第十大队上尉飞行员江富考、机工长周震南、机械兵陈尚明、石健儒等共谋起义。自台湾嘉义驾驶C-47型运输机飞往南京，安全降落。

1949年10月17日，国民党空军军官学校飞行生魏昌蜀自台湾冈山驾驶AT-6型教练机起义，飞往福州，安全降落。AT-6型教练机是美国北美飞机公司40年代初期研制的高级教练机，世界上有30多个国家和地区使用该机。

1949年12月26日，国民党空军第一大队中尉军械官岳哲安自台湾台中驾驶PT-17型教练机起义，安全降落于福州。

1950年1月3日，国民党空军校官飞行生李纯自台湾冈山驾驶AT-6型教练机起义。迫降于福建漳莆东湖乡海滩。

1950年1月9日，国民党空军军官学校飞行生黄永华自台湾台南驾驶AT-6型教练机起义，迫降于广东潮安。

1951年3月27日，国民党空军第十大队专机组机工长史殿文在台北上空夺取B-25型轰炸机起义，安全降落于上海江湾机场。参加者有该大队专机组少校飞行员戴自瑾。

1951年9月12日，国民党空军军官学校飞行生刘希尚自台湾冈山驾驶AT-6型教练机起义，安全降落于福建漳州。

1953年6月26日，国民党空军第一大队少校领航员叶刚自金门驾驶AT-6型教练机起义，迫降于浙江上虞，参加者有第四大队少尉飞行员孙志强。

1953年12月18日，国民党空军军官学校飞行生陶开府和监察总队第一测向台无线电见习机务士秦保尊共谋起义，自台湾冈山驾驶AT-6型教练机飞往福建漳州，安全降落。

1954年2月19日，国民党空军第一大队上尉作战参谋黄铁骏自台湾新竹驾驶B-25型轰炸机起义，迫降于浙江三门。参加者有大队射击军械士刘铭三。

1954年10月26日，国民党空军军官学校飞行生胡弘一自台湾冈山驾驶AT-6型教练机起义，迫降于福建同安。

1955年1月12日，国民党金、马前线陆空军联络少校作战参谋郝隆年自台湾台中驾驶C-46型运输机起义，安全降落于福州。参加者有二十大队少校作战参谋王钟达、机工长唐镜。

1955年2月23日，国民党空军军官学校飞行生刘若龙和朱宝荣共谋起义，自台湾虎尾机场驾驶PT-17型教练机，迫降于福建平潭境内海滩。

1955年5月18日，国民党空军第三大队小尉情报参谋何伟钦自台湾屏东驾驶F-47型战斗机起义，迫降于广东海丰境内。

1956年8月15日，国民党空军军官学校少校教官黄纲存自台湾冈山驾驶AT-6型教练机起义，迫降于福建仙游境内。

50年代中期以后，大陆方面制定了一系列奖励政策，以吸引更多的国民党官兵起义来归。

1955年1月1日，国防部长彭德怀发布对蒋军起义、投诚人员的政策及奖励办法等，并命令全军切实执行对投诚或自动放下武器的蒋军官兵的五条保证，还制发了通行证。

1962年7月25日，解放军福建前线司令部颁发通告，宣布对驾机起义的蒋军空军人员和驾驶舰艇起义的蒋军海军人员的奖励规定和联络办法。

大陆上述规定和政策发布后，收到一定效果，60年代，先后有徐廷泽、赵宗礼、黄天明、朱京蓉驾机、驾艇起义归来。

1963年6月1日，国民党空军第二联队第十一大队第四十三中队上尉飞行员徐廷泽，驾驶一架F-86型佩刀式战斗机，从台湾新竹机场起飞，执行战术训练任务，在飞行中，徐廷泽突然改变高度和航向，直向大陆飞来。新竹机场向空中疾呼："方向错了，方向错了！"徐廷泽不予理会，继

叶剑英元帅接见徐廷泽

续降低高度，飞越海峡，在福建龙田机场降落。

F-86型佩刀式战斗机是美国最有名的高亚音速战斗机，产量高达8000架，装备20多个国家和地区的空军。50年代，F-86曾同大陆战机多次交手。徐廷泽所驾驶的F-86最大速度1110公里/小时，实用升限15200米，航程2030公里。机上有6挺12.7毫米机枪，并可携带"响尾蛇"空对空导弹。这架F-86战斗机至今还停放在北京军事博物馆的广场上，供人们参观。

徐廷泽飞返大陆后，中华人民共和国国防部发布命令，授予徐廷泽少校军衔。周总理和叶剑英元帅先后接见了他，鼓励他"好好学习，积极工作"。徐廷泽后来担任解放军空军某航校的副参谋长和副校长。

台湾国民党空军的飞机不断起义飞返大陆，相比之下，国民党海军官兵驾舰起义则较为困难。1964年10月4日，国民党海军大金门水面侦察队下士赵宗礼只身驾驶美制1279号机械化登陆艇，回到祖国大陆。

1947年，在青岛市镇华铁工厂当学徒的赵宗礼被国民党军抓去当了兵。转过年来，解放军逼近青岛，国民党军见大势已去，纷纷变卖军用物资。赵宗礼的班长卖起了柴油、发报机，借机大发洋财。不久，东窗事发，班长和同伙把责任推到了赵宗礼身上。替人受过的赵宗礼身陷囹圄达半年之久，后来被老乡保释出狱。

出狱后，生活无着的赵宗礼又在定海当了国民党海军。随着时间的推移，思乡之情日浓的赵宗礼突发异想，决心泅渡海峡，游回大陆。为此，他报名参加了左营海军基地蛙泳队训练班。通过一段时间训练，他的蛙泳和拳击都大有长进。可是不久，赵宗礼又接到准备赴美国接舰的命令，泅渡的希望成了泡影。返回大陆只好另作他想。赵宗礼调到小艇大队三中队当轮机兵后，仍在为回大陆做准备。他除了学会开机器之外，还利用艇长胆子小，怕靠码头的特点，主动替艇长操作，从而掌握了操艇的技术。

一天夜间，赵宗礼所在艇前往大担运送物资。他站在甲板上，看见对面的厦门港灯火通明，真想立刻驾艇开过去。可身边的人身上都带着武器，他只好把冒险的念头压下去，耐心等待更合适的机会。

1964年3月，赵宗礼从左营海军基地调到大金门水面侦察队，离大陆更近了一步。

10月3日，正在侦察队所属雷达站值班的赵宗礼，不时举起望远境搜寻着海面，从中寻找逃走的机会。这天，国民党海军一位副司令来大金门视察。赵宗礼在望远镜中看到，这位副司令乘座的旗舰，在锚地抛锚停泊。距码头500米处，有几艘巡逻艇在巡逻。码头上，停靠着两艘登陆艇。其中一艘是为旗舰运送物资的，另一艘是接送副司令离舰上岛的。

看到天赐良机就在眼前，赵宗礼很是高兴。平时，为了防止有人驾艇偷跑，登陆艇一律停在码头外几百米的滩头上，用铁链连成一串。而今天竟有两艘登陆艇停在码头上，真是千载难逢的好机会。

赵宗礼放下望远镜，走出值班室，找到一个老兵。他借口有事，求对方替他半个班。

紧接着，赵宗礼快步来到路边，堵住一辆出租车，向码头方向奔去。雷达站在岛南，码头在岛东北，相距约15公里。

出租车开到距码头很近的一个小集上停下来。赵宗礼下了车，看到天色尚早，走到附近的一家台球案前，打了一会台球。天慢慢地黑下来，赵宗礼在一家小饭馆里吃了一碗面条，又喝了半杯白酒，然后，直奔码头而去。

"赵宗礼，停一下，"突然有人在后面喊道。赵宗礼正要回身，一卷报纸、信函已塞到他的手中。"你回站带上，明天我就不送了。"原来喊他的是队部的通信员。

赵宗礼接过报纸信件，继续向前走去。借着码头上昏暗的灯光，他看到距登陆艇约50米处的海边，有一个人影在晃动，赵宗礼壮着胆子走过去，定睛一瞧，那人竟是和他一起从舟山群岛撤到台湾的卢垂俊。两人已经好几年没见面了，卢垂俊刚被调到金门码头观察水位。

老熟人相遇，显得分外亲热。卢垂俊不由分说，将赵宗礼拉到他的宿舍叙旧。赵宗礼灵机一动，将手中的报纸、信件交给卢垂俊说："你先烧点开水，我去码头寻个地方方便一下就来。"

赵宗礼急急忙忙登上码头边的登陆艇，他还故意高喊着艇长的名字。艇上空无一人，码头上也静悄悄的。赵宗礼纵身一跃，跳进机舱，熟练地接通电源，启动机器，排烟管把海水刺得咕咕作响。

看到机舱内的机器运转正常，赵宗礼钻出舱门，爬上驾驶台，操纵登陆艇轻轻离开码头。为了不引起海面上巡逻艇的怀疑，赵宗礼驾艇以很慢的速度，朝锚泊的旗舰缓缓驶去。巡逻艇上的国民党军以为这艘登陆艇是在为旗舰运送物资，没有理会它的行动。

登陆艇距旗舰只有二三百米了，赵宗礼见巡逻艇已被远远甩在后面，突然改变航向，朝着解放军把守的青屿方向驶去。驾驶台上的赵宗礼用肚子紧紧顶着舵轮，两手将速度加到最大，登陆艇飞快地在海面上奔驰。

青屿很快出现在赵宗礼的眼前，成功的喜悦在他心中油然而生。守卫青屿的解放军也发现了这艘登陆艇，岸上成群的人在迎接赵宗礼的到来。

第二天，福建前线福州市召开了欢迎大会。会上，根据中华人民共和国国防部部长林彪发布的国防字第028号命令，授予赵宗礼解放军海军少尉军衔。赵宗礼后来升任解放军海军某部装修部副部长。

1969年5月26日，国民党空军军官学校上尉飞行教官黄天明和飞行生朱京蓉，自台湾冈山驾驶T-33型喷气教练机起义，迫降于福建惠阳观音阁乡境内。黄天明、朱京蓉起义后，台湾有关方面宣称两人已在飞行时失事遇难。19年后，朱京蓉的母亲在北京与儿子相见，此时的朱京蓉已是解放军空军指挥学院副师职研究员。

自黄天明、朱京蓉驾机起义之后，国民党空军驾机起义中断了12年。1981年8月8日，国民党空军第五联队督察室少校考核官黄植诚，驾驶F-5F型战斗教练机起义归来。这一事件使台海当局大为震惊。

黄植诚祖籍广西横县，1952年出生在台湾国民党一个飞行员家庭。1969年高中毕业后，考入国民党空军军官学校。1973年毕业。成为一名飞行员，后提升为分队长，先后驾驶过5种型号飞机，累计飞行时间达2100小时。

　　自从决心驾机飞返大陆后，黄植诚一直在寻找机会。他知道，在空中飞向大陆也并非易事。台湾的雷达日夜监视着海峡上空。飞机一旦偏离航线，立即就会被发现。自60年代以来，国民党空军不断进行反劫机、反起义演练，空中防范极严。在一次训练中，曾有两架国民党飞机误入大陆龙田一带，台湾的战管部队急令在空中的另外4架战斗机飞入大陆进行拦截，监护那两架飞机回场落地。

　　8月8日早晨，黄植诚奉命到五联队所属的五大队，执行考核新飞行员许秋麟的任务。8点18分，黄植诚在前座，许秋麟在后座，驾驶F-5F双座战斗教练机升空。这对于黄植诚来说，是一次难得的机会。

　　过了10分钟，这架F-5F来到预定的空靶区。这里靠近台湾海峡中线，距台湾约80公里，为了不让许秋麟察觉自己的意图，黄植诚命令他把暗舱罩盖上。然后切断飞机与地面联络的无线电装置，将飞机高度由5000米直降到100多米，加速飞向大陆。

　　国民党空军五联队担负的是攻击福州机场的任务，平时经常作模拟训练，黄植诚非常熟悉这一地区的情况，他紧贴着海面飞向福州。不一会，他看见了平潭，又过了几分钟，他判断到了龙田附近。但他不想在龙田机场降落，这里离台湾太近。他想起空总一个长官的话："即使降落到龙田机场，我们也可以用飞弹把飞机炸毁。"为了安全起见，黄植诚驾机继续飞向福州机场。

　　F-5F很快飞临乌龙江大桥。黄植诚命令许秋麟"打开暗舱罩"。许发现情况有变，紧张地说："教官，我们已到了大陆上空，赶快回去！"黄植诚告诉他："你不要着急！"当黄植诚在空中找到福州机场后，后座的许秋麟仍坚持要回台湾。黄植诚考虑到许秋麟会对安全降落有不利影响，同时从尊重个人权益出发，决定将他送出境。F-5F来不及发出起义信号，低空穿场而过。机场周围的解放军高射炮兵发现了这架飞机，但没有开炮。

　　9点12分，黄植诚飞到有国民党军驻守的东引岛以西两公里的海面上。"我只能送你到这里了。"他对许说："你跳伞吧，东引的人会发现你的。"

"明白，教官。"许秋鳞中尉弹射出座舱，跳伞落入海中，被台湾方面的船只救起，平安返回台湾。

看见许安全跳伞，黄植诚驾驶飞机重新飞回大陆。在福州机场上空，他按照人民解放军福建前线司令部"通告"中规定的程序做了一遍，微微摆动机翼，绕场盘旋，放下起落架，然后开始着陆。飞机缓缓地在跑道一端停下来。黄植诚打开座舱盖，摘下氧气面罩，走下飞机。此时是9时26分，他在空中飞行了68分钟。

8月12日，福建军民在福州集会欢迎黄植诚驾机起义归来。8月19日，解放军空军司令员张庭发任命黄植诚为空军某航校副师职副校长。1986年，黄植诚被授予特级飞行员称号，后来升任解放军空军司令部军校部上校副部长。

黄植诚开回大陆的F-5F型战斗教练机是美国诺斯罗普飞机公司提供零部件并派出技术人员在台湾装配而成的，是台湾最先进的机种，号称"空军的支柱"，每架售价500万美元以上。当时，国民党空军只有29架此型飞机。在福州机场一个大厅里，不少群众参观了F-5F飞机。不久，这架F-5F飞机运抵北京，成为大陆空军掌握美式飞机秘密的难得样品。

投奔北京的台湾飞行员合影(右一为黄植诚)

　　黄植诚飞返大陆，在台湾产生巨大震动。一向以沉稳著称的蒋经国"总统"闻讯后摔了茶杯。1981年11月25日，台湾"国防部长"高魁元也而此事件而引咎辞职。

　　1983年，台湾国民党陆军航空队第一支队观测中队一分队少校分队长李大维驾机飞返大陆。

　　李大维从小生长在海峡彼岸的国民党军人世家。父亲早年在戴笠手下做事，后任阳明山警察分所所长，专门负责张学良的"监护"工作。继父是黄埔军校毕业生，曾在"总统府"任职，中将军衔。李大维先后在国民党陆军军官学校和航空训练中心受过正规训练，并两次获"国军英雄"称号，受过蒋经国的接见。就是这样一位仕途顺利的台湾陆航飞行军官，心中却萌发了驾机起义的念头。

　　李大维深知，台湾当局对海峡的监视是相当严密的。而他所驾驶的U-6A却是加拿大早期生产的一种轻型侦察机，最大巡航时速仅为225公里。凭这种飞机难以逃过国民党军队的雷达警戒线。为了寻找机会，1982年李大维在金门航空分遣队驻防期满后，主动申请到东海岸的花莲航空分遣队任职。当上级任命他到花莲航空分遣队当分队长时，李大维异常高兴。在任职的8个多月里，他对驾机回归大陆进行了细心的筹划。

　　4月21日下午，李大维接受了第二天到宜兰外海执行代号为"ACP"的试通飞行任务。根据气象预报，22日花莲天气良好，可准放飞。而台湾北部和台湾海峡的天气均不良。李大维于是决定借翌日执行任务之机，飞向大陆。当晚，他邀请队里的其他飞行员喝酒，一直喝到深夜。他谎称第二天没有任务，这些人个个酩酊大醉。

　　4月22日早晨，李大维像往常执行任务一样，不动声色地去机场填报放行手续。然后利用分队长的身份，顺利进入机场。按照他的吩咐，机场加油班的人给机上各个油箱加满了油。9时50分，李大维发动引擎，慢慢将飞机滑出跑道。

　　李大维驾机很快飞到台湾北部宜兰上空，这时天气骤变，云层密布。李大维立即下降高度，改变航向，绕过基隆湾，紧贴海面朝大陆方向飞来。为了摆脱地面雷达的监视，逃避后面可能飞来的战斗机，李大维凭借自己11年来2600多小时的飞行经验，坚持作超低空飞行。

两个多小时过去了，李大维的飞机还在福建沿海上空盘旋，由于雨雾濛濛，他无法找到可供着陆的机场，所能看到的都是一些岛屿，李大维十分着急，极力辨认是否飞到了大陆。当他确定下面就是大陆海岸时，便一面摇摆机翼，发出起义信号，一面仔细寻找迫降场地。

李大维飞临的地方是位于福建宁德境内的解放军海军三都港。由于恶劣的天气，雨中的三都港能见度很差。半小时前，李大维座机信号曾在海军某雷达荧屏上出现过，但很快就消失了。

听到港外突然传来的阵阵飞机引擎声，不少水兵正在猜疑之中，一架遍体乌黑的飞机已冲破低低的云层，直向港内飞来，机上的蓝色国民党徽和"陆军8018"的字样清晰可见。水兵们这才知道飞来的一架国民党陆航飞机。

此时，李大维也发现了港内的舰艇，继续降低高度，并打开了航行灯，大幅度摇摆机翼，不停地收放起落架，在离海面几十米的高度上盘旋。看到这一情景，有人意识到这是一架起义飞机，立即大声喊道："台湾起义飞机，赶快防空掩护！"随着震耳欲聋的防空警报声，港内一艘艘快艇、护卫舰、猎潜艇和辅助舰船，纷纷解缆起锚，驶离码头。大小舰炮摇向天空，以防备国民党飞机的追袭。

正在忙乱之中，一桩意外的险情发生了。停靠在码头上的X160船听到防空警报声响起，误以为真是敌机偷袭，炮手们未加仔细辩认便开炮射击，20多发机关炮炮弹尖叫着射向空中。岸上指挥所急令不准射击。

炮声一响，李大维知道自己的冒险飞行已引起了某种误解，必须尽快降落。情急之下，他看到港内海堤处有一片稍为平坦的泥滩，便猛然把机头向下一压，飞机斜刺着冲向滩涂，着地后溅起一股股海泥，又略为跳起。在滑行了50多米后，这架U-6A型"海狸"式飞机稳稳停住。此时，已是中午12点35分。

飞机停稳后，穿着带有台湾陆航鹰式标志服装的李大维爬下飞机，挥手向跑过来的人群致意。

5月5日，李大维在福州停留13天后，前往北京。在此之前，李大维已被任命为解放军空军某航校副师职副校长。1986年，李大维升任空军学院指挥系正师职副主任，后出任主任。

李大维驾机起义，在台湾军方引起极大震动。当时的国民党陆军总司令郝柏村甚为恼怒，调曾任陆军军官学校学生指挥部指挥及某师副师长的马登鹤，到陆航队进行彻底清查、整顿。马登鹤自此在台湾军界崛起，不久升任炮兵训练部少将指挥官，后来出任"国防部"办公室主任。

随着海峡两岸关系的缓和，大陆方面开始调整以往的策反政策。1988年9月11日，中国人民解放军驻福建部队发言人宣布，1962年颁布的对驾机驾舰起义的国民党官兵给予奖励的两个《通告》停止执行。

就在大陆宣布停止执行《通告》刚满5个月的时候，台湾国民党空军七三七联队五大队中校辅导员林贤顺，出入意料地驾机飞向大陆，在台海两岸引起不小的轰动。

1989年2月11日，台湾地区天气晴好。林贤顺中校按时到达台东机场，准备执行空中核查任务，课目包括对地面雷达及通信死角的核验。也就是说要飞入雷达通信设备观测联络不到的地方进行检查。这对于想飞往大陆的林贤顺来说，真是难得的好机会。

9时17分，林贤顺驾驶5120号F-5E型战斗机驶离跑道。起飞后，先按航线往东南海域飞行，然后改飞西南，飞越台湾最南端的鹅銮鼻后转向西北，9时30分，林贤顺的座机突然高速冲向海面，从地面战管雷达屏幕上消失了。

看到这一情况，台湾战管中心认为林贤顺的飞机有可能失事坠毁，曾紧急呼叫，但无回音。随后，战管中心呼叫附近海峡巡弋的另一批战斗机前往查看。此时，雷达又一度显示出林贤顺飞机讯号。是在往广东方面低空疾飞，但很快即告消失。战管单位见状立即呈报，林贤颇有叛逃或迷航的可能。海峡上空的另一机群已来不及追击。

林贤顺飞越台湾海峡后打算在汕头机场着陆，后因低空有雾及航向偏差，未能找到汕头机场。机上的无线电系统也被他关闭，无法听到外界的无线电的呼叫及导航，在油料将尽的情况下，林贤顺驾机飞至丰顺县境内，被迫弃机跳伞，飞机坠毁，林贤顺左臂受伤，被送进空军广州医院进行治疗。

林贤顺坠落广东后，大陆方面对这一事件只作了简单报道，没有添加政治色彩，新华社也只报道："今天上午十时许，台湾空军一架F-5E飞机因油料不足，在广东省丰顺县境内坠毁，飞行员林贤顺中校获救。"

林贤顺驾机飞往大陆事件，在台湾引起连串追查责任行动。2月14日，台湾空军总司令陈桑龄飞抵台东空军基地巡视，并听取事件报告。据当时台湾军方权威人士透露，空军总部政战部主任唐飞中将已被撤职。实际上，林贤顺事件并未影响唐飞的仕途，此人已于1992年10月出任台湾空军总司令。

对于林贤顺事件，台湾"立法院"一"立委"则表示，林贤顺自愿驾机投奔大陆，既非迷航也不探亲，而是叛逆投诚，显示台湾"天网雷达"的制空防御措施已出现严重漏洞。

按照林贤顺的意愿，大陆军方于4月5日批准他加入解放军空军，任命他为空军石家庄飞行学院副参谋长，军衔为空军中校。一年半后，林贤顺在大陆驾机重上蓝天。

随着时间的推移，曾经在海峡两岸引起轰动的驾机驾艇起义叛逃事件的影响已日渐消失。或许，林贤顺的飞返大陆，会为持续40年的台海"较量"划上一个句号。

第十六章

捉襟见肘，世界已是新格局
大势难违，"和平统一"思正途

国共在台湾海峡的军事较量，于20世纪60年代中期接近尾声。60年代后期，"文革"浪潮席卷全国，大陆将主要精力用于解决自身事务，台湾也把注意力放到经济建设上，两岸关系开始呈现冷战式的对峙状态。

台湾海峡战火渐熄，但双方围绕政治、经济利益的军事行动并未停止，有时还潜在着重起战端的危险。

1968年，美国海军调查船以"联合国"属下的名义，对黄海和东海进行了大规模的地质物理勘探，认为东海大陆架很可能是世界上油气储量最丰富的地区之一。台湾、日本、韩国三方闻风而动，纷纷在东海划分地盘，并于1970年11月成立了三家合办的"海洋开发股份有限公司"，接受美国石油资本的投资和技术，准备从1971年起"合作开发"东海大陆架石油资源。

对于台湾等方面"自作主张"的举动，大陆立即作出强烈反应。1970年12月29日，《人民日报》发表评论员文章，指出："台湾省及其所属岛屿包括钓鱼岛、黄尾屿、赤尾屿、南小岛、北小岛等岛屿在内，是中国的神圣领土，这些岛屿周围海域和其他邻近中国浅海的海底资源都完全属于中国所有，决不容许他人染指，只有中华人民共和国才有权勘探和开采这些地区的海底资源。"文章还指出任何国家、任何国际组织、任何外国公私企业同台湾签订的一切有关勘探和开发我国海底资源的协议和合同，统统都是非法的，无效的。与此同时，解放军海军采取行动，派出多艘导弹艇对在东海活动的"海湾之王"和"西滩"号调探船进行监视。

解放军海军舰艇的出现，使得美国和台湾不得不重新考虑在东海开采石油的问题。太平洋美军发往华盛顿的电报说："台湾租让区距中国大陆较近，加以中国已明确警告不许进行石油勘探。这就导致这样的结论，即不排除中国巡逻艇对勘探船进行骚扰或采取更严厉的行动的可能性。"慑于中国的坚决态度，美国政府向太平洋美军发出指示，不准使用美国军事力量支持美国海湾公司在东海的勘探活动。台湾海军也不愿扩大事态，东海的紧张局势逐渐平息。

美国在东海石油风波中采取的态度，本身也蕴含着改善中美关系的预兆。当时，中苏关系严重恶化，珍宝岛战斗之后，苏联已成为中国的头号敌人。美国则在越南身陷泥潭，难以自拔。从全球战略利益出发，美国逐

毛泽东会见基辛格

渐改变了原来强烈敌视中国的态度。中国为了抗衡来自北方的威胁，也愿意与美国改善关系。早在1969年1月20日，尼克松发表的就职演说中就暗示，将与北京改善关系。美国国务院于1969年12月25日承认，美国第七舰队舰艇在台湾海峡的巡逻已由定期改为不定期。白宫于同一天宣布，美国反对提供F-4D型鬼怪式战斗机给台湾。这些迹象，都可以认为是美国愿意同北京修好的一种间接表示。随后不久，中美双方开始着手进行改善关系的实际行动。1971年7月，美国总统国家安全事务助理基辛格秘密访问了北京，商定将巴黎作为两国的秘密联络渠道。

就在中美继续保持高层联系的时候，1971年10月，第26届联合国大会恢复了中华人民共和国在联合国的一切合法权利，并将国民党代表从联合国一切机构中驱逐出去。台湾方面对此已有预料，在4个月前，蒋介石就发表文告，提出"庄敬自强，处变不惊"的口号。他还在台北中兴山庄向党政要员讲了一番话，大意是，台湾在联合国的席位，在今年一定要退出了，今后台湾在国际上的处境，将更为困难，这是对台湾的又一次重大冲击，但我们不要惊慌，要坚强努力，以求冲破难关，打开新局面。

联合国席位已失，台湾更加关注中美关系的发展。自尼克松下令第七舰队停止巡逻台湾海峡起，台湾已判断出美国要与自己拉开距离，有人甚至想用特殊手段破坏中美改善关系的进程。在尼克松访华前夕，中国驻法国大使黄镇通过巴黎渠道，向美国驻法国武官沃尔特斯通报："据我们得到的情报，台湾有人企图击落飞往中国大陆的总统座机，将空军机上漆上我空军飞机的标志，很难断定这个消息是否准确，提供你们注意。"美国对这一通报表示感谢，并采取了防范措施。

1972年2月21日上午11时27分，尼克松乘坐的"空军一号"总统专机，徐徐降落在北京南苑机场，周恩来亲往机场迎接。

尼克松在京期间，中国外交部副部长乔冠华与辛基格逐字逐句地研究尼克松访华公报。围绕台湾问题，双方各抒己见，争论不休。最后，双方都修改了个别词句，并将公报稿报请毛泽东、尼克松批准。

2月26日，尼克松乘坐中国伊尔–18型专机到杭州参观。美国国务卿罗杰斯等人看过公报稿后，提出要再次修改。毛泽东得悉后作出指示："除了台湾部分我们不能同意修改外，其他部分可以商量。"毛泽东还严厉指出："任何要修改台湾部分的企图，都会影响明天发表公报的可能性。"当晚，中美双方再次对公报作了部分修改。第二天上午，中美首脑正式予以批准。下午5时，中美双方向新闻界公布了《联合公报》。该公报在上海发表，故又称《上海公报》。

关于台湾问题中美双方分别发表声明，表明各自立场：

中国方面声明：台湾问题是阻碍中美两国关系正常化的关键问题；中华人民共和国政府是中国的唯一合法政府，台湾是中国的一个省，早已归还祖国；解放台湾是中国内政，别国无权干涉；全部美国武装力量和军事设施必须从台湾撤走，中国政府坚决反对任何旨在制造"一中一台"、"一个中国、两个政府"、"两个中国"、"台湾独立"和鼓吹"台湾地位未定"的活动。

美国方面声明：美国认识到，在台湾海峡两边的所有中国人都认为只有一个中国，台湾是中国的一部分。美国对这一立场不提出异义。它重申它对中国人自己和平解决台湾问题的关心。考虑到这一前景，它确认从台湾撤出全部美国武装力量和军事设施的最终目标。在此期间，它将随着这个地区紧张局势的缓和逐步减少它在台湾的武装力量和军事设施。

尼克松结束访华后，通过会见台湾"驻美大使"沈剑虹转告蒋介石："美国决心遵守对'中华民国'的承诺"以消除台湾方面的不安。蒋介石听完汇报后，感慨万千地说："从此以后，我们要比以前更依靠自己。"在此期间，台湾海峡两岸的关系没有出现大的变化。到了1974年，由于西沙战事的出现，大陆海军舰艇得以首次顺利通过台湾海峡。

1974年1月19日，解放军海军南海舰队6艘扫雷舰和猎潜艇，在西沙海域同入侵的南越海军展开激战。南越"怒涛"号护卫舰被击沉，另外3艘驱逐舰带伤而逃。战后，南越军方为掩盖败绩，谎称："中国舰只数目11艘增至14艘，包括4艘配有导弹的驱逐舰，并使用了冥河式导弹。"

西沙海战之后，南中国海成为举世瞩目的热点地区。南越总统阮文绍扬言要"夺回西沙"。为了加强南海舰队的力量，中央军委决定从东海舰队调一个护卫舰大队加入南海舰队。以往，台湾海峡一直被国民党海军和美国第七舰队所控制。大陆军舰从东海到南海调防，或者从南海驶往东海，都要绕道台湾东南的公海，穿越巴士底海峡，以避免在台湾海峡内的摩擦和冲突。鉴于西沙局势紧张，东海舰队的4艘战舰准备通过台湾海峡，以便尽快增援南海舰队。

解放军军舰驰援南海，台湾"国防部"很快接到东引守军的电报："中共海军导弹护卫舰4艘，清晨抵达东引岛一侧，企图穿越台湾海峡。"当时正在阳明山养病的蒋介石对西沙战事亦很关注，闻听此事后说："西沙战事紧哪"。台湾军方心领神会，作了妥善布置。当天晚间，解放军海军"昆明"、"成都"、"衡阳"、"贵阳"号导弹护卫舰，顺利通过台湾海峡。国民党军不仅没有开炮，还打开探照灯，让解放军的舰队通过。

在70年代前期，台湾海峡局面有所缓和，但在互相敌视的特定历史时期，双方军事对峙依旧，特别是以对方为敌手的军事演习从未停止。

随着时间的推移，中美关系取得新的突破。1978年12月15日晚上，正在台北参加舞会的美国驻台湾"大使"昂格尔急返"使馆"，接收国务院重要指示。通过电传机，昂格尔看见的是中美两国建交联合公报和美国政府声明，上面分别写道：

中华人民共和国和美利坚合众国决定自一九七九年一月一日起建立外交关系。美利坚合众国承认中华人民共和国政府是中国的唯一合法政府，在此范围内，美国人民将同台湾人民保持文化、商务和其他非官方关系。

同日，即1979年1月1日，美利坚合众国通知台湾，结束外交关系，美国和"中华民国"之间的共同防御条约也将按照条约的规定予以终止。美国还声明在4个月内从台湾撤出美方余留的军事人员。

当时台北时间已过午夜，昂格尔要求立即拜会蒋经国"总统"。在会晤时，蒋经国向昂格尔提出"强烈抗议"。

第二天清晨开始，蒋经国主持召开了国民党"中常会"紧急会议，研究对策，并下令三军戒备。当晚19点30分，蒋经国发表电视讲话，重提蒋介石"庄敬自强，处变不惊"的遗训，宣称"坚守民主阵容的决心绝不动摇"。

　　虽然美台间的关系一时趋于紧张，但很快得到平息。台湾在美国新设"北美事务协调办事处"取代了原来的"大使馆"。1979年4月26日，美国留驻台湾的150名军人及顾问全部撤离台湾。美国虽然与台湾中断了外交关系，但又费尽心思推出《与台湾关系法》，其内容严重违背中美建交联合公报和国际法的基本准则，露骨地干涉中国内政，并宣称为"保证台湾安全"，美国还要"向台湾提供防御性武器"。

　　在中美建交的同一时间，1979年元旦，全国人大常委会发表了《告台湾同胞书》，提出台湾回归祖国的方针，解放军也停止了对大、小金门、大担、二担等岛屿的炮击。1月30日，正在美国访问的邓小平说："我们不再用'解放台湾'这个提法了，只要台湾回归祖国，我们将尊重那里的现实和制度。"中共关于和平解决台湾问题的构想，在海内外引起强烈反响。从此，两岸关系由军事对峙进入到争取和平统一的新的历史时期。